Johann A. Moritz

Versuch einer Einleitung in die Staatsverfassung der Reichsstadt

Erster Teil: Reichsstadt Frankfurt

Johann A. Moritz

Versuch einer Einleitung in die Staatsverfassung der Reichsstadt
Erster Teil: Reichsstadt Frankfurt

ISBN/EAN: 9783743612365

Hergestellt in Europa, USA, Kanada, Australien, Japan

Cover: Foto ©Suzi / pixelio.de

Manufactured and distributed by brebook publishing software (www.brebook.com)

Johann A. Moritz

Versuch einer Einleitung in die Staatsverfassung der Reichsstadt

Versuch
einer Einleitung

in die

Staatsverfassung

derer

Oberrheinischen Reichsstädte

Erster Theil

Reichsstadt Frankfurt

(Abschnitt 1—3)

von

Johann Anton Moritz

Frankfurt am Main
in der Andreäischen Buchhandlung 1785

Vorrede.

Es ist zu einleuchtend, als daß es hier noch vieler Worte bedürfe, den Nutzen dererjenigen Schriften zu beweisen, welche von der Staatsverfassung derer besonderen deutschen Staaten handeln. Es ist aber auch bekannt, wie viele Schwierigkeiten sich bey ihrer Ausarbeitung finden, indem meistens gar vieles auf schriftlichen Nachrichten beruhet, und nicht aller Orten der Gebrauch der Archive verstattet oder Beyträge aus denselben mitgetheilt werden, ohne welche sich nie etwas ganz vollständiges erwarten lässet.

Indessen wäre es doch nicht wohl gethan, sich deshalb immer abschrecken zu lassen, weil oft schon in denen gedruckten Schriften hin und wieder so viele Materialien zerstreut anzutreffen, daß sich aus denselben etwas liefern lässet, so da mehr oder weniger einer Vollständigkeit nahe kommt, und, in Ermangelung eines Bessern, gewiß nicht unbrauchbar ist; sollte es auch nur seyn, um die Uebersicht des Ganzen zu haben, oder um zu sehn, wo denn eigentlich noch die Lücken vorhanden, welche aus schriftlichen Nachrichten zu ergänzen wären.

Der ziemliche Vorrath derer die Oberrheinische Reichsstädte Worms, Speyer, Frankfurt, Friedberg und Wetzlar betreffenden Schriften hat mich daher auch veranlasset, gegenwärtigen Versuch zu unternehternehmen, besonders da diejenigen Werke, so bisher von der Staatsverfassung gedachter Städte überhaupt gehandelt, entweder zu alt, oder zu weitschweifig und zu unbedeutend abgefaßt sind, auch die wichtigsten Punkte derselben mit Stillschweigen übergehen: kurz, nicht so vollständig sind, als sie sowohl wegen der gedruckten Quellen, als auch wegen der vielen, über einzelne Theile der Staatsverfassung gedachter Städte vorhandenen schätzbaren Schriften, hätten seyn können.

Die Beschreibung der Staatsverfassung einer jeden von diesen fünf Städten handele ich aber jederzeit in folgenden fünf Abschnitten ab:

Im ersten Abschnitt schicke ich ein so nöthig- als nützliches Verzeichniß derer die

Geschichte und Verfassung gedachter Städte betreffenden Schriften voraus. Diese habe ich in gewisse Abtheilungen, so wie sie ungefähr zusammen paßten, geordnet, in jeder Abtheilung aber in chronologischer Ordnung gesetzt, jedoch die Nummern am Rande durchgängig fortlaufen lassen, um dadurch die Allegation derselben in den folgenden Abschnitten zu erleichtern, in welchen sie meistens nur nach den Nummern angeführt werden.

Der zweyte Abschnitt giebt die verschiedenen Hauptgründe und Quellen an, auf denen die innere Verfassung einer Reichsstadt beruhet; nemlich die Kaiserlichen Privilegien, innerliche Verträge und Reichsgerichtliche Erkenntnisse. Jede Gattung derselben erhält ein besonderes Hauptstück,

in

in welchem sie chronologisch und mit Bemerkung ihrer verschiedenen Ausgaben, auch wo sie sonst noch gedruckt anzutreffen, angegeben sind (*); überdieß geben auch die innerliche Verträge und zu diesem Endzweck abzielende Kaiserliche Commissionsrecesse 2c. zugleich eine schickliche Gelegenheit an Hand, von denen zu ihrer Entstehung Anlaß gegebenen wichtigsten innerlichen Streitigkeiten eine kurze Nachricht zu ertheilen. Allgemeine Reichsgesetze, die auf eine besondere Art in die innere Verfassung gedachter Städte einschlügen, sind gegenwärtig nicht vorhanden; denn den alle Reichsstädte des heil. Röm. Reichs betreffenden Art. 5. §. 3. und 29. Art. 8. §. 4. des Osnabrückischen Friedensschlusses halte ich für überflüßig, noch bey einer jeden besonders anzugeben, und die übrigen betreffen nicht sowohl die innere Verfassung gedachter Städte, als deren Verhältniß gegen Kaiser und Reich, und kommen daher auch, eben sowohl, als die Privilegia de non evocando & de non appellando &c. im fünften Abschnitt vor. Ob nun gleich also das allenfalls bey andern Reichsstädten nöthige Hauptstück von allgemeinen dieselbe betreffenden Reichs= gesetzen hier wegfällt; so ist doch zuletzt noch dem Herkommen ein besonderes gewidmet.

(*) Diejenigen Reichshofräthlichen Erkenntnisse, bey denen ein * steht, sind an den angeführ= ten Stellen nur ohne die sonst jedesmals bey= gefügte kurze Recehston der Exhibitorum anzutreffen, an denen mit ** bezeichneten Orten aber fehlt etwas am Concluso selbst.

Im

Vorrede.

Im dritten Abschnitt folgt sodann die erste Helfte der innern Verfassung selbst, welche ich die Grundverfassung oder das eigentliche Staatsrecht nenne, und worinnen ich nach voraus geschickter Nachricht von dem Ursprung der Stadt, und auf welche Art sie erweitert worden und zu ihrer Reichsunmittelbarkeit gelangt, zeige, wer die Einwohner der Stadt sind, wie viel, und wie vielerley derselben sind, und was für Rechte eine jede Klasse derselben zu genießen hat; sodenn wie die Regierungsform beschaffen, nemlich wer den Regenten, d. i. den Magistrat ausmache, und in wiefern die Burgerschaft in Regimentssachen einen Antheil habe.

Der vierte Abschnitt handelt zuerst von der Art und Weise, wie die gemeinen Stadtsachen überhaupt besorgt werden, und wie die Regierungsgeschäfte unter die verschiedene Abtheilungen des Raths und die Aemter vertheilt sind; sodann von der innern Staatseinrichtung selbst, nemlich von den Privatgesetzen, von der Polizey= Religions= Kirchen= und Schulenverfassung, vom Manufaktur und Kommerzwesen, vom Finanzwesen und von Militairsachen.

Der fünfte Abschnitt endlich beschäftiget sich mit den auswärtigen Staatsangelegenheiten, und zeigt das Verhältniß der Stadt gegen Kaiser und Reich, gegen einzelne Reichsstände, benachbarte und andere unmittelbare, wie auch gegen auswärtige Staaten.

An vielen Orten habe ich fürs Beste gehalten, das, was andere Schriftsteller gesagt

gesagt haben, oder ganze Stellen derer Privilegien, Verträge, Reichsgerichtlichen Erkenntnisse u. s. w. wörtlich einzurücken. Ueberdieß wird man aber alle vorhandene gedruckte Schriften, zum wenigsten den größten und wichtigsten Theil derselben, benutzt finden, auch diejenigen schriftlichen Nachrichten, welche mir von gütigen Händen sind mitgetheilt worden. Ein billiger Leser wird daher hier von Frankfurter, Wormser, Speyrer, Friedberger und Wezlarer Staatssachen, in der Kürze, mehr beysammen antreffen, als sonst irgendwo. Beyträge werde ich mit eben so verbindlichem Dank erkennen, als eine freundschaftliche Entdeckung der in gegenwärtigem Werke allenfalls befindlichen Fehler mir überaus angenehm seyn wird.

Ohne

Ohne übrigens auf den Rang zu sehn, den eine jede der gedachten fünf Städte im Reichsstädtischen Collegio oder auf den Oberrheinischen Creistägen hat, fange ich mit der Staatsverfassung der Reichsstadt Frankfurt an, und liefere davon in gegenwärtigem ersten Theile die drey ersten Abschnitte. Die zwey letzten Abschnitte sollen im zweyten Theile, und sodann in jedem der darauf folgenden Theile allemal die ganze Staatsverfassung einer von den übrigen Reichsstädten, nachfolgen.

Inhalt.

Inhalt

I. Abschnitt, von den Schriften, welche die Geschichte und Verfassung Frankfurts erläutern.

  I. Litterarnotizen   Seite 1

  II. Schriften, welche von allen oder doch mehreren Theilen der Geschichte und Verfassung Frankfurts Nachricht ertheilen   2

  III. Schriften, welche nur von einzelnen Theilen der Geschichte und Verfassung Frankfurts handeln, als: 7
    1) Von den Einwohnern überhaupt, wie auch derselben Klassen   7
    2) Von den Streitigkeiten zwischen dem Magistrat und der Bürgerschaft   8
      a) im 17ten Jahrhundert   8
      b) zu Anfang des jetzigen Jahrhunderts   11
      c) nachherige Streitigkeiten wegen der ausserordentlichen Collectation   21
      d) neuere Streitigkeiten wegen der Rathswahl   23
    3) Von der Frankfurtischen Regimentsverfassung überhaupt   25
    4) Von den Frankfurter Juden   26
    5) Von der Stadt Privilegien, Gesetzen und Justizwesen   28
    6) Vom Religions- und Kirchenwesen   29
      a) Von der Kirchenreformation   29
      b) Von den Stiftern und Klöstern   29

c) Von dem Streit mit den Capuzinern wegen des Antoniterhofs Seite 30
d) Religionshandlungen zwischen dem Rath und den Reformirten Burgern und Einwohnern 31
e) Irrungen wegen dem Reformirten Gottesdienst im Schombergischen Hof 47
f) Streitigkeiten über die der katholischen Religion wegen verweigerter Aufnahme des J. C. Müllers in die Maurer-Innung 48
g) Das jus circa Sacra betreffend 52
7) Von den Stiftungen 52
8) Von dem Zustand der Künste uud Wissenschaften 54
9) Von der Handlung 55
  a) Von der Handlung überhaupt 55
  b) Von den zwey Frankfurter Reichsmessen 56
10) Vom Münzwesen 57
  a) Das Kaiserliche Münzpatent von 1759 betreffende Schriften 57
  b) Acta wegen der messentlichen Münzcommission 57
  c) Schriften wegen der Jud Flörsheimischen Denunciation und der in der Folge erkannten Kais. Münzlocalcommission 59
  d) Bey Gelegenheit des neuern Münzfußes herausgekommene und die Stadt Frankfurt insbesondere betreffende Schriften 61
11) Von denen hieher gehörigen Streitigkeiten verschiedener Privatpersonen 62
12) Von den Streitigkeiten des Churfürsten von Maynz und der Stadt Frankfurt mit den Gemeinden zu Sulzbach und Soden 67
13) Von denen zu Frankfurt vollzogenen Kaiserl. und Königl. Wahlen und Krönungen 67

14) Von

Inhalt.

14) Von andern allhier gehaltenen Reichs ꝛc. Versammlungen — Seite 71
15) Von sonstigem Verhältniß der Stadt Frankfurt gegen Kaiser und Reich 72
16) Von den Irrungen mit dem Oberrheinischen Kreyß 73
17) Von den Irrungen mit verschiedenen Reichsständen ꝛc. 75
   a) Mit dem Fürsten von Thurn und Taxis 75
   b) Mit Hanau wegen der Weisfrauenklostergüter 75
   c) Mit Hanau wegen der Jagendgerechtigkeit in dem Niederhofer District 76
   d) Mit Isenburg 78
   e) Mit der Reichsstadt Augsburg 79
   f) Mit den Freyherrn von Frankenstein 79
17) b) Von sonstigen merkwürdigen und zu Frankfurt sich ereigneten Begebenheiten 81
18) Vermischte Schriften 82

IV. Landkarten, Plane, Addreßkalender ꝛc. von Frankfurt 83

V. Historisch-Geographisch-Statistische Schriften allgemeinern Inhalts, in welchen beträchtliche Beyträge zur Geschichte und Statistik der Reichsstadt Frankfurt anzutreffen 85

II. Abschnitt, von den Gründen, auf welchen die innere Verfassung der Reichsstadt Frankfurt beruhet 88

I. Hauptstück, von den der Stadt Frankfurt ertheilten Kaiserlichen und Königlichen Privilegien §. 1—29 88

II. Hauptstück, von den innerlichen Verträgen §. 30—46 115

   A) Verträge zwischen dem Magistrat und der Burgerschaft, nebst denen zu diesem Endzweck

zweck abzielenden Kaiserlichen Local-Commissionsrecessen und Decreten, wie auch Kaiserlichen Hauptresolutionen §. 30—41
Seite 115

1) Aeltere Verträge §. 31. 115
2) Der Burgervertrag §. 32. 117
3) Die alte Visitationsordnung §. 33. 119
4) Das Kaiserl. Commissionsdecret von 1616 §. 34. 121
5) Das Project eines neuen Vergleichs von 1714 §. 35. 122
6) Die Kaiserliche Hauptresolution von 1716 §. 36. 125
7) Die neun Kaiserl. Hauptresolutionen von 1725. §. 37. 127
8) Die verbesserte Visitationsordnung der Aemter von 1726. §. 28. 128
9) Verschiedene zur Erläuterung der vorhergehenden Resolutionen dienende Kaiserl. Commissionsdecrete §. 39. 129
10) Kaiserl Haupt- und Finalresolutionen von 1732. §. 40. 132
11) Fernere Erläuterungen §. 41. 134

B) Einige die nicht verbürgerte Einwohner der Stadt Frankfurt betreffende Ordnungen, welche von denen in Sachen Frankfurt contra Frankfurt erkannten Kaiserlichen Localcommissionen theils errichtet, theils bestättiget worden §. 42—45. 134

1) Der Juden alte Stättigkeit §. 42. 134
2) Der Juden neue Stättigkeit §. 43. 136
3) Erläuter- und Verbesserungen der neuen Stättigkeit §. 44. 137
4) Die Beysassenordnung §. 45. 139

C) Verträge zwischen der katholischen Geistlichkeit und dem Magistrat zu Frankfurt §. 46. 141

III. Haupt-

Inhalt.

III. Hauptſtück, von denen die innere Verfaſſung der Reichsſtadt Frankfurt betreffenden Erkenntniſſen und Sprüchen der höchſten Reichsgerichte §. 47. 48. Seite 143

IV. Hauptſtück, vom Herkommen §. 49. 184

III. Abſchnitt, von der Grundverfaſſung und dem Staatsrecht der Reichsſtadt Frankfurt 186

  I. Hauptſtück, von der Stadt Frankfurt Urſprung, Erweiterung und Unmittelbarkeit §. 1 — 6. 186

    1) Aelteſte Nachrichten von Frankfurt §. 1. 186

    2) Frankfurt unter Ludwig dem Frommen §. 2. 188

    3) Zuſtand und Erweiterung der Stadt unter den übrigen Karolingern §. 3. 189

    4) Nachherige Verfaſſung derſelben §. 4. 190

    5) Neuere Rechte, ſo die Stadt ſeit dem groſſen Interregno erlangt §. 5. 191

    6) Letzte Erweiterung und noch weitere Vorrechte §. 6. 193

  II. Hauptſtück, von den Einwohnern Frankfurts und deren Klaſſen.

    I) Von den Einwohnern Frankfurts überhaupt §. 7 — 12. 195

      1) Anzahl der Einwohner in den ältern Zeiten §. 7. 195

      2) Berechnung der jetzigen Einwohner nach den Todenliſten §. 8. 195

      3) Berechnung der jetzigen chriſtlichen Einwohner nach Anzahl der Feuerſtätten §. 9. 198

      4) Anzahl der hieſigen Juden §. 10. 199

      5) Anzahl der Einwohner auf den Dörfern §. 11. 200

      6) Klaſſen der Einwohner §. 12. 201

Inhalt

II. Von den Bürgern §. 13—16.   Seite 202
  A) Vom Burgerrecht §. 14.   202
    1) Wie das Burgerrecht erlangt wird §. 14.   202
    2) Worinn das Burgerrecht vorzüglich besteht §. 15.   206
    3) Auf welche Art das Burgerrecht wieder verlohren geht §. 16.   208
  B) Von der Eintheilung der Bürgerschaft §. 17—25.   209
    1) Ehemalige Eintheilung derselben §. 17.   209
    2) Jetzige Eintheilung derselben §. 18.   210
    3) Von der Gesellschaft zu Alt-Limburg §. 19.   213
    4) Von der Gesellschaft Frauenstein §. 20.   217
    5) Von den Graduirten §. 21.   219
    6) Von dem Handelsstand §. 22.   222
    7) Von den Handwerkern §. 23.   223
    8) Von sonstigen verbürgerten Adelichen 2c. §. 24.   226
    9) Von Pfahl- und Ausbürgern §. 25.   228
III. Von Beysassen §. 26—38.   230
  1) Von den Beysassen überhaupt und deren Aufnahm §. 26.   230
  2) Von den Einschränkungen, welchen sie unterworfen §. 27.   232
  3) Vom Recht der Beysassenkinder und Wittwen §. 38.   234
IV. Von den Juden §. 29—37.   236
  1) Ursprung der Frankfurter Juden §. 29.   236
  2) Derselben Aufnahm §. 30.   237
  3) Ihre Rechte und Verbindlichkeiten §. 31.   240
  4) Von der Judengasse §. 32.   245
  5) Streit wegen der Kammern und Gewölber ausser ihrer Gasse §. 33.   248

6) Von

Inhalt.

6) Von ihren Kellern ausserhalb der Gasse §. 34. Seite 250
7) Von ihren Vorstehern §. 35. 251
8) Von der Verordnung, daß sie kein Gesetz machen, noch Gericht anstellen sollen §. 36. 253
9) In wiefern sie abgeschaft werden, und ihre Stättigkeit verlieren können §. 37. 255

V. Von der Stadt Frankfurt Angehörigen auf dem Lande §. 38—41. 259
1) Von denselben überhaupt §. 38. 259
2) Von den Güterbesitzern, welche das Burgerrecht in der Stadt haben §. 39. 260
3) Von den Unterthanen auf den acht Stadt Frankfurtischen Dörfern §. 40. 261
4) Von den Nachbarn zu Sulzbach und Soden §. 41. 266

VI. Von den Fremden §. 42—44. 272
1) Von den hier sich aufhaltenden Fremden überhaupt §. 42. 272
2) Von den Schutzverwandten §. 43. 273
3) Von den fremden Juden §. 44. 274

III. Hauptstück, von der Regierungsform der Reichsstadt Frankfurt §. 45. 276
I. Vom Magistrat §. 46—59. 277
A) Veränderungen, so sich mit dem Magistrat zu verschiedenen Zeiten zugetragen §. 46—52. 277
1) Dessen älteste Verfassung §. 46. 277
2) Erste gewisse Nachrichten davon §. 47. 278
3) Veränderungen zu Ende des 14ten Jahrhunderts §. 48. 279
4) Verfassung desselben im 15ten und 16ten Jahrhundert §. 49. 280
5) Abänderung, so seit dem Burgervertrag gemacht worden §. 50. 281
6) Neuere Anordnungen §. 52. 282

B) Heu

Inhalt.

B) Heutige Verfassung des Magistrats
§. 53—59.   Seite 282
  1) Der Rathspersonen Zahl und Abtheilung §. 52.   282
  2) Von der Rathsfähigkeit §. 53.   283
  3) Von der Rathswahl §. 54. 55.   288
    a) Vom Wahlrecht §. 54.   288
    b) Von der Wahlzeit §. 54.   288
    c) Von der Wahlfreyheit §. 54.   288
    d) Von der Wahlordnung §. 55.   290
  4) Von den Pflichten und Rechten der einzelnen Rathsglieder §. 56.   293
  5) Von den Rechten des ganzen Magistrats §. 57.   294
  6) Von den Rathstägen ꝛc. §. 58.   298
  7) Von der Dauer der Rathsstellen §. 59. 301

II. Von der Burgerschaft in Corpore Gerechtsamen in Regimentssachen §. 60—66. 303
  Aeltere Repräsentanten der Burgerschaft §. 61.   303
  Bürgerlicher Ausschuß der Ein und Funfziger §. 62.   306
  Von den burgerlichen Neunern §. 63.   311
  Von den Acht und Zwanzigern §. 64.   315
  Von den burgerlichen Dreyern §. 65.   315
  Conferenz mit sämmtlichen Gesellschaften und Corporibus §. 66.   316

III. Von der Frage, ob die Frankfurtische Regierungsform eine Aristocratie oder Democratie §. 67.   318

I. Abschnitt

Erster Abschnitt

von den

Schriften, welche die Geschichte und Verfassung Frankfurts erläutern.

I. Litterarnotizen.

1) Lünigs bibliotheca curiosa deductionum (Leipzig 1717 2te Auflage 1745. 8.) unter der Ueberschrift Frankfurt.

2) H. C. Senckenberg bibliotheca rerum Francofurtensium in der Vorrede zu dem ersten Theil seiner Selector. juris & historiar. von S. 6—39.

3) Verzeichniß der kleinen Werken und Probeschriften über die Frankfurter Reformation, dahin gehörige Sachen und Materien in Orths Anmerk. über die Frankf. Reform. 4te Fortf. S. 112—130. und Zus. S. 203. u. f. Giebt, ausser denen, blos ins Privatrecht einschlagenden Schriften, auch solche

an, die das Frankfurter Staatsrecht betreffen.

4) Die Holzschuherisch-Siebenkeesische Deductionsbibliothek von Teutschland (Nürnb. 1778—1783. IV. Th. 8.) unter der Ueberschrift Frankfurt.

II. Schriften, welche von allen oder doch mehrern Theilen der Geschichte und Verfassung Frankfurts Nachricht ertheilen.

1. Gedruckte Werke.

5) Annales dominicanorum Francofurtensium diversis temporibus conscripti ab ao. 1306-1500. collectore Petro Herp, ordinis prædicatorum Francofurti Monacho. Erst Senkenberg hat sie in seinen Selectis juris & historiarum T. II. (1734.) drucken lassen, allwo sie S. 1—30 zu finden.

6) J. F. Faust von Aschaffenburg, der Stadt Frankfurt Herkunft und Aufnehmen, It. Kayserliche Wahl- und Krönungs-Chronica, Frankf. 1660. 12. Unter diesem Titel sind nur wenige Exemplare vorhanden, indem der Verleger einige Jahre darnach, mit Bewilligung des Verfassers das Titelblatt umdrucken lies, und hiedurch dieses Buch zum zweyten Theil, oder der Continuation, der Florianischen Chronik, machte.

7) Gebh.

7) Gebh. Florians, der Historien Liebhabers, Chronica der weitberühmten freyen Reichs-Wahl- und Handelsstadt Frankfurt am Mayn oder ordentliche Beschreibung der Stadt Frankfurt Herkunft und Aufnehmen, aller daselbst von dem H. Röm. Reich gehaltenen Reichs- Wahl- Deputations- Münz- Probations- und Stadttägen, Synodorum und Conciliorum, sammt denen dabey geschehenen Fürträgen, Berathschlagungen und Abschieden, wie auch vieler denkwürdigen, offenbaren Geschichten und Reichshandlungen, dabey insonderheit viel auserlesene gute und nützliche Historien, politische Regeln und Exempel angezogen, Frankf. 1664. 12. Enthält auch ausser der vorhergehenden Faust von Aschaffenburgischen Chronik, noch des Dechant Latomus Acta aliquot vetustiora in civitate Francofurtensi ab ætate Pipini Parvi usque ad tumultum rusticum, id est annum 1525.

8) Phil. Lud. Authæi Chronicon breve Francofordiense, Francof. 1674. 2 Bogen fol. Ist auch zu finden in Orths Zusätzen zu seinen Anmerkungen über die Reformat. S. 287—290.

9) Ebendesselben Chronicon der Stadt Frankfurt am Mayn, aus bewährten Historicis und Scriptis. Frankf. 1683. 8.

10) Achill. Aug. von Lersners Chronica der weitberühmten freyen W. und H. Stadt Frankfurt

furt am Mayn, oder ordentliche Beschreibung der Stadt Frankfurt Herkunft und Aufnehmen ꝛc. anfänglich durch Gebh. Florian an Tag gegeben, anjetzo aber aus vielen Autoribus und Manuscriptis vermehrt. Frankf. 1706. 568 und 130 S. fol. mit 18 Kupf. Der Verf. hat Florians Chronik dabey zum Grund gelegt, ja dieselbe von Wort zu Wort eingerückt, übrigens aber durch viele Zusätze vermehrt. Er hat sie in zwey Bücher abgetheilt, wovon das letztere die Veränderungen, welche sich in geistlichen Sachen allhier zugetragen, enthält. Ein jedes Buch aber ist nach Verschiedenheit der Materien in Kapitel abgetheilt, in welchen sodenn alles in chronologischer Ordnung erzählt wird.

Nachgeholte, vermehrte und continuirte Chronica der Stadt Frankfurt oder 2ter Theil, aus des sel. Autoris hinterlassenem Manuscripto in Ordnung verfasset und zum Druck befördert durch Georg Aug. von Lersner. Frankf. 1734. 839 und 238 S. fol. mit 26 Kupf. Enthält in der nemlichen Ordnung wie im ersten Theil die Zusätze und Fortsetzung.

11) (H. L. Gude.) Nachricht von des heil. Röm. Reichs Wahlstadt Frankfurt am Mayn. Halle (1712) 8.

12) (des Buchhändlers Stock) kleine Frankfurter Chronik, in welcher das Denk- und Merk-

Merkwürdigste, so sich vom Jahr 742. nach unsers Heylandes Geburt, bis auf unsere Zeit allhie zugetragen, der Ordnung nach enthalten. Frankf. 1719. 8.

13) Nic. Hier. Gundlings Nachricht von der Kaiserlichen Wahlstadt Frankfurt, in seinen Gundlingianis, Stück 18. S. 203—230.

14) J. B. Müllers Beschreibung des gegenwärtigen Zustandes der freyen Reichs-Wahl- und Handelsstadt Frankfurt am Mayn. Frankf. 1747. 285 S. 6 Kupf. 8.

2. Noch im Manuscript befindliche Werke.

15) Phil. Schurgii res Clero-politicæ Francofurtenses. Fängt mit dem Jahr 1340 an, und geht bis zum Anfang des 16ten Jahrhunderts, zu welcher Zeit der Verfasser, welcher Canonicus im Bartolomäistift war, lebte.

16) Bernh. Rohrbachs, eines hiesigen Patriziers, Sammlung, worinnen verschiedene merkwürdige Dinge aufgezeichnet sind, welche sich zu seiner Zeit, d. i. im 15ten Jahrhundert zugetragen haben.

17) Die minder wichtige Sammlungen derer Frankfurter Canonicorum Mich. Schaubillers, Wolfg. Königsteins, Lor. Bulla und noch eines Unbekannten, welche sämtlich im 16ten Jahrhundert lebten.

18) Casp.

18) Casp. Camenz acta Francofurtensia varia von Erbauung der Stadt bis zum Jahr 1562.

19) Eines Unbekannten Sammlung von Frankfurter Sachen, vom Ursprung der Stadt bis zum Jahr 1612.

20) Joh. Friedr. Faust von Aschaffenburg Collectanea Francofurtensia in drey Folianten, wovon die zwey letzten sich blos mit der Genealogie derer Adelichen Geschlechter beschäftigen.

21) Joh. Max. zum Jungen fünf Folianten de rebus Francofurtensibus. Eine sehr gute Sammlung. Der erste Band enthält die Annalen der Stadt Frankfurt vom Jahr 172 bis 1634, der 2te, 3te und 4te die Genealogie des Patriziats, und der 5te eine Beschreibung aller und jeglicher Kirchen, Klöster und Kapellen, so sich in der Stadt Frankfurt befinden, wann und woher dieselben ihren Ursprung haben, und von wem sie gestiftet und erbauet.

22) Casp. Sagittarii sciagraphia historiæ Francofurtensis. Geht von Erbauung der Stadt bis zum Jahr 1664, und ist auf Betrieb des Frankfurtischen Magistrats geschrieben worden.

III. Schriften, welche nur von einzelnen Theilen der Geschichte und Verfassung Frankfurts handeln, als:

1. Von den Einwohnern überhaupt, wie auch derselben Klassen.

23) Joh. Phil. Orths umständliche Nachricht, wie auch wohlgegründete An- und Ausführung der Ursachen, wie und warum die Gesellschaft zum Haus Frauenstein genannt, in Ansehung ihrer uralten Freyheiten, Vorzügen und Gerechtsamen der Gesellschaft zum Haus alten Limburg genannt, gleich zu achten. Auch worinn gedachter beyder uralten Gesellschaften Vorzüge und Gerechtigkeiten, welche sie vor der übrigen Bürgerschaft genießen, eigentlich bestehen. Steht in seinen Anmerk. über die Frankf. Reformation, Fortf. 3. S. 902—952. und die Vertheidigung dieser Nachricht a. a. O. Fortf. 4. S. 1199—1254.

24) L. G. Mogen kurze, jedoch hinlängliche Widerlegung der Sätzen, welche Hr. Dr. Orth in dem letzten Theil seiner Anmerkungen zu behaupten gesucht hat, 107 S. fol. Findet sich als ein Anhang bey seiner gründl. Abhandlung vom Ursprung und Fortgang der Stadt Frankfurtischen Regimentsverfassung, siehe unten No. 99.

25) P.

25) P. Ch. Dietz Diss. de discrimine civium & incolarum præsertim Francofurti ad Mœnum. Gœtt. 1757. 30 S. 4.

26) J. A. Behrends der Einwohner in Frankfurt am Mayn in Absicht auf seine Fruchtbarkeit, Mortalität und Gesundheit geschildert. Frankf. 1771. 248 S. mit 2 Kupf. 8.

2. Von den Streitigkeiten zwischen dem Rath und der Burgerschaft.

a) im 17ten Jahrhundert.

27) An Kaiserl. Maj. alleruntertänigste Verantwortung, Anzeige, Bitte und Erbietung der ehrsamen sämmtlichen Zunftgenossen und Burger des h. R. R. Stadt Frankfurt wider die edle, ehrenveste, erbare und wohlweise Burgermeister und Rath daselbst, die Edition und Communication ihrer Privilegien betreffend, 1612. 4. Steht auch im Diario historico S. 53—63.

28) Instrumentum Notariorum in S. Frankfurt c. Frankfurt die Edition derer Privilegien betreffend, 1612. 4. Steht auch im Diario historico, S. 29—44.

29) Des Raths nothwendige Defension, Erinnerung und Verwarnung an die Burgerschaft, 1612. 4.

30) Des

30) Des Raths nochmalige treuherzige Erinnerung und Verwarnung an die Burgerschaft, 1612. 4.

31) Erklärung der Kaiserl. Subdelegirten auf der Bürger gethanen Vorschlag, 1614. 4. Steht auch in Lünigs Reichsarchiv, P. Spec. Cont. IV. Th. 1. S. 705.

32) Gründliche Defensionsschrift und Bericht, mit angehängter Bitte beyder Städte Frankfurt und Sachsenhausen an die Churfürstl. Maynzische und Fürstl. Hessische Herren Subdelegirte. Gedruckt zu Frankfurt 1614. 20 S. fol. aufs neue aufgelegt und gedruckt zu Maynz 1678. 4.

33) Diarium historicum, darinnen des heil. Reichs Stadt Frankfurt am Mayn gefährlicher Ufstand und schwüriges Unwesen, wie dasselbige die Jahr hero von Tag zu Tag geübt und fortgetrieben worden, ordentlich verzeichnet ist. Frankfurt 1615. 335 S. fol. 2te vermehrte Ausgabe. Frankf. 1617. fol.

34) Responsum der Marpurgischen Juristenfacultät vom 4ten Oct. 1614. auf die Frage: Ob die in denen Privilegiis angezogene Acht, nur auf diejenige Acht, welche auf Partheyen Klagen und Urtheil gehet und folget zu ziehen? Steht im Diario historico, 1ste Ausg. S. 276.

35) Co-

35) Copia der Assecuration und Versicherungsbrief, so denen Kaiserl. Subdelegatis durch den Rath, Gesellschaften, Zünfte und gemeine Bürgerschaft zu Frankfurt überschickt worden, 1615. 4. Steht auch in Lünigs Reichsarchiv P. Spec. Cont. IV. Th. 1. S. 707.

36) Pii Felicis Cæsaris epistola exhortatoria, oder Ermahnungsschreiben an die Stadt Frankfurt wegen des ao. 1612 eingerissenen Unwesens. Frankf. 1615. 4.

37) Pii Felicis Cæsaris Augustani J. U. D. rechtliche Deduction, Bedenken und Antwort auf die Frage: Ob dem eingerissenen Unwesen in des h. R. Reichs Stadt Frankfurt die Rädelsführer und Uranheber desselben, vermöge habender Kaiserl. Privilegien, vor der Kaiserl. und Reichsacht gefreyet seyn oder nicht? Gedruckt zu Höchst 1615. 4. Steht auch im Diario historico, S. 302-335.

38) Wahrhafte Beschreibung der Execution zu Frankfurt am Mayn. Gedruckt 1616. 4. Wiederum gedruckt zu Maynz 1678. 4.

39) Tricinium oder dreyfaches Gleich, in welchem unpartheyische und unvergreifliche Discours 1) den hochbetrübten Zustand der Stadt Frankfurt, die Execution ꝛc. 2) den schwierigen und gefährlichen Weltlauf, sonderlich Deutschlands ꝛc. 3) den jetzigen und künftigen

gen Verlauf in Frankreich erkläret werden. (1616.) Der Verf. soll Justus Jonas von Wannechtingen gewesen seyn.

40) Damiani Bonnert resolutio Tricinii inconcinni. Herbipoli 1616. 4.

b) Zu Anfang des jetzigen Jahrhunderts.

41) Ihro Hochgräfl. Excellenz Herrn Friedrich Ernst Grafen zu Solms im Namen Kaiserl. Maj. bey ao. 1705 den 26sten Octob. von sämmtlicher Burgerschaft abgelegten Huldigung allergnädigsten Anrede, sodann die Formula Juramenti, wie auch die alleruntertthänigste Supplik an Kaiserl. Majestät um Confirmation der Privilegien, benebst der sämmtlichen Capitains, Lieutenants und Fähndrichs, der beyden Städte Frankfurt und Sachsenhausen einmüthiglich gegebene Guarantie oder Verthätigung und Schadloshaltung. 1 Bogen fol.

42) Ex actis & actitatis ad exequendam restitutionem in integrum zusammengetragene Species facti Fritsch Capitains c. Frankfurt (1707) mit Beyl. A — I 2.

43) Vera & genuina facti Species, wasmassen E. E. Rath und nicht die Burgerschaft der Stadt Frankfurt zu allen bisherigen Mißverständnissen, Unordnungen und nothgedrungenes Wiederen, auch was daraus erfolgt,

12 I. Abschn. Schriften, welche die

erfolgt, den ersten Anlaß gegeben, 1708. 2 Bogen fol.

44) Triftige Motiven und Ursachen, warum eine Kaiserl. Localcommißion in Sachen Frankfurt c. Frankfurt allergnädigst zu erkennen, 1708. 1 Bogen fol.

45) Designation desjenigen, was E. E. Magistrat zu Frankfurt an Ihro Kais. Maj. seit 1661 bezahlet, und was sie allein von denen eingetriebenen Beyträgen erhalten, 1708. 1 Bogen fol.

46) Wahre und in denen beym Reichshofrath eingereichten Schriften gegründete Facti Species, darinnen die Burgerschaft vor Augen leget, daß ihr bey Kaiserl. Maj. angebrachtes Suchen in Rechten gegründet, heilsam und zu Abwendung der Stadt gänzlichen Ruins unumgänglich sey, 1709. 2 Bogen fol.

47) Summarischer Auszug sonnenklarer Contravention, welche bey dem kais. Reichshofrath von der Burgerschaft zu Frankfurt Deputirten contra Magistratum daselbst in den Jahren 1708, 1709 und 1710 übergeben worden, nebst andern nach der Ordnung ihres Burgervertrags de A. 1612 und 1613 und der Juden Stättigkeit allda gemachten Gravaminibus ad impetrandam Cæsar. Commissionem localem.

48) Abge-

48) Abgenöthigte Refutation, Schutzschrift und Ehrenrettung beyder Reichsburgere Capitain Joh. Fritsch und J. J. Böhlern als burgerlichen Deputirten am Kaiserlichen Hof contra das vom Magistrat den 22ſten Oct. 1710 affigirte Patent, 1710. 5 Bogen.

49) Kaiserliches Commiſſorium an Churf. von Maynz und Landgrafen von Heſſen-Darmſtadt in Sachen der Burgerschaft zu Frankfurt c. den Magiſtrat daſelbſt, vom 26ſten Sept. 1712. 1 Bogen fol. Findet sich auch als Beyl. A bey No. 52. und steht auch im Theatro Europæo T. XX. 1713. p. 307. und in Müllers Samml. der Kaiſerl. in S. Frankf. c. Frankf. ergangenen Reſolutionen Abth. I. S. (7)

50) Kaiserliches Commiſſorium an Grafen von Schönborn in Sachen der Burgerschaft zu Frankfurt c. den Rath den Rechnungspunkt betreffend, vom 26ſten Sept. 1712.

51) Deductio Graveminum in so rubricirten Sachen der Burgerschaft zu Frankfurt c. den Magiſtrat daſelbſt, die unter dem 26. Sept. 1712 deßfalls beym Kaiſerl. Reichshofrath erkannte zwiefache Commiſſion betr. mit Beyl. 1 — 12. 10 Bogen fol. Steht auch bey Müller a. a O. S. (10)—(30).

52) An Kaiſerl. Maj. allerunterthänigſte Demonstration, samt abgenöthigter Refutation, Ehrenrettung, Schutz- und Bittschrift mein J. J. Böhlers gesamter impetranti-

trantischer Burger- und Handelschaft — ad acta & Gravamina legitimirten Deputati — daß Kaiserl. Maj. — Dero Reichsfiscalen seines Amts wolle erinnern lassen — mit der Klage gegen den in realibus überzeugten Magistrat ꝛc. fortzufahren. Mit Beyl. sub Lit. A.

53) Deductio, daß E. E. Rath nach dem Burgervertrag ohne der Burgerschaft Einwilligung keine Extraordinar-Anlagen machen, noch die alten Imposten erhöhen könne, bey Kaiserl. Commission übergeben den 23. Febr. 1714. 3 Bogen fol.

54) Gehorsame Vorstellung und Information daß E. E Rath der Stadt gemeine Güter nicht verkaufen, noch ohne der Mitburger Consens Geld aufnehmen dürfe, bey Kaiserl. Commission übergeben den 21. Merz 1714. 3½ Bogen fol.

55) Rationes, in deren Consideration der impetrantischen Burgerschaft die Restitution, der bey beyden Commissionen aufgegangenen Kosten, zuzuerkennen, auch sie von fernern aufgehenden zu entheben, bey Kaiserl. Commission übergeben den 18ten April 1714. 2 Bogen fol.

56) Vorstellung einiger Ursachen, warum denen Handwerkern zu gestatten, ihren eigenen Vorsteher zu erwählen, auch Lehrbriefe auszufertigen ꝛc. bey Kaiserl. Commission übergeben den 17. May 1714. 1 Bogen fol.

57) An

57) An eine hohe Kaiserl. Commission gehorsamstes Memoriale der burgerlichen Deputirten, daß ihnen die Rechnungsbücher communicirt werden mögten, den 3ten Jul. 1714. 2 Bogen fol.

58) Information die Neuner, so denen Stadtrechnungen beywohnen sollen, betreffend, 1714. mit Beyl. 1.—8. 3 Bogen.

59) Kurzer Anhang zu der Information die Neuner, so den Stadtrechnungen beywohnen sollen betreffend, 1714. 1 Bogen.

60) An Kaiserl. Majestät allerunterthänigste pflichtmäßige Amtsvorstellung und Bitte burgerl. Neuner in Sachen Frankfurt contra Frankfurt, mit Beylagen ☉, ☽, ☿ & ♀, 2½ Bogen.

61) An Kaiserl. Majestät allerunterthänigste in Poesie abgefaßte Additionalvorstellung und Bitte burgerl. Neuner in Sachen Frankfurt c. Frankfurt, 1 Bogen.

62) An Kaiserl. Maj. allerunterthänigste gründlichste Vorstellung und allergehorsamstes Bitten der Burgerschaft der Stadt Frankfurt contra E. E. Rath daselbst. Die vor zwey Kaiserl. Commissionen verwiesene und seithero untersuchte Gravamina betreffend, übergeben zu Wien im Aug. 1714. 2 Bogen fol.

63) Pro majori illustratione fernere Ausführung, daß wegen der guten Geldsorten durch erstatteten

teten Bericht über dero Einnahm E. burgerl. Deputation ihrer Incumbenz ein Gnügen gethan ꝛc. Bey Kaiserl. Rechnungscommission übergeben im August 1714. 4½ Bogen fol.

64) An Kaiserl. Majestät kurze allerunterthänigste Vorstellung aus den alten und neuen Acten, nebst allergehorsamsten Bitte einer impetrantischen Burgerschaft contra E. E. Magistrat, Commissionis. Wien im Sept. 1714. 2½ Bogen fol.

65) Auf die an Kaiserl. Moj. von der impetrantischen Burgerschaft d. d. Wien m. Aug. 1714. gestellte so inscribirte allerunterthänigste gründliche Vorstellung, kurzgefaßte Marginalanmerkungen des Magistrats, die vor zwey Kaiserl. Commissionen verwiesene und seithero untersuchte anmaßliche Gravamina betreffend, im Jan. 1715. 10 Bogen.

66) Gurantieschein von acht gesessenen bürgerlichen Deputirten, die Einkünfte der Stadt auf 100000 fl. jährliche Einkünften gleich in primo anno weiter und hernach viel höher zu verrechnen, vom 28. Jan. 1715. 2 Bogen fol. Ist auch zu finden bey Müller a. a. O. S. 70—73.

67) Abdruck der an die höchstansehnliche Kaiserl. Rechnungscommission in Sachen der burgerl. Deputirten contra den Magistrat zu Frankfurt eingereichten so rubricirten höchstgemüßigten unterthänigen Vorstellung ꝛc. mit prämit-

prämittirten Ursachen, welche den Magistrat zu diesem Abdruck veranlasset, den 20. May 1715. 3 Bogen fol.

68) An Kaiserl. Rechnungscommission unterthänigst-gehorsamstes Memorial und Bitte der burgerlichen Deputirten contra E. E. Rath, die Admodiation der Stadtämter und Anordnung bürgerlicher Gegenschreiber betreffend, vom 8. Jun. 1715. 2 Bogen fol.

69) Kurzer doch actenmässiger Begriff der Kaiserl. Rechnungscommission in Sachen der Burgerschaft contra den Magistrat zu untersuchen aufgetragene Beschwerungspuncten, und wie der Magistrat solche insgesamt gründlich abgeleinet, 1715. 2 Bogen fol.

70) Historische Nachrichtungen über die in des h. R. Reichs Stadt Frankfurt zwischen dem damaligen Rath und der Burgerschaft, vor 100 Jahren fürgewesene Strittigkeiten, und wie weit auf die jetzige Burgerschaft darab Application zu machen, wobey zugleich die aus solchem Verlauf auch andere wider die Erkanntniß zwey kaiserl. Commissionen eingewendete magistratische Gravamina untersucht und die Competenz kaiserl. höchster Jurisdiction, absonderlich zu Verbesserung des Stadtwesens bewähret wird, auch zuletzt in welchem Stücke das gemeine Stadtwesen in weitern Verfall seither gesunken und die Verbesserungsmittel, dem Verfall aufzuhelfen separatim angeführt, auch über die

dagegen beschehene Einwürfe die Wahrheit erläutert wird, in causa cognitionis impetrantischer Burgerschaft ꝛc. contra E. E. Rath allda. (1715) 1 Alph. 7 Bogen fol.

71) Vollständige Tabelle den ganzen Statum des sogenannten Surplus, oder Admodiationsüberschusses des erstern Provisionaljahrs vom 23sten Aug. 1717 — den 22sten Aug. 1718 repräsentirend. 1718. fol.

72) Achtzig höchst triftig unwiderlegliche Rationes, warum keiner davorhalten oder anrathen könne, die vor Jahresfrist angeordnete Admodiation und bürgerliche Gegenschreiber aufzuheben, ehe und bevor der Schaden aus der Wurzel geheilet, 1718. 2 Bogen.

73) An Kaiserl. Majestät allerunterthänigste hochvermüßigte Anzeige und Exhibitio eines — abgedrungenen — Pro Memoria oder actenmäßige Gegeninformation statt gründlichen Beweises, welchergestalt nicht nur alle und jede vormals gegen den Magistrat burgerl. Seits angebrachte Gravamina, sondern auch noch weit mehrere — dargethan worden ꝛc. den 31. Merz 1719, mit Beyl. A — C. 3 Bogen fol.

74) Pro Memoria oder actenmäßige wahrhafte — Gegeninformation, worinnen klar vor Augen gelegt wird, welchergestalt alle burgerliche Klagen nicht nur für allzuwohl fundirt, sondern auch von solcher Wichtigkeit zu achten, daß, wofern nicht deßselben samt
und

und sonders aus dem Grunde abgeholfen, und insonderheit das Aerarium erleichtert werden sollte, das gemeine Stadtwesen nicht bestehn, sondern nothwendig in kurzen Jahren vollends gar zu Grunde gehn müsse. 1719. 105 S. fol.

75) Remonstration das Admodiations-Surplus betreffend (18ten Febr. 1723).

76) Kurze und bestgegründete Gegenremonstration auf die von dem Rath hin und wieder distribuirt, auch im Reichshofrath allerunterthänigst exhibirte sogenannte kurze, doch gründliche Nachricht, was es mit dem sogenannten Admodiations-Surplus vor eine wahre Beschaffenheit habe, 1723 den 8ten Merz. 2 Bogen fol.

77) Extract aus dem Abdruck der den 20 May 1725 an die Kaiserl. Rechnungscommission von der Stadt Frankfurt Rathsdeputation eingereichten Erinnerung, 1725.

78) An Kaiserl. Majestät allerunterthänigst-nothdringlichste Ehren- und Schadensersetzung- auch legale Satisfactionsklage cum Adj. sub Signo ☉ mein J. U. Rückers, Burgerhauptmanns des achten Quartiers contra den Magistrat, eventualiter aber auch gegen dasselbstige sämtliche Oberofficiers und deren ad causam Frankfurt contra Frankfurt constituirte Deputatos, 1726 mit Beylagen A—T. 1 Alph. 5 Bogen fol.

79) An Kaiserl. Majestät alleruntertbänigste Beybringung einer Verzeichniß bishero noch von anno 1724 unerledigten Exhibitorum und Bitte pro clement. demandanda relatione petitisque conformiter reflectendo burgerl. Deputirtens in Sachen Frankfurt contra Frankfurt bey Reichshofrath übergeben den 30. Oct. 1730. mit Beyl. A. 2½ Bogen.

80) An Kaiserl. Majestät alleruntertbänigste Anzeige ad Resolutiones Cæsareas de 22. Nov. 1725. und Bitt pro clementiss. cum jussu intus nominato rescribendo commissioni, ut intus. Burgerl. Deputirtens in Sachen Frankf. contra Frankf. bey höchstpreisl. kaiserl. Reichshofrath den 13. Aug. 1731 übergeben. Commissionis in specie die Beysassenordnung betreffend, mit Beyl. A. B. 5 Bogen fol. Steht auch im ersten Theil der Frankfurter Religionshandl.

81) Pro Memoria in Sachen Frankf. c. Frankf. Commissionis, d. d. Wien den 4ten Sept. 1731. 1 Bogen.

82) Reflexiones über die 1708 den 5ten Junii errichtete Beysassenordnung, 1731. 4 Bog.

83) Gründliche Widerleg- und Abfertigung der neulich in Druck gekommenen sogenannten Reflexionum auf die ao. 1708 den 5. Jun. errichtete Beysassenordnung, cum Adj. A – D. Steht auch im ersten Theil der Frankfurter Religionshandl.

84) Gegen-

84) Gegen-Reflexiones auf die den 13ten Aug. 1731 bey Kaiserl. Reichshofrath durch den burgerl. Deputatum Capitain Notebohm, gegen seine Instruction, in Favor der Beysassen in Druck begleitete Reflexiones über die 1708 errichtete Beysassenordnung. Findet sich auch im ersten Theil der Frankfurter Religionshandl.

85) Unpartheyische Meynung und Gedanken über die so titulirte Re- und Gegen-Reflexiones auf die in Frankfurt 1708 errichtete sogenannte Beysassenordnung, 1732. 5 Bogen.

86) Verschiedene Auszüge aus den Commissionsprotocollen von den Jahren 1714, 1726, 1727 und 1728. Bey Müller a. a. O. Abth. 1. S. 4. 30. 40. 64. 85. 128. Abth. 2. S. 126. 132. 143. 144. 152. 207. 208. 219. und bey No. 88. S. 69.

86)b) Die Judenschaft betreffende Stücke, siehe unten No. 104. 105. 108. 109. 110.

c) Nachherige Streitigkeiten wegen der ausserordentlichen Collectation.

87) An Kaiserl. Majestät allerunterthänigste Paritionsanzeige mit fernerer höchst nötiger rechtlicher Vorstellung und Bitte, pro petito nonnullorum ex gremio civico ad introducendum ac stabiliendum modum collectationis ao. 1735. observatum &c. Anwalds des burgerl. Ausschusses zu Frankfurt

ad caufam Franff. c. Franff. Commiffionis, die jetzige extraordinaire Anlage betreffend, 1744. Cum Adjtis fub Sign. ☉ & Lit. A — Rr. 30 und 86 S. fol.

88) An Kaiſerl. Majeſtät ſtatt allergehorſamſten Berichts allerunterthänigſte Anzeige ad reſcriptum clementiſſ. vom 3. Martii nup. nebſt allergnädigſt anbefohlner Verantwortung und Bitte, — Impetratiſchen Syndici, Burgermeiſter und Raths zu Frankfurt contra einige Renteniers, Banquiers und Kaufleute daſelbſt Impetranten, den fälſchlich ſogenannten Schatzungspunkt oder vielmehr hergebrachten Beytragsfuß betreffend. Cum Adj. ſub Sign. ☉ & Specie facti ſub Sign. ☽, wie auch deren Anlagen von No. 1—64 incluſ. Frankf. 1744. 1 Alph. 14½ Bogen fol.

89) An Kaiſerl. Majeſtät allerunterthänigſte Befolgung des allertiefeſt zu venerirenden Decreti de 3. Martii & Concluſi de 7. Maji 1744 junctis. genuina &c. unſer des burgerl. Neuner-Collegii in Sachen Frankf. c. Frankf. Commiſſionis finitæ, den extraordinairen Beytrag betreffend. Cum Adjunct. ☉ & ☽ & lit. A — Uu & Subadjunctis ac ultimo Concluſo ſub †. Frankf. 1744. 1 Alph. 6 Bogen fol.

90) Kurzes impetratiſches Pro Memoria in Sachen einiger Renteniers, Banquiers und Kaufleuten zu Frankfurt, Impetranten, ad caufam

causam Frankf. c. Frankf. Commissionis finitæ, Rescripti in specie den übel sogenannten Schatzungspunkt oder vielmehr hergebrachten Beytragsfuß betreffend. 1 Bogen fol.

d) Neuere Streitigkeiten wegen der Rathswahl.

91) An Kaiserl. Majestät allerunterthänigst-höchst nothdringlich und beweglichste Vorstellung ꝛc. Abseiten der Deputirten des gesammten Schusterhandwerks, in Sachen Diez Joh. Nik. contra den Magistrat zu Frankfurt, den 9ten Nov. 1750. 6½ Bogen fol.

92) An Kaiserl. Maj. loco Duplicarum allerunterthänigste Bitte pro clementissime &c. Syndici beyder burgerl. Collegiorum zu Frankfurt ad causam Frankfurt c. Frankfurt, Commissionis finitæ, in specie derer Limburger und Frauensteiner prätendirendes Vorrecht betreffend, 1755 fol. Steht auch in Mosers D. Staatsarchiv, 1755. Band 1. S. 813.

93) An Kaiserl. Maj. allerunterthänigster Bericht, was es mit der von Alten-Limburg, wider das Frankfurter Rathsdecret vom 19. Dec. an. præt. eingewandten Appellation für eine Bewandniß habe, mit Bitte ꝛc. Intervenientischen Syndici, Burgermeister und

und Rath zu Frankfurt in Sachen Frankf. c. Frankf. Commiſſionis finitæ, derer Limburger und Frauenſteiner prätendirendes Vorrecht bey Rathswahlen betreffend, im Merz 1755. 3 Bogen fol. Steht auch bey Moſer a. a. O. S. 826.

94) An Kaiſerl. Maj. allerunterthänigſte Anzeig und Bitte ꝛc. Intervenientiſchen Syndici, Burgermeiſter und Rath zu Frankfurt ad cauſam Frankf. c. Frankf. das von denen Geſellſchaften Limburg und Frauenſtein prätendirende Vorrecht bey Rathswahlen betreffend. Appon. lit. A.—BB incluſ. & Mand. proc. ſub Signo ☉. 1755 1 Alph. fol. Steht auch bey Moſer a. a. O. B. I. S. 843. B. II. S. 468 und 685.

95) Der burgerl. Collegior Duplicæ und Bitte pro Reſtitut. in integr. Societatem vero Limburg & Frauenſtein ad priores ſententias remittendo. 1755.

96) An Kaiſerl. Maj. allerunterthänigſte Vorſtellung, wasmaſſen durch die Kaiſerl. Reſolution von 1725 benannte ausſchlieſſende Anverwandſchafts-Gradus und vorgeſchriebene Erwählung die Gauerben des Hauſes Alten-Limburg niemalen zu denen ihnen zuſtehenden 14 Rathsſtellen gelangen könnten, mit Bitte ꝛc. Anwalds der adelichen Ganerbſchaft Alten-Limburg, in Sachen Frankf. c. Frankf. Appon. A—D.

97) Die

97) Die reine Wahrheit zu Erörterung der Frage: Ob es zur Wahlfähigkeit der Mitglieder aus den Gesellschaften Alt-Limburg und Frauenstein genug sey, daß deren sich keine 14 und 6 im Rathe befinden, oder ob ausserdem noch Eigenschaften und Begabnisse der zu Wählenden zum Grunde zu legen seyen. Frankf. 1776. 40 S. fol.

3) **Von der Frankfurtischen Regimentsverfassung überhaupt.**

98) Christ. Sigism. Mülleri Diss. de Collegiis civicis Francofurtensibus eorumque officiis, juribus & prærogativis, Erfordiæ 1751. 40 S. 4.

99) Ludw. Gottfr. Mogen gründliche Abhandlung vom Ursprung, Fortgang und heutigem Zustand der Regimentsverfassung in der Reichsstadt Frankfurt. Giessen 1755. 68 S. fol. Anhang bestehend in kurzer Widerlegung der Säße, welche Hr. Dr. Orth in seinen Anmerkungen zu behaupten gesucht. ibid. cod. 107 S. fol.

100) Ebendesselben Vertheidigung seiner ohnlängst herausgegebenen Abhandlung von der Regimentsverfassung der Stadt Frankfurt. Giessen 1755. 18 S. fol.

101) G. Schiele Diss. de opifice Senatore & Curiæ Assessore. Giessæ 1757. 4.

102) Begriff von der Reichsstadt Frankfurt neuesten Regierungsverhältnissen. 1769. fol.

Not. Dieses Buch kenne ich nur aus der Angabe des Herrn Etatsrath Mosers in seinem Reichsstaatshandbuch und in seinen Zusätzen zum neuen Staatsrecht, woselbst er den gewesenen Senator Senkenberg für den Verfasser angiebt.

4. Von den Frankfurter Juden.

103) Kurzes Informationsmemorial in Sachen der Stadt Frankfurt contra die Judenschaft daselbst p&to Collectationis. 1688.

Der Verfasser dieser Schrift, welche sich auch in Schudts jüdischen Merkwürdigkeiten Th. 3. S. 100—118 befindet, soll der Syndicus Anton Glock gewesen seyn.

104) Auf das am 26. Jan. ergangene Decretum anbefohlene gehorsame Erklärungsdeduction, aus welchen Ursachen die, an die Judenschaft beschehene Ueberlassung des Völkerischen Gartens ꝛc. ohngültig, von den burgerlichen Deputirten im Febr. 1714. bey Kaiserl. Commißion übergeben. 2½ Bogen.

105) An Kaiserl. Maj. allerunterthänigste gründliche Gegeninformation und Exceptiones Sub- & Obreptionis auf das am 12. May erlassene Kaiserl. Rescript, in Sachen Judenschaft zu Frankfurt c. den Magistrat das Bauwesen betreffend, 1714. 23. Jul. mit Beyl. A—D. 4 Bogen fol.

Additionalanzeige vom 28. Sept. 1714. mit Beyl. No 1 — 3. 3½ Bogen fol.

106) J. J. Schudt, Frankfurter Judenchronik, füllt den ganzen 2ten und 3ten, wie auch zum Theil 4ten Theil seiner jüdischen Merkwürdigkeiten (Frankf. 1714 — 1717. 4.) an.

107) Erläuterung über die ao. 1616 errichtete neue jüdische Stättigkeit, auch worinn und in welchem Stück von der alten Stättigkeit sey abgegangen worden, 1714. 2½ Bogen fol.

108) Gehorsame Vorstellung betreffend die Judenschaft und dero Stättigkeit, in cauſ. Commiſſ. Impetr. Burgerschaft c. E. E. Rath bey Kaiſerl. Commiſſion übergeben den 14. May 1714. 4 Bogen fol.

109) Wichtige Gründe, welche bewähren und erläutern, daß die in dem Burgervertrag ausgesetzte Reduction der übermäßigen Menge jüdischer Inwohner durch §. 102. der Judenstättigkeit keineswegs finaliter aufgehoben worden, 1714. 2 Bogen fol.

110) Species facti in Sachen der christlichen Handelsleute zu Frankfurt contra die Judenschaft daselbst in puncto übertrettener Stättigkeit, 1726 den 23. Merz. 4 Bogen fol.

111) H. C. Senkenberg, Varia Judæos Francofurtenſes & partim Fridbergenſes concernentia.

nentia. Stehn in seinen Selectis juris & hist. T. I. (1734) p. 634—705.

112) Gottl. Ettling Diss. de Judæorum Mœno-Francofurtensium conditione duriori præ civibus ac incolis christianis. Gießæ 1751. 59 S. 4.

113) An Kaiserl. Maj. allerunterthänigste pflichtschuldigste Interventionalanzeige derer beyden burgerlichen Collegiorum bey der Sache gemeiner Judenschaft zu Frankfurt c. den Magistrat daselbst die Kramläden und Gewölber ausser der Judengasse betreffend, mit Beyl. A. B. C, 1. C. 2. C. 3. und letzten Conclus. C. 4. imgleichen Geschichts und Rechtsausführung unter dem Buchstab D. und Nebenanfugen unter den Zahlen 1—29. 1773. 168 S. fol.

5. Von der Stadt Privilegien, Gesetzen und Justizwesen.

114) J. Th. Klumpf Diss. de privilegio Henrici VII. Francofurtanis civibus, de filiabus libere elocandis, olim dato. Altorf. 1730. 76 S. 4.

115) H. C. Senkenberg, historia juris statutarii Francofurtensis. Findet sich in seinen Selectis juris & historiar. T. I. (1734) p. 507—633.

116) J. B.

116) J. B. Lehnemann Diſſ. de privilegiis S R. I. lib. Reip. Mœno-Francofurtenſis. Lipſ. 1740. 68 S. 4.

117) J. P. Orths, nöthig und nützlich erachtete Anmerkungen über die ſogenannte erneuerte Reformation der Stadt Frankfurt am Mayn. Frankf. 1731. 4. Fortſ. 1 — 4. Frankf. 1742 — 1754. 4. Zuſätze. ebend. 1774.

118) J. S. Frank von Lichtenstein, Gedanken über die Vielheit der Advokaten in Frankfurt, 1756. 8.

6. Vom Religions- und Kirchenweſen.

a) Von der Kirchenreformation.

119) J. B. Ritters evangeliſches Denkmahl der Stadt Frankfurt am Mayn, oder ausführlicher Bericht von der daſelbſt im 16ten Jahrhundert ergangenen Kirchenreformation. Frankf. 1726. 4.

b) Von den Stiftern und Klöſtern.

119) b) Die bey Gelegenheit des Streits mit Hanau, wegen der Weisfrauenkloſtergüter herausgekommene Schriften, ſiehe unten.

120) H. C. Senkenbergii Diplomatarium præſtantiſſimum parthenonis Divæ Catharinæ dicati. Steht in ſeinen Selectis jur. & hiſt. T. I. p. 85 — 184.

121) J.

121) J. B. Müllers historische Nachricht vom K. Wahl- und Domstift S. Bartholomæi in Frankfurt. Frankf. 1746. 168. S. 4.

122) S. A. Würdtwein, Comment. de Archidiaconatu eccles. collegiatæ ad S. Bartholomæum Francofurti, in seiner Diœces Moguntina T. 2.

c) Streit mit den Capucinern wegen des Antoniterhofs.

123) An der Augspurgischen Confeßionsverwandte bey der Reichsversammlung anwesende Gesandte ꝛc. höchstgemüßigtes, unterthänig- gehorsam- und dienstliches Memorial und Bitte um Intercession an Kaiserl. Maj. von Burgermeister und Rath zu Frankfurt puncto der von denen P. P. Capucinis unbefugt suchenden Restitution in den Antoniterhof 17.. mit Beyl. 1—4. 7½ Bogen fol.

Not. Die Beylagen enthalten unter andern die Responsa der Juristenfacultäten zu Halle und Tübingen von 1718., von welchen das erstere zum Theil auch in Böhmers Jure Eccles. Prot. T. III. p. 561—568. steht. Das Memorial selbst aber findet sich auch im 3ten Theil der Relig. Gramin.

124) An Kaiserl. Maj. Anzeige und Bitte P. & Conventualen des Antoniterordens zu Höchst den zu Frankfurt habenden und von den P. P.

P. P. Capucinis &c. in Anspruch genommenen Hof und Kirche betreffend.

125) Einen Auszug aus denen Originalacten dieses Streits liefert J. J. Moser in seinem Staatsrecht Th. 42. S. 223—244.

d) Religionshandlungen zwischen dem Rath und den reformirten Bürgern und Einwohnern.

126) Der Diener am Evangelio zu Frankfurt auf Dr. Lutheri Schreiben an E. E. Rath daselbst, samt Antwort auf Dan. Jacobi Sendbrief an E. E. Rath daselbsten der Reformirten Religionsexercitium betreffend, 1615. 4.

127) Phil. Melanchtons Judicium oder Bedenken an einen erbaren Rath der Stadt Frankfurt am Mayn, wegen der fremden Nationen, den 13 Jul. 1557. Stehet in seinen theologischen Rathschlägen S. 490.

128) Johannis a Lasco, Purgatio Ministerii in ecclesiis peregrinis Francofurti adversus eorum calumnias, qui ipsorum doctrinam de cœnæ Domini præsentia in S. cœna discessionis accusant ab Augustana confessione. Basil. 1556. 8. Befindet sich auch als Beyl. XVII bey No. 139. b.

129) Joach.

129) Joach. Westphali epistola, qua respondet ad convicia Calvini, item responsio ad scriptum Joh. a Lasco, in quo Augustanam Confessionem in Cinglianam transformat) Ursell 1557. 8.

130) Ejusd. justa defensio altera adversus insignia mendacia Johannis a Lasco. Argent. 1557. 8.

131) Val. Pollani, Antidotus adversus J. Westphali pestilens consilium, 1557. 8. Steht auch als Beylage XVIII. bey No. 139. b.

132) J. Westphali, Apologia adversus Antidotum Vol. Pollani. Ursell. 8. Einige Auszüge daraus stehn auch a. a. O.

133) Gegenbericht und Verantwortung der Prädicanten zu Frankfurt am Mayn uff etliche ungegründete Klagschriften der Welschen, d. i. der Französischen und Flemmischen Prädicanten und Gemein daselbst. Ursell. 1563. 8. auch 1597. 8. Findet sich auch unten bey No. 139. b. als Beyl. XIV.

134) Frankfurter Theologorum Warnung an die Gemeinde daselbst, wider das Vorgeben etlicher Sacramentirer, daß sie mit der dreßdischen ao. 1571 publicirten Confession allerdings zufrieden, 1571. 4.

135) (Pet. Dathenus, Ref. Pred. zu Frankf.) kurze und wahrhafte Erzehlung, welchermassen

massen den französisch und niederländischen der wahren Religion halber verjagten Christen in der Stadt Frankfurt im Jahr 1554 und folg. die öffentliche Predigt ꝛc. verstattet worden. Heidelberg 1598. 4. Findet sich auch als Beyl. XVI. bey No. 139. b.

136) Gründliche und nothwendige Erwegung eines Gegenbedenkens, belangend die Frage: Ob den reformirten Gemeinden binnen Frankfurt ihr Religionsexercitium ferner zu verweigern, oder wie vor diesem zu verstatten, 1615. 4. Ist nebst der vorhergehenden Schrift i. J. 1714 wieder aufgelegt worden unter dem Titel: Zwey Tractate von den Jahren 1598 und 1615. betreffend das Ev. Reform. Rel. Exercit. in Frankfurt. Anjetzo auf Begehren aufs neue gedruckt. 4.

137) Deduction du Droit des Bourgeois & Habitans reformés de Francfort de demander la liberté de batir un temple dans la ville, donnée le 21. Dec. 1711. par l'Ambaſſadeur de Sa Majesté le Roï de Pruſſe, aux Deputés du Magiſtrat de la dite ville. 1712. fol. Auch deutsch unterm Titel: Gründliche Deduction cum rationibus dubitandi & decidendi der Ev. Reformirten zu Frankfurt am Mayn Jura, zu einer Kirche in der Stadt betreffend, 1712. 4 Bogen.

138) Frankfurtische Religionshandlungen, welche zwischen dem Magistrat zu Frankfurt und den reformirten Bürgern und Einwohnern daselbst

daselbst wegen des innerhalb den Mauern gesuchten Exercitii religionis reformatæ publici beym Reichshofrath gepflogen worden. Frankfurt 1735. fol.

Dieser erste Theil der Religionshandlungen enthält folgende Schriften:

a) An Kaiserl. Maj. allerunterthänigste Supplication und Bitte juncto petito humillimo &c. implorantischen Anwalds in Sachen derer beyden Ev. Reformirten Gemeinden zu Frankfurt c. den Magistrat daselbst, die Wiederherstell- und Einräumung der contra pacta conventa abgenommenen Kirchen zur weissen Frauen, oder Anweisung eines andern bequemen Orts in der Stadt betreffend, vom 13. Nov. 1733. mit Beyl. sub Sign. ☉ & Lit. A. B. & Subadj. 1—18. incl. C. F.

NB. Das Adj. sub Sign. ☉ ist der nachfolgende gründliche Bericht.

b) Gründlicher Bericht von dem Ev. Reformirten Exercitio religionis zu Frankfurt c. Adj A—F. 1733. 61 S. fol.

c) An Kaiserl. Maj. allerunterthänigste Anzeige impetrantischen Anwalds in Sachen derer beyden Ev. Reformirten Gemeinden zu Frankfurt vom 27. Nov. 1733. 3 S. fol.

d) Copia des an Kaiserl. Maj. von Burgermeister und Rath zu Frankfurt auf die

Geſch. und Verf. Frankfurts erläutern. 35

von den daſigen Reformirten beym Reichshofrath übergebene allerunterthänigſte
Supplication den 22. Dec. 1733 ema-
nirten Kaiſerlichen Reſcripti, abgeſtatte-
ten allerunterthänigſten Berichts vom
8. Jan. 1735. Cum Adj. ſub Lit. A.
ejusque Subadj. n. 1—194. incl. Lit.
B—F. ejusque Subadj. 1—4. G & H.
NB. Das Adj. lit. A. iſt die nachfolgende
feſtgegründete Gegeninformation.

e) Feſtgegründete Gegeninformation und ſtand-
hafte Widerlegung des von den Reformirten zu Frankfurt bey dem Kaiſerl.
Reichshofrath überreichten unrichtigen
Berichts ꝛc. 1735. mit Beyl. 1—194.
5 Alph. fol. Der Verf. dieſer Schrift
iſt der Syndicus Lucius geweſen.

139) Der Frankfurtiſchen Religionshandlungen
2ter Theil. Frankf. 1735. fol.

Enthält folgende Schriften:

a) An E. E. Rath zu Frankfurt gehorſame
Entſchuldigung und Bitte der ſämmtli-
chen Evangeliſchen Prediger hieſelbſt, die
wider dieſelbigen bey höchſtpreißl. Reichshofrath angebrachten unſtatthaften Be-
ſchuldigungen betreffend, vom 29. Jun.
1735. 1½ Bogen fol.

b) Abgenöthigte gründliche Ableinung der im
ſo rubricirten gründlichen Bericht von
dem reformirten Religions-Exercitio zu
Frankfurt wider das Evangeliſche Mini-
ſterium

sterium daselbst beym Reichshofrath zur Ungebühr angebrachten Beschuldigungen. Mit beygefügten sub Num. I—LXX. 1735. 7 Alph. 15 Bogen fol. Der Verf. ist der Senior Ministerii Dr. Münden gewesen.

140) Neue Sammlung der wegen des von den Reformirten beym Reichshofrath nachgesuchten Religions-Exercitii weiters gepflogener Handlungen. Frankf. 1744. fol.

Enthält folgende Schriften:

a) Der Frankfurter Reformirten allerunterthänigsten Gegenbericht vom 25. Aug. 1735.

b) An Kaiserl. Maj. allerunterthänigste fernere Vorstellung und Reexhibitio beyder Ev. Reformirten Gemeinden zu Frankfurt vormals übergebenen Gegenberichts auf den vom Magistrat erstatteten Bericht vom 8. Jan. 1735. Cum adj. I. und kurzen Reflexionen sub Lit. G. & Subadj. H. & I. vom 31. Jul. 1742. Hiezu kommen noch zwey Additionalanzeigen der Reformirten vom 26. April und 9. May 1743.

c) Copia des an Kaiserl. Maj. von Burgermeister und Rath auf den von denen Reformirten den 25. Aug. 1735 übergebenen und den 31. Jul. 1742 reexhibirten Gegenbericht abgestatteten zweyten allerunterthänigsten Berichts vom 21. Febr. 1744.

1744. cum Adj. Lit. I. & K. 3 Bogen fol.

d) Wohlgegründete Erläuterung und Beantwortung der von den Reformirten zu Frankfurt beym Reichshofrath eingebrachten Vorstellung unterm Titel: Kurze Reflexiones &c. 1744. 183 S. fol.

e) Memorial des Magistrats an die Reichsversammlung das von denen Reformirten nachgesuchte Exercitium religionis publicum betreffend. 1744. mit Beyl. I. 20 Bogen fol.

Die Beyl. I. ist der nachfolgende ausführliche Begriff ꝛc.

f) Ausführlicher Begriff der Gründen und Motiven, welche die Reformirten beym Reichshofrath angeführt haben, damit ihnen das Exercitium religionis publicum in gedachter Stadt Ringmauern verstattet werden möge, mit Beyl. A.— S. Steht auch in Thucelii Act. Comitial. 1745. T. I. p. 21. 147. u. f. und zum Theil in den Actis hist. eccles. Part. 54. p. 796 und 961.

141) Anhang zur neuen Sammlung der wegen des Exercitii religionis reformatæ publici vor dem Reichshofrath weiters gepflogenen Handlungen. Frankfurt 1744. fol. Enthält folgende Schrift:

An Kaiserl. Majestät allerunterthänigste Anzeige der Stadt Frankfurtischen Syndicodicorum ad concluſ. d. 30. Sept. 1744. juncto petito humillimo. (1744) Mit Beyl. Lit. L. und M. 46 S. fol.

Die Beyl. M. ist die Reformirter Seits bey Kaiſerl. Maj. übergebene bestgegründete Widerlegung des Magiſtratiſchen weitern Berichts, mit beygefügten kurzen Magiſtratiſchen Anmerkungen.

142) Actenmäßiger Begriff der vornehmſten Motiven, welche die reformirte Burger und Einwohner zu Frankfurt bey dem Reichshofrath angeführt haben, damit ihnen das Exercitium religionis publicum in gedachter Stadt Ringmauern verſtattet werden möge ꝛc. mit Beyl. A—S. Frankf. 1744. 10 Bogen fol.

143) Kurzer Begriff der vornehmſten Motiven, welche die reformirten Burger und Einwohner zu Frankfurt bey dem Reichshofrath angeführt haben, damit ihnen das Exercitium religionis publicum in gedachter Stadt Ringmauern verſtattet werden möge ꝛc. mit Beyl. A—S. 1744. 7 Bogen fol.

144) Abdruck 1) einiger Interceſſionalſchreiben, 2) Reichshofraths-Concluſorum, und 3) den Reformirten Gottesdienſt im Schombergiſchen Hof betreffender Nachrichten, mit Beyl. A—X. (1745) 64 S. fol.

145) An die Reichsverſammlung dienlich ermeſſenes Memorial und Bitten von Burgermeiſter

meister und Rath zu Frankfurt, das von den Reformirten widerrechtlich nachgesuchte Exercitium rel. reform. publ. binnen den Ringmauern betreffend, vom 7. Jan. 1745. mit Beyl. 1.

146) Fernerweites nöthig befundenes Memorial und Bitten an die Reichsversammlung von Burgermeister und Rath zu Frankfurt von 1745. mit Beyl. 2—5. 3 Bogen fol.

147) Memoire au sujet de l'exercice libre & public de la religion reformée, sollicité par les Bourgeois & Habitans reformés de la ville Imp. de Francfort, avec des remarques y jointes du Magistrat. 32 S. fol.

Not. Es ist das von den Reformirten auf dem Reichsconvent ausgetheilte Pro Memoria vom 20. Jan. 1745 mit hinzugefügten Anmerkungen des Magistrats. Dieses Pro Memoria steht auch in Thuceliiact. Comitial. 1745. Th. 1. S. 153.

148) An die Reichsversammlung genöthigtes demüthigstes Gegenmemorial und Bitten der beyden Ev. Reformirten Gemeinden zu Frankfurt, vom 23. Dec. 1746. Steht auch in Staatsschriften unter Kaiser Franz, Th. 4. S. 544—571.

149) An die Reichsversammlung nochmaliges gehorsamstes Memorial und Bitten von Burgermeister und Rath zu Frankfurt, das von den Reformirten gesuchte Exercitium religionis publicum betreffend, vom 15. May

May 1747. mit Beyl. sub no. 2. und Subadj. A—S. Steht auch, aber ohne die Beylage, in Staatsschriften unter Kaiser Franz, Th. 5 S. 619—623. Die Beylage aber ist das unter vorhergehender Nummer angeführte Memorial der Reformirten mit Magistratischen Anmerkungen.

150) Wahrhafte und documentirte Species facti in Sachen der beyden Reformirten Gemeinden zu Frankfurt Impetranten c. den Magistrat daselbst, insbesondere die beyde Collegia der Neuner und Ein und Funfziger Impetraten (1747) c. Adj. sub No. 1—13. 9½ Bogen fol. Steht auch in den Staatsschriften unter Kaiser Franz, Th. 6. S. 696. man findet es auch als Beylage und mit Magistratischen Anmerkungen unten bey No. 157.

151) Schreiben des Corporis Evangelicor. an den Magistrat zu Frankfurt die Kirchenirrungen und gütliche Tractaten betreffend, vom 23. Dec. 1747. 1 Bogen fol. Steht auch in Staatsschriften unter Kaiser Franz, Th. 6. S. 702. in den Act. hist. eccles. B. XII. S. 498. und bey Schauroth Th. I. S. 658.

152) Sinceri Cordati Meditationes &c. über den Frankfurtischen Kirchenstreit. 1747. 7 Bog.

153) Anmerkungen über die so betitulte Meditationes a partium studio alienas, den Frankfurter Kirchenstreit betreffend. 1747. 4 Bog.

154) Ant-

154) Antwortschreiben ans Corp. Ev. von dem Magistrat zu Frankfurt, d. d. 31sten Dec. 1747. Steht bey Schauroth Th. I. S. 660. und in Staatsschriften unter Kaiser Franz, Th. 6. S. 707.

155) Der reformirten Burgerschaft Memorial an die Reichsversammlung vom 31. Jan. 1748. Steht in Staatsschriften unter Kaiser Franz, Th. 7. S. 35.

156) An die Reichsversammlung abermaliges höchst-gemüßigtes gehorsamstes Memorial und Bitten von Burgermeister und Rath zu Frankfurt (vom 24. Febr. 1748.) mit Beyl. 1—40. 18 Bogen fol. Steht auch in Samml. der Staatsschriften unter Kaiser Franz, Th. 7. S. 142.

157) An die Reichsversammlung gehorsamstes Begleitungsmemorial und Bitte von Burgermeister und Rath zu Frankfurt, mit der sub Sign. ☉ anliegenden Facti specie (d. 24. Febr. 1748) 10 Bogen fol.

158) Ferneres Antwortschreiben von dem Magistrat zu Frankfurt ans Corpus Evangelicorum, d. d. 9. May 1748. Steht in Samml. der Staatsschr. unter Kaiser Franz, Th. 7. S. 524. und bey Schauroth Th. I. S. 662.

159) Summarische Nachricht, was es mit denen, zwischen dem Magistrat und reformirten Burgern und Schutzangehörigen zu Frankfurt

furt ratione exercitii religionis publici im Jahr 1747 fürgewesenen, gütlichen Tractaten für eine Beschaffenheit habe, und warum solche fruchtlos abgeloffen? (1748) 2 Bogen fol. Steht auch in Staatsschriften unter Kaiser Franz, Th. 7. S. 159.

160) Kurzgefaßte standhafte Ausführung des fortwährenden Unfugs der Reformirten in der Reichsstadt Frankfurt (1748) 3½ Bog.

161) Freymüthige, doch gründliche Unterredung zweyer vertrauten Freunde über die Kirchenstreitigkeiten der freyen Reichsstadt Frankfurt mit dasigen reformirten Burgern und Einwohnern, 1748. 64 S. 4.

162) Einige Anmerkungen über die Anforderung der Reformirten in Frankfurt wegen einer Kirche, in von Loens kleinen Schriften, Th. 2. (1750) S. 415—435.

163) Rechtliches Bedenken über die Frage: Ob und wie weit die reformirten Gemeinden zu Frankfurt zu Wiedererlangung ihres öffentlichen Religions-Exercitii bey dem Reichshofrath Hülfe zu suchen, befugt gewesen? Regenspurg. 1751. 12 S. fol. Steht auch im Staatsspiegel 1751. S. 46.

164) Unterthänigstes Pro Memoria beyder reformirten Gemeinden zu Frankfurt, mit Anlage sub Sign. ☉ (welche den Riß des zu Erbauung einer Kirche vorgeschlagenen Platzes vorstellet) 3 Bogen fol.

165) Eben-

165) Ebendaſſelbe mit Magiſtratiſchen Anmerkungen. 5 Bogen fol. Steht auch im Staatsspiegel, 1751. S. 75.

166) Annoch nöthig befundenes Pro Memoria in Sachen der beyden reformirten Gemeinden zu Frankfurt Impetranten c. den Magiſtrat daſelbſt, insbeſondere die beyden Collegia der Neuner und Ein und Funfziger, mit Beyl. ſub Sign. ☉. (1748) Steht auch in Samml. der Staatsſchr. unter Kaiſer Franz, Th. 7. S. 175.

167) Standhafte Vertheidigung der über das von den Reformirten zu Frankfurt bey der Reichsverſammlung vom 23. Dec. 1746. übergebenen Gegenmemorial gemachter Magiſtratiſchen Anmerkungen.

168) Beſtgegründete Beantwortung des von den Reformirten zu Frankfurt an verſchiedene höchſt- und hohe Orte eingeſchickten ſo rubricirten unterthänigſten Pro Memoria, mit Beyl. A — C. 7 Bogen.

169) Nachricht von denen Streitigkeiten zwiſchen dem Magiſtrat zu Frankfurt und den reformirten Eingeſeſſenen allda, in J. J. Moſers Hanauiſchen Berichten von Religionsſachen (1750 und 1751. 8.) Band I. S. 18. 244. 277. 371. 465. 593. Band II. S. 3. 95. 600. 696.

170) J. Phil. Freſenii Abwiegung der Gründe, welche theils widerrathen, theils anrathen, daß

daß man denen Reformirten eine Kirche in der Stadt Frankfurt erlauben solle ꝛc. Frankf. 1750. 5 Bogen. 8.

171) Ebendesselben Abwiegung der Gründe ꝛc. mit Anmerkungen eines Unpartheyischen, 1750. 6½ Bogen.

172) Ebendesselben Abwiegung der Gründe, welche theils widerrathen, theils anrathen, daß man den Reformirten eine Kirche in der Stadt Frankfurt erlauben solle. Ohnlängst mit Anmerkungen eines Unpartheyischen zerstümmelt, anjetzo aber wieder ergänzet, auch mit Gegenanmerkungen und einer neuen Vorrede versehen, von einem Frankfurter Patrioten. (1751.) 13 Bogen.

173) Ausführliche Prüfung und Beantwortung der Schrift: Abwiegung der Gründe ꝛc. 1751. 6½ Bogen.

174) Kirchengeschichte von denen Reformirten in Frankfurt am Mayn, mit Fresenii Vorrede, in welcher die ausführliche Prüfung gegen seine Abwiegung der Gründe beleuchtet wird. 1751. 8. 1 Alph. 15 Bogen.

175) Sendschreiben an Hrn. Dr. Fresenius zu Frankfurt von einem Unpartheyischen, aus Veranlassung der an das Licht getrettenen Kirchengeschichte von denen Reformirten zu Frankfurt am Mayn und derselben Vorrede. 1751. 6½ Bogen.

176) Die

Gesch. und Verf. Frankfurts erläutern. 45

176) Die Protestanten unter sich. Oder Gedanken über die in der Reformirten Kirchenbausache herausgekommene Schriften. 1751. 3 Bogen.

177) Allerneueste Acta publica von allen den bisdaher herausgekommenen Verabhandlungen in dem bekannten Kirchengesuch der Reformirten zu Frankfurt. 1751. 16½ Bogen und ½ Bogen Kupf.

178) Reflexiones über den zu Regenspurg divulgirten Extract Schreibens d. d. Frankfurt p^cto Reformirten Kirchengesuchs. 1751. 7 Bogen.

179) J. H. Withofs (Prof. zu Duisburg) zuverläßige Nachricht, wie es mit Valerando Pollano, ersten reformirten Prediger zu Frankfurt zugegangen. 1751. 3½ Bogen.

180) Ebendesselben Vertheidigung der zuverläßigen Nachricht. Duisburg 1751. 22 Bog.

181) Dr. J. Ph. Fresenii Actenmäßige Anmerkungen über J. H. Withofs ungegründete Nachricht, wie es mit Valerando Pollano zugegangen. 1752. 17 Bogen.

182) Gründliche Widerlegs= und Beantwortung J. H. Withofs so betittelten zuverläßigen Nachricht ꝛc. 1752. 10 Bogen.

183) Nöthige Nachricht für Ihro Hochwürden den Hrn. Past. Fresenius zu Frankfurt über eine ihm fälschlich aufgebürdete Schrift, betreffend

46 I. Abschn. Schriften, welche die

treffend den reformirten Kirchenbau zu Frankfurt. Christian Erlangen. 1752. 3 Bog.

184) Trierisches Responsum Juris ad cauſ. der Reformirten zu Frankfurt c. den Magistrat daselbst. 1753. 233 S. fol.

185) Reflexiones die Frankfurter reformirte Kirchensache betreffend. Stehn in Mosers D. Staatsarchiv. 1755. Band I. S. 296—304.

186) Tübingisches Responsum Juris ad cauſ. der Reformirten zu Frankfurt c den Magistrat daselbst, vom 8. Dec. 1752. 81 S. fol. Steht auch in Select. jur. publ. Th. 34. S. 38.

187) Gründliche Nachricht, was es mit der Frankfurter reformirten Kirchensache gegenwärtig für eine Beschaffenheit habe, mit Beyl. 1—19. nebst einem Anhang. 1754. 20 Bogen. Zwenter Anhang, mit Beyl. 20—41. 1757. fol.

188) Wahrhafte Liturgie und Bekänntniß des Glaubens, wie solche von den zu Frankfurt angekommenen Reformirten vor 200 Jahren überreicht worden. Mit Vorrede von J. H. Withof. Duisburg 1754. 25 Bog.

189) Dr. J. Phil. Fresenius Beleuchtung der sogenannten Vertheidigung und Widerlegung, welche Prof. Withof gegen die Actenmäßige Anmerkungen über seine Nachricht
von

von Pollano herausgegeben. 1754. 1 Alph. 2 Bogen.

190) Kurzer und deutlicher Beweiß, daß Val. Pollanus die Frankfurter nicht hintergangen ꝛc. Frankfurt 1755. 4 Bogen.

Not. Hiewider sind in den Göttingischen Anzeigen 1755. 89stes Stück einige Einwendungen gemacht worden.

191) Ohnmaßgeblicher Vorschlag eines Dritten, so zu einem Temperament in der reformirten Kirchensache dienen könnte, in Mosers D. Staatsarchiv vom Jahr 1755. Band I. S. 241.

e) Irrungen wegen dem Reformirten Gottesdienst im Schombergischen Hof.

192) Kurze Nachricht wegen der von dem Magistrat zu Frankfurt so neuerlich- als unbefugter Weise verfügten Turbirung des Evangelisch-Reformirten Gottesdienstes in dem Degenfeld-Schombergischen Freyhof daselbst. 1733. Steht in der Reichs-Fama Th. 14. S. 627—630.

193) Pro informatione &c. (eine Schrift, so 1733 gegen die vorhergehende zum Vorschein kam.) Steht in der Reichs-Fama Th. 14. S. 631—635.

194) Zwey Schreiben der Stadt Frankfurt deßhalb an ihren Vertretter in Comitiis vom 20. Jun. und 18. Aug. 1733. Stehn in der

48　I. Abschn.　Schriften, welche die

der Reichs-Fama Th. 15. S. 126—135. Befinden sich aber auch als Beyl. S und T. bey No. 144.

195) Conclusum Corporis Evangelicorum in dieser Sache, d. d. 13. Febr. 1734. Steht in der Reichs-Fama Th. 16. S. 121—123. und bey Schauroth Th. 1. S. 656. auch als Beyl. W. bey No. 144.

f) Streitigkeiten über die, der katholischen Religion wegen, verweigerte Aufnahme des J. C. Müllers in die Maurerzunft.

196) Pro Memoria: Ob das Kammergericht a) mit einer Sache, worinn der Rath zu Frankfurt einen richterlichen, durch Recurs devolvirten Bescheid, aus einer Doctrinalauslegung des 2. 29. und 35. §. des V. Art. Osnabrückischen Friedens erlassen, b) bey Umständen, wo gesammte Frankf. Handwerker seit 1616 kein Recht, die Catholischen der Religion halber auszuschließen, haben können, der Rath aber sie, kraft Status, seit 1616 und im Jahr 1624 bey sonstigen Requisiten, zu Burgern annehmen müßte, die Handwerksgenossen nicht anders, als auf das Meisterstück, annehmen dürfte, sie vor, in und nach 1624 aller Würden und Handwerker fähig erkannt, auch von dar, bis in die neueste Zeiten, sein Recht, zu reformiren, nie von einer Reduction derer

Hand-

Handwerker auf den Stand eines Entscheidungsziels ausgeleget, c) solches dahin auszulegen und zu vollziehen anfangen dörfte, daß aus der im 5. Art. 29 §. Osnabr. Friedens dem Stand der ganzen Reichsstadt gegönnten Herstellung auf den Stand des 1. Jan. 1624 in geist- und weltlichen alles Weltliche, was damalen zwischen Privatpersonen verschiedener Religion streitig gewesen, erst jetzo nach allem Abmassen des 25. 26. 30. 31. 48. §. des 5. Artik. Osnabr. Friedens wiedergebracht werden solle? oder ob das E. G. solche Neuerung possessorie und aus einer besseren Doctrinalauslegung petitorie abzustellen, berechtiget seye? ad cauſ. Müller c. Frankfurt und Maurer Mandati de non controv. Inſtr. P. Osnabrug. Steht in den neuesten Staatsact. Th. 5. S. 164.

197) Pro Memoria, in Sachen J. E. Müller ꝛc. ꝛc. in specie die gebetene Verweisung an die Reichsversammlung betreffend. Steht in den neuesten Staatsact. Th. 5. S. 200.

198) Tübingische und Göttingische Responsa juris über die Frage: Ob in einer pur Evangelischen freyen Reichsstadt, wie Frankfurt, Catholici, welche übrigens der Erlangung des Burgerrechts fähig sind, mit Recht prätendiren können, daß man catholische Handwerksgesellen, auch in solchen Handwerkern, worinnen ao. 1624

und folgende Zeit niemals ein catholischer Meister gewesen, nothwendig zum Meisterrecht admittiren müsse? 1766. 15 Bog. fol.

Not. Das Göttingische Responsum, dessen Verfasser der Herr geh. Justizrath Pütter ist, steht auch in desselben Rechtsfällen, Band 1. S. 928.

199) Abdruck des von der Juristenfacultät zu Giessen im Monat Januar 1769 eingeholten Responsi in Sachen: Müller c. die Maurerinnung zu Frankfurt. 1769. 58 S. fol. Steht auch in den Staatsact. unter Kaiser Joseph, Th. 6. S. 399.

200) Kurze, aber Cameral-Actenmäßige Nachricht von der bey dem Kaiserl. Reichscammergericht anhängig gemachten Sache: J. C. Müller wider die Reichsstadt Frankfurt und die dasige Maurerinnung. 1769. Mit Beyl. 1—3. 21 S. fol. Steht auch in Staatsact. Th. 5, S. 133. und ein Auszug davon im Reichstags-Diario 1769. S. 538.

201) Pro Memoria nebst einer Beylage in Sachen J. C. Müller c. den Magistrat zu Frankfurt und das Maurerhandwerk daselbst. 1769.

202) Nachtrag zu der kurzen, aber Cameral-Actenmäßigen Nachricht ꝛc. 1770. 5 Bog. Steht in den Staatsact. Th. 7. S. 149. und im Auszug im Reichstags-Diario von 1771. S. 175.

203) J.

203) J. A. Horn, Diss. de anno decretorio 1624. quatenus in Collegia opificum præcipue in libera J. Rep. Francofurtensi conveniat. Gießæ 1770. 4.

204) F. de Albini, Diss. de anno decretorio 1624. opificum collegia non concernente, Würzb. 1771. 4. Steht auch in A. Schmidii Thes. Jur. Eccl. T. IV n. 4. und erschien deutsch unterm Titel: Abhandlung von dem die Handwerksinnungen nicht anbelangendrn Entscheidungsjahre. 1772. 8.

205) J. S. Pütters rechtliches Bedenken über die Frage: Ob eine evangelische Reichsstadt schuldig seye, catholische Einwohner als Burger und Meister in Zünften aufzunehmen? 1771. Steht in seinen Rechtsfällen Band II. S. 694.

206) (J. J. Riefels) Anhang zu Mosers Abhandlung von der Reichsstädtischen Regimentsverfassung und deren 2ten Buch. Frff. und Leipz. (Bamberg) 1773. 188 S. 4.

207) C. H. S. Gazert, Progr. de cura rei opificiariæ ill. Magistratus Francofurtani arbitrio jam ab antiquis inde temporibus unice relicta. Gießæ 1773. 20 S. 4.

208) G. Scheidlin, Diss. de anno decretorio ad res metæ facultatis & adiaphora non pertinente. Viennæ 1775. 4.

209) G. Schmid, periculum notionis civitatis imperii ratione religionis mixtæ. Gœtt. 1777. 59 S. 4.

g) Jus

g) Jus circa sacra.

210) G. M. Wallacher, Diss. de jure circa sacra civitatum Imperii jam ante pacem religiosam. Gießæ 1767. 40 S. 4.

7. Von den Stiftungen.

211) Joh. Lehnemanns historische Nachricht von der vormals im 16ten Jahrhundert berühmten Ev. Lutherischen Kirche in Antorff und der daraus entstandenen Niederländischen Gemeinde Augspurgischer Confession in Frankfurt. Frankf. 1725. 187 S. 4.

212) J. Fr. Moritz historisch-diplomatische Nachrichten. Erstes Stück, von Stiftungen. Altona und Leipzig 1761. 184 S. 8.

Not. Es wird darinnen besonders von der Niederländischen und Oberländischen Gemeinde zu Frankfurt Nachricht ertheilt.

213) Erweis, daß die sogenannte Oberländische Gemeine zu Frankfurt kein rechtmäßiges Collegium sey. 1766. 26 S. fol.

214) Gründliche Widerlegung des zum Druck gekommenen sogenannten Erweises, in Sachen Vorsteher der Oberländischen Stiftung c. den Burgermeister und Rath zu Frankfurt, Mandati &c. 1766. 6 Bogen fol.

215) Abdruck des von der Juristenfacultät zu Gießen ertheilten Responsi in anmaßlichen Sachen der sogenannten Vorstehere und Verwal-

Verwaltere der Oberländischen Stiftung c. den Rath zu Frankfurt, præt. mandati &c. 1767. 12 S. fol.

216) Abdruck eines rechtlichen Bedenkens der Göttingischen Juristenfacultät in Sachen Vorsteher und Verwalter der Oberländischen Stiftung zu Frankfurt c. Burgermeister und Rath daselbst, Mandati &c. 1768. 4 Bogen fol.

217) Steffan von Cronstett- und von Hynspergische Adelich-Evangelische Stiftsverordnung, letzter Will und Schedula testamentaria. Frankf. 1766. fol. Steht auch in Müllers Samml. der Kaiserl. in S. Frankf. c. Frankf. ergangenen Resolutionen, Abth. 2. S. 255—282.

218) Pro Memoria in Betreff eines Frankfurter Rathsdecrets vom 13. Sept. 1768, wodurch die Bestimmung derer Gottespfennige zu dem Vorhaben des Dr. Senkenbergs der ersten Stiftung eines burgerl. Siechenhauses vors künftige soll abgestellt werden. 1768. 1 Bogen fol.

219) J. Chr. Senkenbergs Stiftungsbriefe zum Besten der Arzneykunst und Armenpflege; samt Nachricht wegen eines zu unternehmenden Burger- und Beysassenhospitals zum Behufe der Stadt Frankfurt, nebst Vorbericht R. L. C. C. Freyh. von Senkenberg. Frankf. 1770. 76 S. 2 Kupf. fol.

54 I. Abschn. Schriften, welche die

Not. Der Stiftungsbrief nebst Zugabe und Bestättigung ist auch zu finden bey Müller a. a. O. Abth. 2. S. 241—254.

220) Nachricht von dem Fortgang und Anwachs der Dr. Senkenbergischen Stiftung, erste bis achte Nachricht. Frankf. 1776-1784 4.

221) Erste Nachricht von den zum Besten der von Ev. Lutherischen Predigern zu Frankfurt nachgelassenen Wittwen und Waysen vermachten Legaten, wie auch von Einrichtung und gegenwärtigem Zustand dieser Wittwencasse. Frankf. 1777. 24 S. 4.

8. Vom Zustand der Wissenschaften und Künste.

222) H. Hirtzwigii, Epistola ad Balth. Menzerum, de præsenti Gymnasii Mœno-Francofurtensis conditione & statu. Francof. 1654. 8.

223) Eine kurze Nachricht von dem Ursprung und Fortgang der Frankfurter Stadtbibliothek in der Vorrede zum Catalogo Bibl. publicæ Mœno-Francofurtensis a J. J. Lucio edito Francof. 1728. 4.

224) J. G. Purmann, historische Nachricht vom Ursprung und Fortgang des Gymnasii zu Frankfurt. Frankf. 1779. 44 S. 4.

Not. Ein bey Gelegenheit der dritthalbhundertjährigen Stiftungsfeyer des Gymnasii herausgegebenes Programm.

225) H.

225) H. S. Hüsgen, Nachrichten von Frankfurter Künstlern und Kunstsachen. Frankf. 1780. 378 S. 8.

9. Von der Handlung.

a) Von der Handlung überhaupt.

226) Der Stadt Augspurg Schreiben an die Städte Lübeck, Bremen, Hamburg und Frankfurt, wegen Offenbehaltung der innocenten Commercien, d. d. 31. Oct. 1702. Steht in Fabers Staatscanzley Th. 9. S. 625.

227) Schreiben an Kaiserl. Majestät vom Reichsstädtischen Collegio zu Regenspurg, in puncto der Commercien, d. d. 28. Nov. 1702. Steht a. a. O. S. 639.

228) Gründliche Vorstellung der Beschaffenheit des deutschen Commercienwesens, dann dessen Verbot mit Frankreich und denen spanischen Ländern betreffend. Steht a. a. O. S. 647.

229) Zwey Memoriale der verburgerten Handelsleute zu Frankfurt an den Rath daselbst, d. 21. Dec. 1706 und 1707, den allzustarken Anwachs der Handelsleute daselbst betreffend. Sind zu finden als Beyl. 12. bey No. 187. und als Beyl. F. Subadj. 2. bey No. 138. d.

230) Schrei-

56   I. Abschn. Schriften, welche die

230) Schreiben des Magistrats zu Frankfurt an den Stadt Frankfurtischen Vertreter in Comitiis, die mit Frankreich verbotene Commercien betreffend, vom 27 Merz 1734. Steht in der Reichs-Fama Th. 18. S. 338.

231) Alleruntertänigste Intercessionalien des Reichsstädtischen Collegii an Kaiserl. Majestät, die Beybehaltung des innoxii liberi Commercii betreffend, d. d. 8. Jul. 1734. Steht in der Reichs-Fama Th. 18. S. 341.

231) b) Eine Nachricht von der Frankfurter Handlung befindet sich im Leipziger Almanach für Kaufleute auf das Jahr 1784. S. 85—118.

b) Von den zwey Frankfurter Reichsmessen.

232) J. B. Lehnemanni historia, jura & privilegia nundinarum Francofurtensium. Lipsiae 1738. 48 S. 8.

233) J. H. H. Fries, Abhandlung von dem sogenannten Pfeifergericht. Frankf. 1752. 248 S. 8.

234) (J. Ph. Orths) ausführliche Abhandlung von den berühmten zwoen Reichsmessen, so in der Reichsstadt Frankfurt am Mayn jährlich gehalten werden. Frankf. 1765. 724 S. 4.

10. Vom

10. Vom Münzwesen.

a) Das Kaiserl. Münzpatent von 1759 betreffende Schriften.

235) Abdruck (1) des Kaiserl. Münzpatents vom 13. Aug. 1759, (2) des darauf erstatteten allerunterthänigsten Berichts, nebst der sogenannten pflichtmäßigen Registratur oder Erklärung über jeden Artikel dieses Patents, (3) des weitern Kaiserl. Rescripts vom 14. Febr. 1760, und (4) des darauf erfolgten weitern allergehorsamsten Berichts vom 12 May 1760, mit Beyl. 1—62. 1760. 1 Alph. 11 Bogen fol.

236) Abdruck des über die sogenannte pflichtmäßige Registratur ergangenen weitern Kaiserlichen Rescripts und des darauf erfolgten fernern Berichts, den 27. Sept. 1760. mit Beyl. 63—70. 6 Bogen fol.

237) Abdruck des wegen der sogenannten pflichtmässigen Registratur an Kaiserl. Majestät erstatteten fernern Berichts, den 22. Nov. 1760. 1 Bogen fol.

b) Acta wegen der messentlichen Münzcommission.

238) Schreiben von Burgermeister und Rath an die Reichsversammlung, die auf den Frankfurter Messen vorzunehmende Münzcommis=

commission betreffend, den 24 Merz 1760. mit Beyl. I—V. 22 Bogen fol.

239) Zweytes bis sechstes Schreiben vom 1. May, 26. Jul. 30. Jul. 30. Sept. und 24. Nov. 1760, mit Beyl. VI—XXIV. Stehn auch im Reichstags-Diario Band 5.

240) Actenmässige Erzählung, was wegen der, nach Anleitung des, durch jüngere Reichsgesezze blos auf den Saumsaal eingeschränkten, Speyerischen Reichsabschied de ao. 1570, neuerlich einzuführen gesuchter Anordnung einiger messentlicher Münzcommissarien, seit dem Kaiserl. Münzpatent vom 13. Aug. 1759 beym Reichshofrath vorgegangen. 1760. nebst Beyl. A—T. 43½ Bogen fol.

241) Vornehmste Gründe, warum der Rath zu Frankfurt die in Conformität des Reichsabschieds von 1570 neuerlich auf denen Frankfurter Messen abgeordnet werden wollende Kaiserl. Herrn Commissarien und Churfürstl. Rheinische Herren Räthe allerunterthänigst abgebeten hat. 1760. 1 Bogen fol. In den Select. jur. publ. Th. 43. K. 4. S. 68. Th. 44. K. 7. S. 163. Th. 45. K. 7. S. 273.

c) Schrif-

Gesch. und Verf. Frankfurts erläutern. 59

c) Schriften wegen der Jud Flörsheimischen Denunciation und der in der Folge erkannten Kaiserl. Münzlocalcommission.

242) Abdruck derer bey Kaiserl. Majestät gegen Burgermeister und Rath zu Frankfurt vom dasigen Schutzjuden M. A. Flörsheim, erhobenen Privatbeschwerden und in Ansehung des Münzwesens harten Beymessungen, wie auch des hierauf erfolgten Kaiserlichen Rescripts ꝛc. statt eines umständlichen Facti zu vollständiger Information dem Publico vor Augen gelegt sub No. I. II. III. & Adj. A—R 7 it. N. IV. mit Beyl. 1—20. Frankfurt 1760. 4 Alph. fol.

243) Sieben Schreiben an die Reichsversammlung vom 24. Merz, 9. April, 30. April, 2 Jun. 11. Jul. 24. Nov. 1760. und 21. Jul. 1761. die zweyen Kaiserlichen Reichshofräthen übertragene Münzlocalcommission betreffend, mit Beyl. A—F 5. Stehn zum Theil auch im Reichstags-Diario.

244) Vornehmste Gründe, warum der Rath zu Frankfurt die denen zweyen K. K. Reichshofräthen aufgetragene Münzlocalcommission nicht anerkannt hat. Frankf. 1760. 2 Bogen fol.

245) Gutachten, in wie ferne ein Evangelischer Reichsfürst den Recurs an die Reichsversammlung unterstützen könne, welchen der Rath der Reichsstadt Frankfurt wider die

Kaiser-

60 I. Abschn: Schriften, welche die

Kaiserliche Meß- und Münzcommißion genommen hat. 1760. 6 Bogen 4.

246) Abdruck der wegen der gegen die Reichsstadt Frankfurt erkannten Kaiserl. Münzcommißionen, ausser denen allbereits bey dem sechsten, die Kaiserl. Münzlocalcommißion betreffende Schreiben, als Subadjuncta sub No. 44—47. befindlichen fernerweiten bey zweyen berühmten Juristenfacultäten eingeholten Responsorum juris. Frankf. 1761. 44 Bogen fol.

Anmerk. Ueber die seit 1759 in Betreff des Frankfurter Münzwesens herausgekommene Schriften, sind folgende zwey Haupttitel und Verzeichnisse vorhanden:

a) Sammlung derer beym Reichshofrath wegen der auf denen Frankfurter Messen zur Aufsicht über das Münzwesen, einzuführen suchenden Abordnung Kaiserlicher Herrn Commissarien und der Herren Räthe der vier Rheinischen Herren Churfürsten ꝛc. ꝛc. gepflogenen Handlungen ꝛc. Frankfurt 1760. 3 Bogen fol. Enthält ein Verzeichniß von 16 Stücken, nebst einem Vorbericht dazu.

b) Verzeichniß derer wegen des Münzwesens seiter der Ostermesse 1760 im Druck herausgekommenen Stadt Frankfurtischen Piecen, zusammen 22 Stück. Frankf. 1760. 1 Bogen fol.

d) Bey

d) Bey Gelegenheit des neuern Münzfußes herausgekommene, und die Stadt Frankfurt insbesondere betreffende Schriften.

247) Abgefordertes Gutachten in Münzsachen, derer Börse- und Handlungsvorsteher zu Frankfurt am Mayn, d. d. 25. Jan. 1765. Steht in Hirsch's D. R. Münzarchiv, Th. 8. S. 441.

248) Gründliche Anmerkungen über den Frankfurter Münzabschied vom 4. Merz 1765. Steht a. a. O. S. 450—455.

249) Gedanken über das Frankfurter Münzpatent vom 4. Merz 1765. Stehn a. a. O. S. 458.

250) Betrübte Folgen, welche der beliebte neue Münzfuß für das ganze gemeine Wesen, besonders das zu Frankfurt und die dasige Kaufmannschaft nach sich zieht. Frankfurt 1765. 24 S. 4.

Diese Schrift ist von mehr als 170 der angesehensten Handelsleuten in Frankfurt dem Magistrat durch die Handlungsvorsteher überreicht worden.

251) Nähere Beleuchtung des Conventions-Zwanzig Guldenfußes, nach Anlaß derer bis anhero bekannt gewordenen gedruckt und ungedruckten Schriften. 1765. 60 S. 4.

11. Von denen hieher gehörigen Streitigkeiten verschiedener Privatpersonen.

a) Streit des Raths mit den Elberfelder und Barmer Handelsleuten.

252) Deductio historica cum annexa succincta & documenta facti specie in Sachen des Frankfurter Magistrats c. die Elberfelder und Barmer Handelsleute, auch resp. Königl. Preußischen und Churpfälzischen Unterthanen in puncto des Frankfurter Leinwandhauses und deßfalls seit der bürgerl. Admodiation ganz neuerlich prätendirten Imposts. Gedruckt zu Mühlheim am Rhein. 1726.

b) Fiskalische Klage gegen den Sen. Ministerii Dr. Münden wegen des Drucks der Schmalkaldischen Artikel.

253) Beylagen betreffend die gegen den vormaligen Seniorem Ministerii Dr. Münden wegen des Drucks der Schmalkaldischen Artikel angezettelte fiskalische Klage (1738.) 5 Bogen fol. Stehn auch in der Staatskanzley, Th. 73. S. 183. 198. u. f. Th. 76. S. 93. 117. u. f.

c) Streit

c) **Streit mit Hoppe und dessen Erben.**

254) Facti Species mit kurzgefaßter gründlicher Ausführung derjenigen Forderungen, welche denen Joach. Hoppeischen Erben zu Frankfurt gegen das Rechenamt daselbst zustehen. Frankf. 1748. mit Beyl. 1—13. 11 Bogen fol.

255) Wahrhaft und sattsam beglaubter Bericht, was es mit den angeblichen Hoppeischen Forderungen an das Stadt-Aerarium vor eine Beschaffenheit habe. Frankf. 1752. mit Beyl. A—Zz und Subadj. Sign. ☉ 17 Bogen fol.

256) Gründliche Behauptung der den Hoppeischen Erben noch übrigen Forderungen an das Aerarium der Stadt Frankfurt. 1753.

257) Die im Namen Hoppeischer Erben zu Frankfurt im Jahr 1753 herausgekommene, aber erst zu Ende des Jahrs 1755 bekannt gewordene übel sogenannte Behauptung ec. mit nöthigen Erläuterungen derer burgerlichen Collegiorum. Mit Beyl. Aa—Ee. Ff1—Ff6. Gg1—Gg9. Hh. Ii1. und Ii2. 1756. 24 Bogen fol.

258) Vindiciæ der gründlichen Behauptung Hoppeischer Erben ec. denen sogenannten Erläuterungen entgegen gesetzt. 1757. mit Beyl. XV. XVI. 12½ Bogen fol.

d) Von der Notebomischen Rechnung und Forderung.

259) Eigentliches Verhältniß der Notebomischen Rechnung und Forderungen an die Reichsstadt Frankfurt. Frankf. 1758. Mit Beyl. 1—38. 22 Bogen fol.

260) Richtig gestelltes Verhältniß der Notebomischen Rechnungen und Forderungen an die Reichsstadt Frankfurt. 1760. Mit 440 Beyl. fol.

e) Streit mit dem Syndico Gelff.

261) Wahrhafte und in Acten gegründete Geschichtserzehlung, was es mit dem vom Magistrat seiner Dienste entlassenen Syndico Gelff für eine Beschaffenheit habe. Frankf. 1767. 14½ Bogen fol.

f) Streitigkeiten mit dem Mezgerhandwerk.

262) Actenmässige beurkundete Geschichtserzählung, wodurch unumstößlich gezeigt wird, daß es in Ansehung des Schaaftriebs auf denen Stadt Frankfurtischen Gütern bey der Verordnung der Römischen und Deutschen Rechte, nebst der Ackergerichtsordnung, verbleiben müsse. (1741) nebst Beyl. I—XLVII. 16 Bogen fol.

263) Geschichts- und Rechtsverlauf in Sachen Frankfurter Metzgergeschwornen, jetzo des Hand-

Handwerks, gegen Frankfurter Rechenen, jetzo den Magistrat, den Metzgerbruch betreffend. 1767. 22 Bogen und eine Charte fol.

263) b) Abhandlung über die Frage: Ob præscriptio contra præcarium, statt habe, insonderheit bey fundis publicis, in Sachen des Metzgerhandwerks zu Frankfurt c. das Stadt-Rechenenamt daselbst, Appellat. Steht in Cramers Nebenstunden, Th. 68. S. 127-139.

264) Rechtsverlauf in Sachen Frankfurter Ackerbegüterten gegen Frankfurter Metzgerhandwerk, den Stoppeltrieb derer Metzgerhämmel betreffend. Frankf. 1768. 9 Bog. fol.

265) Legitima deductio & practica, potissimum ad illustrandam restitutionem in integrum in appellationis instantia in Sachen derer Ackerbegüterten wider die Metzgerzunft zu Frankfurt wegen des sogenannten Schaaftriebs daselbst diesseits des Mayns, binnen der Landwehre (1770) 147 S. fol.

266) Kurze, doch aufrichtige Auszüge der Acten, den Rechtsstreit zwischen den Ackerbegüterten zu Frankfurt und dasigem Metzgerhandwerk, Appellationis, nunc restitutionis den Schaaftrieb und was dem anhängig, modo den zwischen denen von Günderrodischen Herren Erben und Herrn von Adlersflycht mit dem Metzgerhandwerk einseitig vorwaltenden Vergleich betreffend, de ao. 1775-1777. 3 Bogen fol.

E   g) Streit

g) **Streit des Dr. Hofmanns mit den Physikern und Aerzten zu Frankfurt.**

267) Alleruntertänigster Libellus gravaminum ac nullitatum summarius in Sachen der Physicor. ac Doctor. Med. zu Frankf. c. des dasigen Scharfrichters Sohn J. M. Hofmann und den dasigen ganzen Rath. Appon. N. 4—11. 5½ Bogen fol.

268) Abdruck des von Kaiserl. Majestät per Rescriptum de 12. Aug. 1767 abgeforderten Berichts in Sachen Senkenberg, Pettmann und Gramann Med. Doct. c. J. M. Hofmann M. D und den Magistrat zu Frankfurt. 1768. mit Beyl. A—G. 7 Bogen fol.

269) Vorläufige Beantwortung, Ergänzung und Widerlegung der, von den Physikern und Aerzten zu Frankfurt, entgegen des dasigen Scharfrichters Sohn J. M. Hofmann M. D. und den dasigen Rath, in den Druck gegebenen Beschwerungsschrift. Frankf. 1768. mit Beyl. 1—11. 35 Bogen fol. Der Verf. ist der gegenwärtige Senator Dr. H. P. Schlosser.

270) Kurze Nachricht von dem Ausgang und der allergerechtesten Entscheidung des vor Kaiserl. Majestät und dem Reichshofrath, zwischen den Physikern zu Frankfurt Appellanten, entgegen J. M. Hofmann A. D. Appellaten, vorgewesenen Rechtsstreits, nebst Anhang de usu gladii in Suppliciis apud Romanos. Frankf. 1769. 10 Bogen fol. Diese Schrift hat mit der vorigen einerley Verfasser.

12. Von

12. Von den Streitigkeiten des Churfürsten von Maynz und der Stadt Frankfurt mit den Gemeinden zu Sulzbach und Soden.

271) Die Reichsfreyheit der Gerichte und Gemeinden Sulzbach und Soden gegen die neuerliche Churmaynz- und Frankfurtische Vogtey- und Schutzherrl. Eingriffe erwiesen und vertheidigt. (1754) Steht auch in Mosers D. Staatsarchiv. 1754. Der Verf. davon ist F. C von Moser.

272) (J. Ph. Orths) Nachricht von dem in dem bey Frankfurt gelegenen Dorfe Sulzbach von alten Zeiten her üblichen Höfischen Gerichte. Steht in seiner Samml. merkw. Rechtshändel, Th. 10. S. 1134.

13. Von denen zu Frankfurt vollzogenen Kaiserlichen und Königlichen Wahlen und Krönungen.

273) Nachricht von dem großen Hofe zu Frankfurt im Jahr 1486, worauf Kaiser Marimilian der Erste gewählt worden. Steht in von Ohlenschlagers Erläut. der guldnen Bulle, Urkundenbuch Num. 115. S. 251.

274) Descriptio accurata electionis Maximiliani Regis Romanorum apud Francofurtum anno MCCCCLXXXVI. factæ: itemque coronationis ejusdem continuo subsecuræ apud Aquisgranum. Wurde damals von einem

einem unbekannten Verfasser gedruckt herausgegeben, ist aber auch zu finden in Freheri Script. rer. germ. T. III. p. 17 — 35. in Goldasti Polit. Imp. P. I. in Lersners Chronik, Th. 1. S. 110 — 127. und in dem unten No. 280. angeführten Werke.

275) Hartm. Maurus, de electione & coronatione Caroli V. Ist zu finden in Schardii Script. rer. germ. T. II. p. 827. seqq. in Goldasts Polit. Reichshändeln, in Lersners Chronik, Th. 1. B. 1. S. 131 — 163. und in der unten No. 280. angeführten Sammlung.

276) Wahl- und Krönungshandlung d. i wahrhaftige Beschreibung, welchergestalt Maximilian der Andre, Römischer Kaiser ꝛc. den 20. Sept. 1562. zu Prag zum Böhmischen, den 24. Nov. aber zu Frankfurt zum Römischen König erwählt, und den letzten desselben Monats allda in der Pfarrkirchen zu S. Bartholomie, wie auch den 8. Sept. 1563 zu Preßburg zum Hungarischen König gekrönt worden. Frankf. 1563. 4. neue Auflage mit Kupf. ebend. 1612. 13 Bogen 4. Steht auch, die Prager und Preßburger Wahl- und Krönungsfeyerlichkeiten ausgenommen, in Lersners Chronik, Th. 1. B. 1. S. 166 — 196.

277) Narratio de gloriosa & solenni coronatione Romanorum Regis Maximiliani, facta Francofurti ultimo Novembris 1562. Steht

Steht in Schardii Script. rer. germ. und in Goldasts politischen Reichshändeln.

278) B. Prætorii, corona imperialis Matthiæ Imp. ejusque Conjugis Annæ Austriacæ. Norimb. 1613. 4.

279) Inauguratio, coronatio & electio aliquot Imperatorum a Maximiliano I. ad Matthiam Austriacum. Hanoviæ 1613. 8.

280) Furierzettul der im Jahr 1619 zu Frankfurt auwesenden Chur- und Fürsten, samt Dero Bottschaften. Frankf. 1619. 4.

281) J. F. Mathenesius de Ferdinandi II. parentela, electione & coronatione in Regem Rom. libri 3. Colon. 1621. 4.

282) Coronatio solemnissima Leopoldi I. oder Beschreibung der Krönung Leopoldi L Frankf. 1658. 4.

283) Fr Wagneri, Historia electionis Leopoldi atque Josephi, Imperatorum, ope Tabularii Austriaci polite eleganterque scripta. Accedit Sam. de Pufendorf narratio, quam de Leopoldi Cæsaris electione fide Tabularii Brandenburgici contexuit. Jenæ 1741. 4.

284) Eigentliche Beschreibung der zu Frankfurt am Mayn vollzogenen Wahl- und Krönungs-Actuum Caroli VI. Maynz 1712. fol.

285) (D. Klauers) vollständiges Diarium alles dessen, was vor, in und nach denen Wahl- und Krönungssolennitäten Caroli VI. sowohl

I. Abschn. Schriften, welche die

im ganzen Römischen Reich, als auch zu Frankfurt am Mayn, vom Anfang bis zu Ende paßiret. Frankf 1712. fol. Ein Auszug des ersten Theils steht in Lünigs Theatr. Cerem. T. I. p 1223.

286) Schreiben des Reichsstädtischen Collegii an die Stadt Frankfurt, daß selbige bey dem Kaiserlichen Wahltag das Interesse des Reichsstädtischen Collegii prospiciren mögte, vom 27 Jul. und 10. Sept 1711. Steht in Fabers Staatskanzley, Th. 17. S. 784. Th. 18. S. 410.

287) (J. M. von Loen) Lettres curieuses d'un Gentilhomme Allemand, touchant les mœurs & les affaires du tems. 1741. 1742. zwen Theile 8.

    Anmerk. Liefert eine Beschreibung der Krönung Kaiser Karl des Siebenden, seiner Gemahlin Krönung, und der damaligen sonstigen Begebenheiten.

288) Vollständiges Diarium von den merkwürdigsten Begebenheiten, die sich vor, in und nach der Wahl und Krönung Kaiser Karl des Siebenden im ganzen heil. Röm. Reich und sonderlich zu Frankfurt am Mayn, zugetragen. Frankf. 1742. II. Theile fol. mit Kupf.

289) J. J. Mosers Historie der auf Kaiser Karl VII. ausgefallenen Wahl. Steht vor dessen Staatshistorie Deutschlands unter Kaiser Karl dem VII. Th. I.

290) Pro-

290) Protocolla; so bey der Wahl und Krönung Herrn Francisci, erwählten Römischen Kaisers, zu Frankfurt am Mayn im Jahr 1745 gehalten worden. (Wien) fol.

291) Wahl- und Krönungs-Diarium Kaiser Franz des I. Frankf. 1746. fol.

292) J. J. Mosers pragmatische Wahlgeschichte Kaisers Francisci. Steht in seinen Beyträgen zu dem neuesten Staatsrecht. P. I. p. 315. seqq.

293) (A. G. Semmel) Ehrengedächtniß der Römischen Königswahl und Krönung Josephs des Zweyten. Augsburg 1765. 12. mit Kupf.

294) Ausführliches Diarium, wie sowohl der Churfürstl. Collegialtag, als auch die Wahl und Krönung des Röm. Königs Joseph des Zweyten in Frankfurt am Mayn 1764 vollzogen worden. Maynz 1767. 3 Theile fol.

295) Ausführliche Beschreibung aller bey der, im Namen Kaiser Joseph des Zweyten durch den Grafen von Bergen, von Rath und Burgerschaft eingenommenen Huldigung, vorgefallenen Solennitäten. Frankf. 1766. 22 S. fol.

14. Von andern allhier gehaltenen Reichs 2c. Versammlungen.

296) Verzeichniß der Kaiserl. Commissarien, auch des heil. Röm. Reichs Churfürsten und Stän-

Ständen Bottschaften und Abgesandten, so auf dem nacher Frankfurt ausgestellten Compositionstag erschienen. Frankf. 1631. 4.

297) Verzeichniß derer zu Frankfurt anwesender, zum Reichsdeputationstag verordneter Gesandten. Frankf. 1643. 4.

298) Des zu Frankfurt am Mayn im Namen Kaiserlicher Majestät gehaltenen Compositionstags, erstlichen den 15. Sept. abgelegte Proposition, zusamt der Evangelischen Ständen und Abgesandten Antwort. 1631. 4.

299) Zu Frankfurt eröffnete Kaiserliche Proposition. Frankf. 1643. 4.

300) B. G. Struvii & resp. M. Diefenbachii Diss. Synodum Francicam 742. sub Carolo Magno habitam perperam nonnullis dici Francofurtensem. Jenæ 1708. Befindet sich auch hinter dem 2ten Theil des Struvischen Corporis historiæ germanicæ ed. v. 1730.

301) (J. M. v. Loen) Memoires d'un Gentilhomme au sujet de ce, qui se passe de plus remarquable à la diete de Francfort. 1741. 4.

15. Von sonstigem Verhältniß der Stadt Frankfurt gegen Kaiser und Reich.

302) Memorial der Stadt Frankfurt an die Reichsversammlung, die Moderation ihres starken

starken Matricularanschlages betreffend, d. d. 20. Jun. 1705. Steht nebst denen dazu gehörigen Causalibus in Fabers Staatskanzley, Th. 10. S. 377. u. f.

303) Vier Memoriale um Moderation des Matricularanschlags d. 6. Jan. & 19. Nov. 1721. 7. Dec. 1722.

304) J. D. v. Ohlenschlagers kurze Abhandlung von einem vormaligen uralten Herkommen beym Frankfurter Schöffenstuhl, die Bischöffe und Reichsvasallen in Abwesenheit des Kaisers mit den Regalien zu belehnen. Steht in Act. Acad. Theodoro-Palat. T. II. p. 225 — 241.

305) J. G. Grambs Diss. de habitu liberar. S. R. I. Civitatum imprimis S. R. I. Reipublicæ Mœno-Francofurtensis, erga suprema Imperii Tribunalia. Gießæ 1780. 92 S. 4.

16. Von den Irrungen der Stadt mit dem Oberrheinischen Kreys.

306) Conspectus summariissimus, worinnen die Stadt Frankfurtischen Beschwerden gegen den Oberrheinischen Kreys bestehen. 2 Bogen fol.

307) An Kaiserl. Majestät alleruntertßänigste Supplication und rechtl. Bitten pro clementiss. decernendo Rescripto Cæsareo ad dominos Directores Circuli Rhenani superioris

rioris &c. mit Beyl. A—O. (1737)
8 Bogen fol.

308) Kurzgefaßte Vorstellung, worinnen die von dem Oberrheinischen Kreys der Stadt Frankfurt bey Austheilung der Winterquartiere und sonsten zugefügte Beschwerden bestehn. 1737. mit Beylagen I — III. 250 S. fol.

309) Kurze Nachricht, was es mit der zwischen dem Oberrheinischen Kreys und der Stadt Frankfurt wegen künftiger Einrichtung der Winterquartiere fürgewesenen gütlichen Conferenz vor eine Beschaffenheit habe (1743.)

310) Unterthänigste Vorstellung des Magistrats zu Frankfurt ad capitulationis novissimæ Caroli VII. Imp. glorios. mem. Art. XII. §. 1—5. (1745.) Steht in J. J. Mosers Wahlkap. Franz. I. Th. 1. S. 332—348. und in der Staatskanzley, Th. 89. S. 9—35.

311) Abdruck des an Kaiserl. Majestät von Burgermeister und Rath der Reichsstadt Frankfurt am Mayn abgelassenen allerunterthänigsten Schreibens, nebst der sub Sign. O angefügten gründlichen Vorstellung und Nachricht, worinnen die von dem Oberrheinischen Kreysconvent durch unrichtige Austheilung der Winterquartiere 1734 und 1736, und verschiedene höchst beschwerliche Kreys-Conclusa und Resolura bey der Stadt Frankfurt zugefügte unerträgliche Prægravationes

Gesch. und Verf. Frankfurts erläutern. 75

riones und Bedruckungen bestehn, vom 3. May 1746. 1 Alph. 21 Bogen fol.

312) Von Befreyung der Kreysgesandten von militairischen Einquartierungen, (1761.) in J. J. Mosers Abh. verschiedener Rechtsmaterien, Stück 10. S. 405 u. f.

17. Von den Irrungen mit verschiedenen Reichsständen ꝛc.

a) Mit dem Fürsten von Thurn und Taxis.

313) Conspectus der zwischen Fürst Anshelm Franz von Tour und Taxis eines und dem Magistrat zu Frankfurt andern Theils obschwebender Differentien. 2 Bogen fol. Steht auch in der Reichs-Fama, Th. 19. S. 634.

314) An Kaiserl. Majestät allerunterthänigste wohlgegründete Gegenremonstration und Reconventionsklage imperrantischen Stadt Frankfurtischen Anwalds in Sachen Fürst von Thurn und Taxis c. den Magistrat zu Frankfurt und Cons. 1733. cum adj. 1—31. Steht in der Reichs-Fama a. a. O.

b) Mit Hanau wegen der weissen Frauen Klostergüter.

315) Acta Commissionis Cæsureæ, das Weißfrauenkloster betreffend, 1631. fol.

317) Kurze,

316) Kurze, jedoch gründliche Information in Sachen Frankfurt c. Hanau, die in dem Gräfl. Hanauischen Territorio gelegene, sogenannte Weissen-Frauen-Klostergüter betreffend, 1687. 4. Steht auch in Mart. Meieri Londorpio suppleto, T. XIII. p. 189. in Lünigs Grundveste der Europ. Potenzen Gerechtsamen, P. II. p. 527—31. und in Medit. ad instrum. Pacis Westph. T. II. p. 1742—98.

317) In jure & facto wohlgegründete Gegeninformation in Sachen Frankfurt c. Hanau, die in dem Gräflich-Hanauischen Territorio gelegene, zu dem Weissenfrauenkloster gehörige Güter, Renthen und Gefälle betreffend, 4. Steht bey Lünig a. a. O. P. II. p. 531—549. und in Meditatt. ad Instr. P. W. Th. 2. S. 1931—77.

318) Abdruck Schreibens an Kaiserl. Majestät wegen der von dem Grafen zu Hanau eingegangenen, dem Weißfrauenkloster gehörigen Gefällen und deßhalb am Kammergericht noch unerörtert hängenden Processen, den 4. Oct. 1721. 7 Bogen fol.

c) Mit Hanau wegen der Jagensgerechtigkeit in dem Niederhofer District.

319) Kurze actenmäßige Vorstellung der bey dem Reichskammergericht längst entschiedenen Jagensgerechtigkeit in dem Niederhofer District,

District, nebst angehängter Geschichtserzählung, mittelst welcher der höchst verpönter weise unternommene gewaltsame An- und Ueberfall eines Frankfurtischen, zur Bedeckung des in ersagtem District veranstalteten Treibjagens abgeschickten Commando, nach denen dabey vorgegangenen wahrhaften Umständen der ohnpartheyischen öffentlichen Beurtheilung dargelegt wird, mit Beyl. 1—30 Frankf. 1773. 15½ Bogen fol. Nachtrag dazu mit Beyl. 31 und 32. ib. eod. 2 Bogen fol. Der Verfasser ist Herr Syndicus Jan.

320) Vorläufig nöthig befundene Anmerkungen über die vom Magistrat zu Frankfurt bekannt gemachte sogenannte kurze Actenmässige Vorstellung, mit Anl. A—O. Hanau 1773. 58½ Bogen fol. Der Verf. ist Hr. G. R. R. Erni in Hanau.

321) Abgedrungene Gegenanmerkungen, mittelst welcher denen ab Seiten der Fürstlich-Hanauischen Regierung durch den Druck zum Vorschein gekommenen Gefährds- und Erdichtungsvollen Anmerkungen gebührend und mit Bestand der Wahrheit begegnet wird ꝛc. Nebst einem unterm 12. Febr. c. a. bey der Oberrheinischen Kreysversammlung ergangenen Conclus. betreffenden Anhang, mit Beyl. 33—44. Frankf. 1774. 13 Bogen fol. Der Verf. ist Hr. Syndicus Jan.

322) Kurz

322) Kurz zu übersehende Darstellung, der fürnehmsten Kammergerichtlichen Rechtshändel der Reichsstadt Frankfurt wider die Grafschaft Hanau. Frankf. 1781. 14 S. fol.

d) Mit Isenburg.

323) Kurze documentirte Demonstration, daß der uralte Reichs- und Königsforst zu Dreyeich, samt der unzertrennlich damit verknüpften Wildbanns-Obrigkeit sich auch über die Frankfurter Waldungen und Felder erstrecke, mit Beyl. 1—42. Offenbach 1736.

324) Standhafte Beantwortung der Gräflich-Isenburgischen so rubricirten kurzen Demonstration, mit Beyl. 42—97. Frankf. 1738.

325) Gründliche Gegeninformation, daß der Wildbann in der Dreyeich über die Frankfurter Waldungen und Felder sich nicht erstrecke. Frankf. 1738. III. Theile fol.

Anmerk. Der erste Theil enthält einen Auszug der in dieser Sache zwischen Isenburg und Frankfurt verhandelten Acten, mit Beyl. A—T6. Der zweyte und dritte Theil aber enthalten die schon sub No. 324 und 325. angegebene kurze documentirte Demonstration und standhafte Beantwortung derselben.

326) (Fr. Carl Buri) behauptete Vorrechte derer alten königl. Bannforste, oder Ausführung

führung derer dem königlichen Forst- und Wildbann zu der Dreyeich anklebender Oberherrlich- und Gerechtigkeiten. Nebst einem Beweiß und Urkundenbuch (No. 1—402.) Büdingen 1742, 9 Alph. fol. Erschien vermehrter und mit Vorsetzung des Verfassers Namen, Offenbach 1744. 11 Alph. fol. Einen Auszug davon findet man in den Nachrichten von juristischen Büchern, Band III. S. 83—93. und in Mosers Staatsgeschichte Deutschlands unter Kaiser Karl dem VII. Band 1. S. 787—868.

e) Mit der Reichsstadt Augsburg.

327) Der Stadt Augspurg an die Reichsversammlung gebrachte Gravamina wider die Stadt Frankfurt, wegen des anmassenden Vorsitzes bey der Reichsdeputation in der Erbmänner Revisionssache, 1707. Steht in der Staatskanzley, Th. 12. S. 693.

f) Mit den Freyherrn von Frankenstein.

328) Abdruck einiger Actenstücken zur Information in Sachen der Freyherrn von Frankenstein c. die Stadt Frankfurt (nebst Beyl. I—XX. und drey von denen Juristenfacultäten der Universitäten Cölln, Marburg und Ingolstadt ausgestellten rechtlichen Bedenken) 1630. 1 Alph.

329) Fort-

329) Fortgesetzte actenmäßige Nachricht, was es mit der beym Reichshofrath verschiedene angeblich entzogene Reichslehenstücke betreffenden Rechtshängigen Sache dermalen vor eine eigentliche Bewandniß habe, als ein Nachtrag zu dem bereits vorliegenden Abdruck einiger Actenstücke zur Information ꝛc. mit weiters beygedruckten Actenstücken No. XXI — XLV. Frankf. 1774. 12 Bogen fol. Der Verf. ist Hr. Syndicus Jan.

330) Vollständige ex Actis gezogene Darstellung der eigentlichen Lage und Beschaffenheit des beym Reichshofrath in Sachen der Freyherrn von Frankenstein entgegen die Reichsstadt Frankfurt seit einigen Jahrhunderten ohnentschieden hangenden Processes.

Anmerk. Ist ausser einem vorgesetzten Vorbericht, der Abdruck der beyden vorigen sub No. 328 und 329. angeführten Ausführungen.

331) Vertheidigtes Kaiserliches Eigenthum und gegründetes Vorrecht der altbelehnten Vasallen vor jedem neueren Besitzer, in Ansehung derer im Stadt Frankfurtischen Gebiet befindlichen Reichslehen. Samt einer vollständigeren ex actis gezogenen Darstellung der eigentlichen Lage und Beschaffenheit des beym Reichshofrath in Sachen derer Freyherrn von Frankenstein c. die Stadt Frankfurt entschiedenen und nun auf der Execution

tion beruhenden Processes. Mit Urk. und Beyl. A—T3. 1775. 174 S. fol. Der Verf. ist Hr. G. R. Tabor zu Friedberg.

332) Kurze Beleuchtung einer sub rubro vertheidigtes Kaiserl. Eigenthum bey dem Reichshofrath eingereichten Druckschrift. Frankf. 1777. mit Beyl. 1—20. 138 S. fol. Der Verf. ist Hr. Syndicus Jan.

333) Rechtliches Bedenken der löbl. Juristenfacultät zu Tübingen in Sachen von Frankenstein c. den Magistrat zu Frankfurt. Frankf. 1779. 79 S. fol.

17. Von sonstigen besonders merkwürdigen und zu Frankfurt sich ereigneten Begebenheiten.

334) Descriptio obsidionis de MDLII. in Sim. Schardii Script. rer. germ. edit. Giess. T. II. p. 553.

335) Glücklicher und sieghafter Anschlag, auf welchem der König zu Schweden in einem Zug unterschiedliche Städte und Festungen, sonderlich aber Frankfurt am Mayn, mit Accord erobert. 1631. 4.

336) Kurze Erzehlung von der grossen und undenklichen Ergiessung des Maynstrohms. Frankf. 1682. 4.

337) Accurate und wahrhafte, in Kupfer gebrachte Vorstellung der verbrandten Häuser und Plätze,

I. Abschn. Schriften, welche die

Plätze, welche durch die den 26. und 27. Jun. 1719 in K. F. R. W. und H. Stadt Frankfurt am Mayn, erschröcklich und entsetzlich geschehenen Feuersbrunst, Schaden, grosse Noth, ziemliche Ruinirung gelitten und ausgestanden haben.

Anmerk. Ein von B. Kenkel zu Augspurg gestochenes Kupfer, mit einer gedruckten Beschreibung der Feuersbrunst und den Namen der Bürger, deren Häuser abgebrandt, wie auch einem vollständigen Verzeichniß der Häuser auf sechs folio Seiten.

338) (H. S. Hüsgen) ausführliche Nachricht von der grossen Ergiessung des Maynstroms in und bey der Reichsstadt Frankfurt im Jahr 1784. 1 Bogen. 4.

18. Vermischte Schriften.

339) H. C. Senckenberg, Selecta juris & historiarum tum anecdota, tum jam edita, sed rariora, Tom. I. qui civitatem Imperialem Francofurtum ad Mœnum concernit. Francofurti 1734. 705 S. 8.

340) (J. P. Orths) Sammlung merkwürdiger Rechtshändel. Frankfurt 1763—1778. 17 Theile. 8.

Enthält ausser vielen ins Privatrecht einschlagenden Abhandlungen, auch manche, so zur Erläuterung des Staatsrechts der Reichsstadt Frankfurt dienen, wovon oben schon einige angegeben worden.

IV. Landkarten, Plane, Adreßkalender ꝛc. von Frankfurt.

341) Von dem Frankfurter Gebiet hat man folgende Landkarten:
(1) von Elias Hoffmann. Frankf. 1598.
(2) im Blauischen Atlas;
(3) von Vischer;
(4) von Joh. Bapt. Homann. In dem Homännischen Atlas von Deutschland die 107te Karte. Wovon auch eine kleine Copie in der oben No. 26. angeführten Dr. Behrendsischen Abhandlung.
(5) von Seutter;
(6) in der oben No. 326. angeführten Burischen Deduction.

Anmerk. Die fünf ersten Landkarten taugen sämtlich nicht viel, und geben besonders die Grenzen des Städtischen Gebiets ganz falsch an. Die sechste ist ungleich besser, enthält aber nur den auf der südlichen Seite des Mayns gelegenen Theil des Frankfurter Gebiets.

342) Die vorzüglichsten Grundrisse von der Stadt Frankfurt sind folgende:
(1) Ein grosser prospectivischer Plan von Matth. Merian auf vier Folioblättern, welcher vor einigen Jahren von der Jägerschen Buchhandlung abermals abgedruckt worden.
(2) Der kleine Merianische Plan von Frankfurt in der Topographia Hassiæ & vicinarum Regionum.

84 I. Abschn. Schriften, welche die

(3) Ein Grundriß von M. Seutter in Landkartenformat.

(4) Ein neuer Grundriß gezeichnet durch C. L. Thomas, 2 Schuh hoch und 2 Schuh 5 Zoll breit, gestochen von Cöntgen zu Maynz, und in Verlag der Brönnerischen Buchhandlung zu Frankfurt. 1783.

343) Des h. R. R. F. W. und H. Stadt Frankfurt am Mayn Raths- und Stadtkalender, worinnen alle Ehrenämter und Bedienungen, Decreta publica &c. enthalten. Kommt seit 1734 alle Jahr in der Varrentrappischen Buchhandlung zu Frankfurt heraus. Anfänglich in 4to, nachher und jetzo aber in 8.

344) Frankfurter Mercantil-Schema oder Verzeichniß aller in Frankfurt befindlichen Handelsherrn, Negotianten, Fabrikanten, Künstler, Commercialprofeßionisten ꝛc. Frankf. 1773. auch 1774. 8.

345) Frankfurter Meßschema oder Verzeichniß aller anhero kommenden Herrn Meßfremden, ihre Waaren, die sie führen, Logis, wo sie anzutreffen, nebst ihren Gewölbern und Boutiquen, wo sie feil halten. Frankfurt seit 1774 alle Ostermesse in 8. Der erste Verfasser und Verleger davon war S. J. Schröckh, jetzo J. Ph. Streng.

346) Handlungs-Addreßkalender von Frankfurt. Kam zum erstenmal 1783 heraus, und soll künftig

künftig alle Herbstmesse eine neue Auflage davon erscheinen. Verleger ist J. Ph. Streng.

V. Historisch-Geographisch-Statistische Schriften allgemeinern Innhalts, in welchen beträchtliche Beyträge zur Geschichte und Statistik der Reichsstadt Frankfurt anzutreffen.

347) Das Theatrum Europæum, 1635 - 1734. XXI. Theile fol. Denn da dieses Werk zu Frankfurt herausgekommen, auch seine verschiedene Verfasser sich meist daselbst aufgehalten; so ist es hier in Ansehung der darinnen erzählten, und die Stadt Frankfurt betreffenden Begebenheiten von einem vorzüglichen Nutzen.

348) Die Frankfurter Meßrelationen, welche seit 1591 in jeder Frankfurter Messe herauskommen, und daher auch hier mit Nutzen zu gebrauchen sind. Eine litterarische Nachricht von denselben giebt Orth in seiner Abh. von den Frankfurter Messen, S. 714. u. f.

349) Diejenigen Werke, so von denen Reichsstädten überhaupt handeln, besonders Knipschild in tr. de Civitatum Imp. Jurib. ac Priv. unter dem Artikel Frankfurt.

350) J. J. Mosers deutsches Staatsrecht, Th. 39—43.

351) M. Zeillers Topographia Hassiæ & Regionum vicinarum unterm Artikel Frankfurt.

352) Der Wetterauische Geographus, der Antiquarius des Maynstrohms und Büschings Erdbeschreibung, Th. 3.

353) Die Sammlungen neuerer Staatsschriften, als: Fabers Europäische Staatskanzley, die Selecta juris publici novissima, die Moserche Reichs-Fama, die Samml. von Staatsschriften unter Kaiser Franz, das Mosersche deutsche Staatsarchiv, Reussens deutsche Staatskanzley ꝛc.

354) Verschiedene Reisebeschreibungen, als:
 a) Eduard Brown Reise durch Deutschland und Ungarn, B. I. Th. 2. K. 6.
 b) Gilb. Burnets Reisebeschreibung, Th. 2. Brief 5.
 c) Misson's Reise nach Italien, Brief 7.
 d) J. G. Keyßlers Reise durch Deutschland, Th. 1. Brief 98.
 e) Bemerkungen eines Reisenden durch Deutschland, Frankreich, England und Holland, Th. 1. Brief 5. Th. 2. Brief 100.
 f) Briefe eines jungen Reisenden durch Liefland, Kurland und Deutschland, Th. 2. Brief 37 und 38.
 g) Briefe

g) Briefe eines reisenden Franzosen über Deutschland an seinen Bruder zu Paris, Th. 2.

h) Moore's Abriß des gesellschaftlichen Lebens und der Sitten in Frankreich und Deutschland, Th. 1.

355) Verrätherische Briefe von Historie und Kunst. Frankf 1776. Fortsetzung 1783. zusammen 207 S. 8.

356) Frankfurter Beyträge zur Ausbreitung nützlicher Künste und Wissenschaften. Frankf. 1780 und 1781. III. Th. 8. jeder zu zwey Heft.

Zweyter Abschnitt

von den

Gründen, auf welchen die innere

Verfassung der Reichsstadt Frankfurt beruhet.

I. Hauptstück

von denen

der Stadt Frankfurt ertheilten Kaiserlichen und Königlichen Privilegien.

§. 1.

Die Stadt Frankfurt hat viele ansehnliche Privilegien von denen deutschen Kaisern und Königen zu verschiedenen Zeiten erhalten, und denenselben den größten Theil ihres heutigen Flors zu verdanken. Man hatte aber in vorigen Zeiten hier, wie noch anderwärts, den sonderbaren Grundsatz, alle Kaiserliche Privilegien und andere, zum Nutzen gemeiner Stadt gereichende, Urkunden, äusserst geheim und verborgen zu halten, wodurch denn (*) unruhige Köpfe und andere Grillenfänger unter der Burgerschaft nur veranlaßt wurden, zu muthmassen,

daß

daß für sie, nach ihrer sonderbaren Einbildung, in solchen, sonst für die ganze Stadt unschätzbaren, Privilegien, mehr enthalten seye, als würklich ist. Als daher zu Anfang des vorigen Jahrhunderts die Burgerschaft bey der Wahl des Kaisers Matthias, den in der goldenen Bulle verordneten Securitätseyd abgeschworen, vermöge dessen die Burger verbunden sind, die Churfürsten mit ihrem Gefolge zu beschützen, bey Verlust aller ihrer Privilegien; so gab dieß denen Burgern Anlaß, von dem Rath die Communication dieser Privilegien zu verlangen, von welchen der grössere Theil unter ihnen in seinem Leben keine zu Gesicht bekommen. Sie glaubten nemlich, wie das oben No. 33. angeführte Diarium historicum berichtet, „daß nicht geringe, denen Burgern zuständige Privilegia vorhanden seyn müßten, in Erwägung ein so merklicher schwerer Pönfall darauf gesetzt worden." Es ward auch endlich im Burgervertrag (**) §. 1. ausgemacht, daß alle und jede der Stadt Privilegien und briefliche Urkunden sieben aus der Burgerschaft erwählten Deputirten vorgelegt werden, und diese daraus der Burgerschaft alles dasjenige anzeigen sollten, was zu Abhelfung der damaligen Beschwerden noch dienen könnte. Die meisten und wichtigsten Privilegien wurden überdieß noch gedruckt unterm Titel:

Privilegia des h. R. Reichs Stadt Frankfurt am Mayn, auch etliche nicht wenige fürtreffliche Kaiserliche und Königliche Begnadignadigungen, Immunitäten und Freyheiten. Sampt der guldenen Bullen ꝛc. Frankf. 1614. 467 S. fol.

Nachdem auch in der ersten Kaiserlichen Hauptresolution vom 22sten Nov. 1725 verordnet worden, daß alle Privilegia und Pacta, welche im Jahr 1614 zum Druck gelanget, nebst denen seit 1616 noch weiter erhaltenen, von neuem in Druck aufgelegt und dadurch jedermann kund gemacht werden sollten; so erschien im Jahr 1728 eine neue Ausgabe derselben unterm Titel:

Privilegia & Pacta des h. R. R. Stadt Frankfurt am Mayn. Frankfurt 1728. 526 S. fol. (dabey die Kaiserliche und Königliche Sigille in Kupfer gestochen sind.)

Uebrigens sind der Stadt sämtliche Privilegien, gute Gewohnheit ꝛc. bisher von einem jedesmaligen neuen Kaiser jederzeit bestättigt worden. laut Kaiserlichen Rescripts vom 9ten May 1706 kommt es aber dem Magistrat allein zu, um dergleichen Bestättigung anzusuchen.

(*) wie schon Moser im Staatsrecht Th. 42. S. 483. bemerkt.

(**) von welchem unten §. 32.

§. 2.

Aelteste Freyheits ꝛc. Briefe.

Das älteste bekannte Privilegium ist vom Jahr 1219. Es vermuthet zwar Orth in seinen Anmerkungen über die Frankf. Reformation

I. Hauptst. Privilegien.

4te Fortſ. S. 59. u. f., daß die Stadt Frankfurt noch weit ältere erhalten; ob aber ſolche ſchon in ältern Zeiten verlohren gegangen, oder was es ſonſt für eine Bewandniß damit habe, deſſen nähere Unterſuchung überläßt er daſelbſt lediglich den fleiſſigern Forſchern der hieſigen Alterthümer. Da nun bis jetzo noch keine ältere weiter zum Vorſchein gekommen, ſo können wir auch hier nur diejenige angeben, welche der Stadt ſeit gedachtem Jahr ertheilt worden. Sämtliche hieher gehörige Freyheitsbriefe ſollen aber in den folgenden §§. angeführt werden, mit Bemerkung, wo ſie in der alten (alt Ausg.) oder neuen Ausgabe (neu Ausg.) des im vorigen §. erwähnten Privilegienbuchs, in Lünigs Reichsarchiv, in Moſers Reichsſtädtiſchem Handbuch, in Senkenbergs Selectis juris & hiſtoriarum, in Orths Abh. von den Frankfurter Meſſen oder ſonſt anzutreffen.

§. 3.

Priv. von Kaiſer Friedrich II.

1219. 15. Aug. Priv. worinnen er der Stadt einen Hof und Thurn zur Erbauung einer Kapelle verehrt. Alt Ausg. S. 1. Neu Ausg. S. 1. Lünigs Reichsarchiv, P. ſpec. Cont. 4. Th. 1. S. 557. Moſers Reichsſtädtiſches Handbuch, Th. 1. S. 484.

§. 4.

§. 4.
von Heinrich VII.

1232. 14. Jan. Priv. daß die Bürger der vier Wetterauischen Städte nicht genöthiget werden sollten, ihre Töchter oder Enkel an einen Kaiserl. Hofdiener zu verheyrathen. Alt Ausg. S. 2. Neu Ausg. S. 2.

1235. 10. May. Verehrung der halben Nutzung von der Münz, wie auch Holz zum Brückenbau. Alt Ausg. S. 3. Neu Ausg. S. 3. Lünig a. a. O. S. 558.

§. 5.
von Konrad IV.

1242. im May. Bestättigung aller Stadt Fränkfurtischen Privilegien. Alt Ausg. S. 4. Neu Ausg. S. 4. Lünig a. a. O. S. 558.

§. 6.
von Wilhelm.

1254. 9. Aug. Bestättigung aller Privilegien. Alt Ausg. S. 5. Neu Ausg. S. 5. Lünig a. a. O. S. 559.

1254. 10. Aug. Bestättigung, daß die Stadt niemand versetzt, noch vom Reich entäussert werden solle. Alt Ausg. S. 6. Neu Ausg. S. 5. Lünig a. a. O.

§. 7.
von Richard.

1257. 7. Sept. Bestättigung aller und einiger besonderen Freyheiten. Alt Ausg. S. 7. Neu Ausg. S. 6. Lünig a. a. O. S. 559. Moser a. a. O. S. 484.

1257. 8. Sept. Priv. daß er innerhalb der Stadtmauern keine Besestigung und Schloß errichten wolle. Alt Ausg. S. 6. Neu Ausg. S. 5. Lünig a. a. O. S. 560.

§. 8.
von Rudolph I.

1273. 5. Dec. Allgemeine Bestättigung aller und jeder Stadt-Frankfurtischen Privilegien. Alt Ausg. S. 8. Neu Ausg. S. 7. Lünig a. a. O. S. 560.

Anmerk. Dergleichen allgemeine Bestättigungen wurden auch noch nachhero im mittlern Zeitalter ertheilt von Adolph 1294, Albrecht I. 1299, Henrich VII. 1310, Ludwig IV. 1320 und 1329, Günther 1349, Karl IV. 1355 und 1366, Wenzel 1367 und 1376, Ruprecht 1400, Sigismund 1414 und 1433, Albrecht II. 1438, und Friedrich III. 1442 und 1452, welche sämtlich in den beyden Ausgaben des Privilegienbuchs, und bey Lünig a. a. O. zu finden.

§. 9.

§. 9.
von Albrecht I.

1299. 13. Febr. Priv. daß alle diejenige, welche mit der Stadt zu Zeiten K. Friedrich II gesteuert, auch nach der Zeit mit ihr die Steuer erlegen sollten; es wäre denn, daß die steuerbaren Güter ad pias causas legiret wären. Alt Ausg. S. 14. Neu Ausg. S. 11. Lünig a. a. O. S. 562.

§. 10.
von Ludewig von Bayern.

1318. 24. Oct. Priv. daß man von jedem Achtel Frucht, so hinausgeführt wird, einen kölnischen Pfennig nehmen möge. Orths Abh. von Messen, S. 651.

1329. 23. Jun. Priv. daß ihre Bürger und Einwohner, um weltlicher Sachen willen vor keinem geistlichen Gericht belangt werden sollen. Alt Ausg. S. 18. Neu Ausg. S. 15. Lünig a. a. O. S. 565.

1329. 23. Jun. Priv. daß die Stadt alle von den Kaisern an andere versetzte oder verkaufte Reichsgüter, Gülten, Zölle ꝛc. wieder einlösen möge. Orth a. a. O. S. 638.

1330. 23. April. Priv. über die Fastenmesse. Alt Ausg. S. 21. Neu Ausg. S. 18. Lünig a. a. O. S. 565. Orth a. a. O. S. 562.

1332.

I. Hauptst. Privilegien.

1332. Erklärung, wie es zu verstehn, wenn andern Städten oder Märkten Freyheiten gegeben worden gleich Frankfurt. Alt Ausg. S. 23. Neu Ausg. S. 20. Orth a. a. O. S. 563.

1333. 17. Jul. Priv. daß der Rath die Stadt erweitern, und die dazu benöthigten Kosten von geistlichen und weltlichen Einwohnern erheben möge; ingleichen daß niemand binnen zwey Meilen um die Stadt herum einen Burgbau aufführen solle. Alt Ausg. S. 24. Neu Ausg. S. 20. Lünig a. a. O. S. 566. Moser a. a. O. S 486.

1336. 31. May. Priv. daß, so jemand ihren ausserhalb der Stadt allegirten Privilegien nicht glauben wollte, er die Production der Privilegien binnen der Stadt zu fordern schuldig seyn solle. Alt Ausg. S. 29. Neu Ausg. S. 23. Lünig a. a. O. S. 567.

— Priv. die Minder- und Mehrung des Mahlgeldes, die freyen Reichsreisen, ingleichen die Inhafftirung ihrer Beschädiger in fremden Gerichten betreffend. Alt Ausg. S. 27. Neu Ausg. S. 22. Lünig a. a. O. S. 568. Moser a. a. O. S. 468.

— Constitution das Grundruherecht auf dem Rhein und Mayn betreffend. Alt. Ausg. S. 28. Neu Ausg. S. 23. Lünig P. gen. Cont. II. p. 207. Orth a. a. O. S. 651.

1337.

1337. 27. Merz. Diploma, worinnen der Stadt Frankfurt versprochen wird, weder Maynz, noch einiger andern Stadt, einig Meß-Privilegium, denen beyden Frankfurter Messen zum Nachtheil zu geben. Alt Ausg. S. 34. Neu Ausg. S. 27. Lünig P. spec. Cont. IV. Th. 1. S. 569. Moser a. a. O. S. 487. Orth a. a. O. S. 563.

1341. 25. Jun. Priv. daß die Amtleute und Bedienten auf den Gütern der Stadt auf die Art, wie die zu Nürnberg, frey seyn sollten. Alt Ausg. S. 35. Neu Ausg. S. 28. Lünig a. a. O. S. 570. Moser a. a. O. S. 488.

1342. im Sept. Priv. daß man von jedem Pferde über die Brücke vier Heller Zoll nehmen möge. Orth a. a. O. S. 632.

1346. 27. Nov. Priv. daß die Stadt kleine silberne Münze schlagen, und Wechsel machen möge. Alt Ausg. S. 37. Neu Ausg. S. 30. Lünig a. a. O. S. 570. Hirsch's D. Reichs Münzarchiv, Th. 8. S. 16. Orth a. a. O. S. 676.

§. II.
von Karl IV.

1349. 14. Jun. Priv. die beyden Messen und die dabey verstattete Meßfreyheiten betreffend. Alt Ausg. S. 40. Neu Ausg. S. 32. Lünig a. a. O. S. 572. Orth a. a. O. S. 576.

I. Hauptst. Privilegien. 97

1349. 25 Jun. Verpfändung der Juden zu Frankfurt mit aller Nutzung und Dienst. Senkenberg. Select. jur. & hist. T. I. p. 634.

1349. 30. Jun. Priv. daß die Stadt im Nothfall einige Gülten oder Einkünfte gemeiner Stadt nach Befinden verkaufen oder versetzen möge. Alt Ausg. S. 43. Neu Ausg. S. 34. Lünig a. a. O. S. 573. Moser a. a. O. S. 488.

1349. im Jun. Priv. daß die Stadt nicht nur ihre Gefälle mehren und mindern, sondern auch das dem Erzstifte zu Mäynz von Reichs wegen versetzte Antheil des Ungeldes zu Frankfurt wieder einlösen möge. Orth a. a. O. S. 652.

1349. 24. Sept. Priv. daß die hiesige Burger und Einwohner vor keinem andern Richter, als dem Stadtschultheissen, stehen sollen. Alt Ausg. S. 44. Neu Ausg. S. 35. Lünig a. a. O. S. 574.

1353. 13. Dec. Priv. daß denen Burgern und Einwohnern, welche durch Kaiserliche Privilegia von der Acht eximirt sind, keine Achtserklärung schaden solle. Alt Ausg. S. 47. Neu Ausg. S. 38. Lünig a. a. O. S. 575.

1355. 19. Aug. Priv. daß die Stadt Gold- und Silberwage bestellen möge. Alt Ausg. S. 49. Neu Ausg. S. 41.

1356. 19. Dec. Priv. daß sie Gewalt mit Gewalt vertreiben möge. Alt Ausg. S. 135. Neu Ausg. S. 161. Lünig a. a. D. S. 576.

1357. 4. Merz. Priv. worinnen der Stadt beyde Messen confirmiret, und die Fastenmesse mit eben denen Freyheiten, so die Herbstmesse bisher gehabt, versehen wird. Alt Ausg. S. 135. Neu Ausg. S. 161. Lünig a. a. O. S. 577. Orth a. a. O. S. 577.

1357. 29. May. Bestättigung, den Zoll und Weggeld über die Maynbrücke betreffend. Orth a. a. O. S. 632.

1358. 2. Jun. Concession, daß hinführo die Steinfuhr abgethan und für jedes Fuder Stein ein grosser alter Turnes von denen, so gekauften Wein aus der Stadt führen, genommen werden soll. Senkenbergs Select. jur. & hist. T. 6. S. 588. Orth a. a. O. S. 631.

1360. 12. Oct. Priv. daß niemand in der Stadt, so lang die zwey Messen währen, seinen Schuldmann verklagen oder arrestiren lassen darf. Alt Ausg. S. 138. Neu Ausg. S. 163. Lünig a. a. O. S. 578. Moser a. a. O. S. 491. Orth a. a. O. S. 578.

1366. 4. Jan. Bestättigung aller Privilegien der Stadt, worinn zugleich einige Verordnungen wegen der Rathswahl und Leistung

des

I. Hauptst. Privilegien.

des Burgerendes. Alt Ausg. S. 140. Neu Ausg. S. 164. Lünig a. a. O. S. 579.

1366. 4. Jan. Priv. über dasjenige, was vom Kranen, wie auch Gold- und Silberwagen entrichtet werden soll; item daß der Rath neue Fleischschürne und Brodbänke in der Neustadt anrichten möge. Orth a. a. O. S. 663.

1366. 19. Nov. Mandatum an den Schultheißen zu Frankfurt, daß er die Juden daselbst keine Gesetze unter sich machen, noch keine Gerichte anstellen lassen solle. Alt Ausg. S. 142. Neu Ausg. S. 167. Lünig a. a. O. S. 582. Moser a. a. O. S. 493.

1366. 4. Dec. Priv. daß die Stadt weder von denen Kaisern, noch dem Reiche verkauft oder verpfändet werden möge. Alt Ausg. S. 150. Neu Ausg. S. 172. Lünig a. a. O. S. 580.

—— Priv. daß, wer anderwärts die Frankfurtischen Privilegia nicht glauben will, dahin kommen, und sich solche von dem Magistrat produciren lassen solle. Alt Ausg. S. 147. Neu Ausg. S. 170. Lünig a. a. O. S. 580. Moser a. a. O. S. 492.

—— Priv. daß sich die Stadt bey ihren erlangten Privilegien und Freyheiten schützen, und männiglich, so ihr darinn behülflich ist, weder wider Kaiserl. Majestät noch das Reich gefrevelt haben soll. Alt Ausg. S. 155.

Neu Ausg. S. 176. Lünig a. a. O. S. 581.
Moser a. a. O. S. 492.

1366. 4. Dec. Priv. die Messen, die Zollfreyheit der Bürger, die Schöffen- und Rathswahl und das Mahlgeld betreffend. Alt Ausg. S. 151. Neu Ausg. S. 173. Lünig a. a. O. S. 583. Moser a. a. O. S. 493.

—— Diploma die Abschaffung der Grundruhe betreffend. Alt Ausg. S. 156. Neu Ausg. S. 177.

1366. 6. Dec. Declaration, daß in denen Privilegien, so andern Oertern der Märkte wegen gegeben worden, die Worte: gleich der Stadt Frankfurt, von nichts anders, als denen Wochenmärkten daselbst verstanden werden sollen. Alt Ausg. S. 157. Neu Ausg. S. 178. Lünig a. a. O. S. 584. Moser a. a. O. S. 496. Orth a. a. O. S. 579.

1368. 9. Febr. Priv. daß die Stadt ihre Amtleute und Bedienten auf ihren Gütern und Höfen bey allen Gerichten vertretten möge. Alt Ausg. S. 161. Neu Ausg. S. 181. Lünig a. a. O. S. 587. Moser a. a. O. S. 497.

1368. 10. Febr. Priv. die Vertrettung der Stadt Hofleute und Bedienten zu Bonemesse betreffend. Alt Ausg. S. 162. Neu Ausg. S. 181. Lünig a. a. O. S. 587. Moser a. a. O. S. 497.

1368. Priv. daß der Rath die Handwerker zum besten bestellen, und gute Ordnung machen möge. Alt Ausg. S. 163. Neu Ausg. S. 182.

1372. 2 Jun. Verkauf- und Versicherungsbrief über die Juden zu Frankfurt. Senkenbergs Select. jur. & hist. T. 6. p. 601.

——— Urkunde, in welcher der Kaiser der Stadt das Schultheissenamt und Gericht, das Forstamt und den Buchwald ꝛc. überläßt. Orths Anmerk. über die Reformation, Forts. 4. S. 1165. Auch im Auszug in der oben No. 326. angeführten von Burischen Deduction, Urkundenbuch S. 77.

1376. 24. Jun. Priv. daß die Stadt Frankfurt in ihrem Dorfe Nieder-Erlenbach Schultheissen und Schöppen setzen möge. Alt Ausg. S. 167. Neu Ausg. S. 185. Lünig a. a. O. S. 591. Moser a. a. O. S. 499.

——— Priv. daß alle Aechter und Oberächter acht Tage vor, und acht Tage nach den gewöhnlichen Messen zu Frankfurt, wenn sie dieselbe besuchen, ein sicheres Geleite haben sollen. Alt Ausg. S. 170. Neu Ausg. S. 187. Lünig a. a. O. S. 592. Moser a. a. O. S. 499. Orths Abh. von Messen, S. 580.

1376. 8. Jul. Priv. vermöge dessen der Stadt die Steinrützische Ellern und Gebüsche,

damit sie davon die Brücke und ihre Stadt-
gebäude im baulichen Wesen erhalten möge,
gegeben worden. Alt Ausg. S. 177. Neu
Ausg. S. 193. Lünig a. a. O. S. 594.
Moser a. a. O. S. 501.

1376. 8. Jul. Priv. daß ein jeder Geistlicher
daselbst, welchem etwan Immobilien anstatt
eines Seelgeräths vermacht worden, selbige
binnen Jahr und Tag an einen Burger zu
Frankfurt verkaufen solle. Alt Ausg. S. 176.
Neu Ausg. S. 192. Lünig a. a. O. S. 595.
Moser a. a. O. S. 501.

1377. 6. Febr. Priv. daß die der Stadt ge-
schenkte Steinrützische Ellern und Gebüsche
von allen Gülten und Zehenden frey seyn
sollen. Alt Ausg. S. 179. Neu Ausg.
S. 194. Lünig a. a. O. S. 596. Moser
a. a. O. S. 502.

——— Priv. daß die Stadt von jedem Fuder
Wein 1 Gulden Zoll, und von andern
Kaufmannsgütern nach Markzahl fordern
möge. Alt Ausg. S. 178. Neu Ausg. S. 193.
Lünig a. a. O. S. 596. Moser a. a. O.
S. 503. Orth a. a. O. S. 625.

——— Urkunde, das Schultheissenamt und den
Buchwald betreffend. Orths Anmerk. über
die Reformat. Fortf. 4. S. 1167.

I. Hauptst. Privilegien.

§. 13.
von Wenzel.

1384. 21. Dec. Priv. worinnen alle Meßfreyheiten confirmiret, und jede Messe noch auf vierzehn Tage verlängert wird. Alt Ausg. S. 193. Neu Ausg. S. 205. Lünig a. a. O. S. 599. Moser a. a. O. S. 503. Orth a. a. O. S. 582.

1387. 18. Aug. Priv. die Leistung des Burgereydes und Bestrafung der burgerlichen Verbrechen betreffend. Alt Ausg. S. 195. Neu Ausg. S. 207. Lünig a. a. O. S. 600.

1390. 5. Febr. Priv. daß der Rath noch mit zwanzig Personen vermehrt werden solle. Alt Ausg. S. 197. Neu Ausg. S. 208. Lünig a. a. O. S. 601.

1390. 18. Sept. Priv. daß der Rath das Trinkmaas nach Nothdurft mindern und mehren möge. Alt Ausg. S. 199. Neu Ausg. S. 210. Lünig a. a. O. S. 601. Moser a. a. O. S. 504.

1392. 10. Merz. Priv. daß die Stadt gegen alle, so ihre Bürger und Einwohner wider ihre Privilegien graviret, die darinnen benannte Pön urgiren möge. Alt Ausg. S. 205. Neu Ausg. S. 214. Lünig a. a. O. S. 602. Moser a. a. O. S. 504.

— Priv. daß die Stadt in dem Dorfe Niedern-Erlenbach nach Gutbefinden Schultheissen

theissen und Schöppen setzen möge. Alt Ausg. S. 204. Neu Ausg. S. 214. Lünig a. a. O. S. 603.

1394. 13. Jul. Mandatum an die Stadt, wie es mit den beyden Messen daselbst, und wie lange sie gehalten werden sollen. Alt Ausg. S. 207. Neu Ausg. S. 216. Lünig a. a. O. S. 603. Orth a. a. O. S. 582.

1395. 1. Jan. Priv. die Schöffenwahl und deren Anzahl betreffend. Alt Ausg. S. 210. Neu Ausg. S. 217. Lünig a. a. O. S. 604.

1398. 17. Jan. Priv. daß niemand der Stadt Bürger und Unterthanen mit einigen Imposten belegen solle; und sie nach Gutbefinden in ihrem Territorio Landwehren, Wartthürme und dergl. anlegen möge. Alt Ausg. S. 117. Neu Ausg. S. 224. Lünig a. a. O. S. 605. Moser a. a. O. S. 505.

§. 14.

von Ruprecht.

1400. im Jan. Befehl an die Gemeine zu Dürkelweil, daß sie dem Rath zu Frankfurt gehorsam seyn soll. Alt Ausg. S. 254. Neu Ausg. S. 253. Moser a. a. O. S. 506.

I. Hauptst. Privilegien. 105

1400. im Dec. Priv. die Leistung des Burger- und Beysasseneydes betreffend. Alt Ausg. S. 254. Neu Ausg. S. 253. Moser a. a. O. S. 506.

1408. 9. May. Priv. daß die Zahl der Rathspersonen wieder auf 43 gesetzt werden solle. Alt Ausg. S. 257. Neu Ausg. S. 255.

§. 15.
von Sigismund.

1414. 30. Aug. Confirmation des von Kaiser Karl IV. 1349 der Stadt ertheilten Meßprivilegii. Alt Ausg. S. 258. Neu Ausg. S. 257. Lünig a. a. O. S. 608.

1414. 14. Dec. Confirmation des von Karl IV. ertheilten Privilegii, die Leistung des Burgereydes betreffend. Alt Ausg. S. 261. Neu Ausg. S. 258. Lünig a. a. O. S. 609.

1416. 17. Dec. Priv. daß nur die weltliche Burger und Beysassen allhier unbewegliche Güter kaufen können. Alt Ausg. S. 262. Neu Ausg. S. 259. Lünig a. a. O. S. 609. Moser a. a. O. S. 507.

1417. 7. May. Priv. daß die Stadt vom Reich weder versetzt, noch verkauft werden, auch ihre Steuern nur in die Reichscammer liefern

fern solle. Alt Ausg. S. 265 und 297. Neu Ausg. 261 und 285. Lünig a. a. O. S. 610.

1424. 17. Aug. Bestättigung der von Karl IV. ertheilten Meßprivilegien Alt Ausg. S. 269. Neu Ausg. S. 264. Lünig a. a. O. S. 613. Orth a. a. O. S. 599.

1426. 10. Merz. Priv. daß die Stadt in Kriegszeiten das Reichspannier in ihren Schlössern, Dörfern und Gerichten aufstecken möge. Alt Ausg. S. 271. Neu Ausg. S. 266. Lünig a. a. O. S. 614.

1428. 4. May. Priv. daß die Stadt Brücken über die Nidda bauen und ein Weggeld deßwegen fordern, auch solche nach Nothdurft abwerfen lassen möge. Alt Ausg. S. 277. Neu Ausg. S. 270. Möser a. a. O. S. 508.

1428. 6. May. Priv. daß die Stadt kleine silberne Münze schlagen möge. Alt Ausg. S. 274. Neu Ausg. S. 268. Lünig a a. O. S. 614. Orth a. a. O. S. 672.

1428. 11. Sept. Priv. daß sowohl die zu Friedberg, als auch andere, welche wegen einiger unter der Stadt Frankfurt Territorio gelegenen Güter, oder etlicher daselbst zu bezahlen versprochenen Schulden klagen wollen, solches vor dem Schultheissen zu Frankfurt thun sollen. Alt Ausg. S. 278. Neu Ausg. S. 271. Lünig a. a. O. S. 616.

Moser

Moser a. a. D. S. 509. Orth a. a. D. S. 600.

1429. 27. May. Mandatum an des Reichs Hofrichter, daß er die Stadt bey ihren wohl hergebrachten Privilegien und Freyheiten handhaben solle. Alt Ausg. S. 280. Neu Ausg. S. 272. Lünig a. a. D. S. 616.

1429. 27. May. Priv. daß die Stadt goldne Münze schlagen lassen, auch Wardeine und andere dazu gehörige Personen annehmen möge. Alt Ausg. S. 282. Neu Ausg. S. 274. Lünig a. a. D. S. 618. Hirsch's D. Reichs Münzarchiv, Th. 7. S. 38. Orth a. a. D. S. 674.

1434. 30. Nov. Erneuer- und Bestättigung aller Meßfreyheiten der Stadt. Alt Ausg. S. 286. Neu Ausg. S. 277. Lünig a. a. D. S. 618.

1437. 20. Jul. Priv die warme Quelle zu Soden betreffend. Alt Ausg S. 300. Neu Ausg. S. 288. Lünig a. a. D. S. 622. Moser a. a. D. S. 511.

§. 16.

von Friedrich III.

1444. 4. Oct. Priv. daß die Stadt die Strassen durch ihre Diener sicher halten lassen, und ihre Gerechtsame und Freyheiten gegen männiglich vertheidigen möge. Alt Ausg. S. 320. Neu Ausg. S. 606. Lünig a. a. D. S. 627. Orth a. a. D. S. 606.

1444.

1444. 4. Oct. Priv. Sulzbach, und Soden betreffend, daß diese Gemeinden sich an Frankfurt halten, von derselben Stadt vertheidigt, und mit aller Ordnung und Versehung bestellt werden sollen. Alt Ausg. S. 321. Neu Ausg S. 306. Lünig a. a. O. S. 628. Moser a. a. O. S. 513.

1454. 24 Jan. Confirmation der Meßfreyheiten der Stadt. Alt Ausg. S. 331. Neu Ausg. S. 316. Lünig a. a. O. S. 631.

1459. 15. Merz. Priv. daß die Stadt ihre Feinde und Widerwärtigen an Leib und Gut verfolgen möge. Alt Ausg. S. 331. Neu Ausg. S. 317. Lünig a. a. O. S. 632.

1465. 9. Nov. Priv. der Stadt Jurisdiction über die Fremden betreffend. Alt Ausg. S. 335. Neu Ausg. S. 320. Lünig a. a. O. S. 633.

1465. 16. Dec. Priv. daß die Stadt alle, so sich ausser ihrem Geleite in ihrem Territorio aufhalten, auf Erfordern eines Klägers, wegen Geld- und andern Schulden arrestiren lassen möge. Alt Ausg. S. 339. Neu Ausg. S. 320. Lünig a. a. O. S. 635. Moser a. a. O. S. 514. Orth a. a. O. S. 607.

1470. 20. Merz. Mandatum daß die Stadt zu Verhütung Aufruhrs, Mords, Raubereyen, und Beschädigung um Frankfurt und Sachsenhausen herum mehr Festungswerke anlegen,

I. Hauptst. Privilegien.

gen, auch sonst die Landstrassen zu mehrerer Sicherheit wohl verwahren solle. Alt Ausg. S. 342. Neu Ausg. S. 322. Lünig a. a. O. S. 636.

1470. Priv. über die öde oder baufällige Häuser und Hofstätte. Alt Ausg. S. 353. Neu Ausg. S. 323.

  Ist auch bey Moser a. a. O. S. 515. zu finden, allwo es aber ins Jahr 1447 gesetzt wird.

1483. 3. Merz. Bestättig= und Erweiterung des von K. Sigismund der Stadt über die warmen und Salzquellen zu Soden ertheilten Privilegii. Alt Ausg. S. 361. Neu Ausg. S. 339. Lünig a. a. O. S. 639. Moser a. a. O. S. 515.

1483. 3. Merz. Priv. daß die Burger und Einwohner der Stadt die Fische den Mayn hinauf bis in den Rhein aufsuchen mögen. Alt Ausg. S. 364. Neu Ausg. S. 341. Lünig a. a. O. S. 641. Moser a. a. O. S. 515.

§. 17.

von Max I.

1486. 22. Merz. Generalconfirmation aller Privilegien und Freyheiten der Stadt. Alt Ausg. S. 376. Neu Ausg. S. 350. Lünig a. a. O. S. 647.

1516.

1516. 16. Jan. Declaration derer von Kaiser Karl IV. und Sigismund der Stadt ertheilten Privilegien, das sichere Geleite in denen Messen vor selbstthätige und kundige Reichsächter betreffend. Alt Ausg. S. 386. Neu Ausg. S. 359. Lünig a. a. O. S. 359. Moser a. a. O. S. 527. Orth a. a. O. S. 609.

§. 18.
von Karl V.

1520. 24. Dec. Generalconfirmation aller Privilegien der Stadt. Alt Ausg. S. 391. Neu Ausg. S. 363. Lünig a. a. O. S. 654.

1541. 12. Jul. Satz und Ordnung, die ewige Gült und Zinsen zu Frankfurt und Sachsenhausen abzulösen. Alt Ausg. S. 397. Neu Ausg. S. 368. Lünig a. a. O. S. 656. Moser a. a. O. S. 529.

1555. 19. Nov. Priv. daß die Stadt goldne und silberne Münze schlagen möge. Alt Ausg. S. 401. Neu Ausg. S. 371. Lünig a. a. O. S. 661. Moser a. a. O. S. 532.

§. 19.
von Ferdinand I.

1559. 1. Jul. Generalconfirmation aller Privilegien und Freyheiten. Alt Ausg S. 404. Neu Ausg. S. 373. Lünig a. a. O. S. 662.

§. 20.

§. 20.
von Max II.

1566. 4. April. Generalconfirmation aller Privilegien und Freyheiten, und sonderlich des Privilegii Kaiser Friedrichs über die Arresten. Alt Ausg. S. 410. Neu Ausg. S. 379. Lünig a. a. O. S. 664.

1570. 5. Sept. Privil. die Nachsteuer und den zehenden Pfennig vor den Abzug betreffend. Alt Ausg. S. 428. Neu Ausg. S. 394. Lünig a. a. O. S. 670. Moser a. a. O. S. 536.

1570. 12 Sept. Confirmation und Extension des von K. Sigismund der Stadt 1416 ertheilten Privilegii, daß kein Fremder einig liegend Gut daselbst zu kaufen, oder zu besitzen Macht haben solle, woferne er nicht ein eingesessener weltlicher Bürger sey. Alt Ausg. S. 431. Neu Ausg. S. 400. Lünig a. a. O. S. 672. Moser a. a. O. S. 537.

1572. 4. Nov. Priv. für den Rath, das Vorrecht in Schuldfällen, ingleichen die Jura fiscalia über vacante und verwürkte Güter betreffend. Alt Ausg. S. 440. Neu Ausg. S. 404. Lünig a. a. O. S. 674. Moser a. a. O. S. 539.

§. 21.

§. 21.
von Rudolph II.

1579. 20. April. Generalconfirmation aller Privilegien und Freyheiten der Stadt. Alt Ausg. S. 450. Neu Ausg. S. 412. Lünig a. a. O. S. 678.

§. 22.
von Ferdinand II.

1619. 12. Sept. Generalconfirmation aller Privilegien. Neu Ausg. S. 433.

§. 23.
von Ferdinand III.

1638. 1. Febr. Generalconfirmation aller Privilegien. Neu Ausg. S. 446.

§. 24.
von Leopold.

1662. 6. Jun. Generalconfirmation aller Privilegien. Neu Ausg. S. 468.

1680. 25. Nov. Confirmationsdecret, die Schultheissenwahl betreffend. Neu Ausg. S. 489. Moser a. a. O. S. 628.

1682. 27. Oct. Kaiserliches Protectorium. Neu Ausg. S. 492.

1683. 9. Febr. Nochmaliges Protectorium. Neu Ausg. S. 494. Lersners Chronik, Th. 2. B. 1. S. 63.

1685.

1685. 28. Jul. Declaration, die Frankfurter Judenschaft betreffend. Neu Ausg. S. 496. Moser. a. a. O. S. 630. Schudts jüdische Merkwürdigkeiten, Th. 3. S. 83.

1685. 28. Oct. Anderwärtige Declaration, die Judenschaft in Frankfurt betreffend. Neu Ausg. S. 501. Moser a. a. O. S. 633. Schudt a. a. O. S. 96.

§. 25.
von Joseph I.

1710. 26. Aug. Erlaub- und Verwilligungsbrief die Verlegung der Fasten- oder Ostermeß betreffend. Neu Ausg. S. 511. Orth a. a. O. S. 613.

§. 26.
von Karl VI.

1726. 4. April. Priv. die Verlegung der Ostermesse auf den Osterdienstag betreffend. Neu Ausg. S. 524. Moser a. a. O. S. 692. Orth a. a. O. S. 615.

§. 27.
von Karl VII.

1743. 8. Aug. Diploma, worinnen dem Schöffenrath das Ehrenwort Edel, und dem ganzen Rath Edel und Ehrsam, dem Schultheiß, denen 7 ältesten Schöffen und ältesten Syndico aber das Prädicat: wirklich

H   Kaiser-

Kaiserliche Räthe, vor immer ertheilt wird. Gedruckt zu Frankf. 1744. 2 Bogen fol. Steht auch im Auszug in Müllers Samml. der Kaiserl. in S. Frankf. c. Frankf. ergangenen Resolutionen, Abth. III. S. 66.

§. 28.
von Franz.

1753. 8. May. Bestättigung des Diplomatis vom 8. Aug. 1743. Gedruckt zu Frankfurt, 4 Bogen fol.

1753. 8. Jun. Generalconfirmation aller und jeder Privilegien und Freyheiten der Stadt. Gedruckt zu Frankfurt, 2¼ Bogen fol.

§. 29.
von Joseph II.

1766. 10. Merz. Generalconfirmation aller und jeder Privilegien und Freyheiten der Stadt. Gedr. zu Frankf. 1767. 3 Bogen fol.

—— Bestättigung des Diplomatis vom 8. Aug. 1743. Gedr. zu Frankf. 1767. 4 Bogen fol.

II. Hauptstück
von den
Innerlichen Verträgen.

§. 30.

A) Verträge zwischen dem Magistrat und der gesammten Burgerschaft, nebst denen zu diesem Endzweck abzielenden Kaiserlichen Local-Commissions-Recessen und Decreten, wie auch Kaiserlichen Hauptresolutionen.

Diese wichtige Stadt Frankfurtische Grundgesetze sind (die ältere Verträge ausgenommen) sämtlich einzeln durch den Druck bekannt gemacht worden, überdieß aber hat Herr Dr. Müller auch eine Sammlung derselben herausgegeben unter dem Titel:

> Vollständige Sammlung der Kaiserlichen in Sachen Frankfurt contra Frankfurt ergangenen Resolutionen und anderer dahin einschlagender Stadt-Verwaltungs-Grundgesetzen. Frankf. 1776—1779. III. Abtheilungen zu 170, 282 und 167 S. fol.

§. 31.
1) Aeltere Verträge.

Schon in den ältern Zeiten trift man drey wichtige Verträge an, welche zwischen dem Magistrat

giſtrat und der Burgerſchaft zu Frankfurt gewiſ-
ſer, beſonders ſtrittiger, Punkten wegen, eingegangen worden. Ob nun gleich dieſe zu ihrer
Zeit von beſonderer Wichtigkeit waren, ſo ſind
ſie doch, beſonders die letztern, von keiner langen Dauer geweſen, durch andere Anordnungen
wieder umgeſtoſſen worden, und daher heutzutag
von keinem Nutzen mehr, werden auch hier bloß
als Antiquität angeführt, als:

1) Der Artikelsbrief vom Jahr 1297, in
welchem der Rath und die Burgerſchaft ihre
von Alters her gebrauchten Freyheiten und
Gerechtigkeiten verzeichnet, ſolche Artikel
noch ferner im Brauche zu halten ſich verei-
niget, und dieſen Brief mit der Stadt Sie-
gel bekräftiget haben. Es werden aber
auch viele in das damalige Privatrecht ein-
ſchlagende Gewohnheiten darinnen ange-
troffen. Orth hat ihn zuerſt hinter der
dritten Fortſetzung ſeiner Anmerkungen über
die F. Reformation S. 953—956. drucken
laſſen, welcher zugleich in der Vorrede zu
gedachter Fortſetzung und in der vierten
Fortſetzung S. 12 und 209. noch weitere
Nachricht davon giebt.

2) Der Vertrag zwiſchen dem Rath, den
Handwerkern und der Gemeinde vom Jahr
1358, die Rathswahl betreffend, welcher
durch Vermittelung des damaligen Kaiſerlichen Landvogts in der Wetterau, Graf
Ulrich von Hanau, errichtet worden. Es

ist

ist zu finden in Lersners Chronik, Th. 2. B. 1. S. 324. und die Kaiserliche Bestättigung desselben vom Jahr 1360 in Glasens collect. anectod. diplom. S. 57. und bey Orth a. a. O. Fortſ. 3. S. 952. Durch die Kaiserliche Privilegien vom 4. Jan. und 4. Dec. 1366 wurde jedoch dieser Vertrag wieder zernichtet.

3) Der Vertrag zwischen dem Rath und den Zünften vom Jahr 1525, in welchem gewisse, von den letztern übergebene Artikel bestättiget worden. Dieser Vertrag ist zu finden in Lersners Chronik, Th. 2. B. 2. S. 349. Noch in selbigem Jahr aber mußte die Gemeine den Artikelsbrief wieder herausgeben, weil die Churfürsten von Maynz, Trier und Pfalz, und der ganze Schwäbische Bund drohten, im widrigen Falle, die Stadt mit Feuer und Schwerd anzugreifen.

§. 32.
2) Der Burgervertrag.

Von denen zu Anfang des vorigen Jahrhunderts, wegen Mittheilung der Kaiserlichen Privilegien, entstandenen Irrungen zwischen dem Magistrat und der Burgerschaft, ist schon oben §. 1. Meldung gethan worden. Nachdem aber die Burgerschaft einmal auf unruhige Gedanken gerathen wär, so war es leicht geschehn, daß eine Beschwerde die andern rege machte, z. E.

wegen

wegen dem Mangel eines Kornmarkts, wegen der Juden Menge und Wucher u. s. w., welche Beschwerden die Burgerschaft dem neuerwählten Kaiser in verschiedenen Bittschriften vorbrachte. Dieser erhielt jedoch auch Magistratische Gegenvorstellungen, die derselbe der Burgerschaft um ihren weitern „Bericht, und mit der ernstlichen „Vermahnung zustellen ließ, daß sie sich gegen „ihre Obrigkeit alles gebührenden Gehorsams „befleißigen, und ihn nicht unnöthiger Weise be„helligen sollte." (*)

(*) s. Diar. histor. S. 26.

Nach der Abreise des Kaisers von Frankfurt, suchten zwar die Abgesandte der Städte Worms, Speyer und Strasburg einen gütlichen Vergleich zu Stande zu bringen, allein ihre Bemühung war vergebens.

Endlich erkannte der Kaiser eine Localcommission auf Chur-Maynz und Hessen-Darmstadt, welche den 30sten Sept. 1612 ihren Anfang nahm und den $\frac{24.\text{ Dec. }1612.}{3\text{ Jan. }1613.}$ den Commissionsabschied, so insgemein der Burgervertrag genannt wird, zu Stande brachte, in welchem die wichtigsten, bisher strittigen Punkten verglichen, die übrigen aber zu noch fernerer Erörterung ausgesetzt wurden (*).

(*) s. von den damaligen Streitigkeiten die oben No. 27—33. angeführte Schriften, wie auch Ludolfs Schaubühne, Th. I. und Lersners Chronik, Th. I. B. I. K. 25.

Dieser

Dieser Burgervertrag ist besonders gedruckt unterm Titel: Abschiedspunkten zwischen E. E. Rath und Burgerschaft der Stadt Frankfurt, durch die von R. K. Maj. verordnete Herren Commissarien vorgenommen, und auf Deroselben allergnädigste Ratification und Belieben beygelegt und verglichen. Gedruckt zu Frankfurt, 1614. fol. Maynz 1678 und 1682. 4. Frankf. 1712. 4. 1713. fol. 1726. 4. 17.. und 1783. fol. Steht auch im Diario historico S. 112 und 159. in Lünigs Reichsarchiv, P. spec. Cont 4. P. 1. S. 652. in Mosers Reichsstädtischem Handbuch, Th. 1. S. 560. und in der oben §. 30. angeführten Müllerschen Sammlung, Abth. 1. S. 18.

Den 23sten May 1613 wurde er vom Kaiser confirmirt, ja er ward auch noch nachher in den Kaiserlichen Resolutionen von 1716 und 1725. I. in einzelnen Punkten abermals bestättiget.

§. 33.

3) Die alte Visitationsordnung.

Durch den Burgervertrag war noch nicht alles Mißverständniß gehoben, vielmehr fiengen bald darauf die Sachen an sich zu noch grösserer Weiterung anzulassen, weßhalb auch die vorigen Kaiserlichen Commissarien im Jenner 1614 abermals hieher kamen, um gegen diejenigen zu inquiriren, welche dem Commissionsabschied zuwider gehandelt.

An denen seit dem Burgervertrag entstandenen neuen Unruhen hat jedoch nicht die ganze Burgerschaft auf gleiche Weise Antheil genommen, wie aus vielen Stellen des Diarii historici, z. E. S. 223. 225. 229. 258. ꝛc. erhellet. Die wahren Patrioten suchten nemlich immer die noch vorhandene Zwistigkeiten in Güte beyzulegen, und ermahnten ihre Mitbürger von allem tumultuarischen, und ächten Bürgern unanständigen Verfahren abzustehn.

Solche redliche Männer waren es, durch deren Mitwirkung den 15ten Jenner 1614 eine Vertragsnotul (*) zwischen dem Magistrat und der Burgerschaft zu Stande kam, worinnen der Rath versprach: „daß er seinem Erbieten zufolge, „und sonst erheischender Nothdurft nach, bey „allen Aemtern, Hospitälern und Klöstern, mit „Ausgebung aller noch übrigen Bücher, Inventarien und Register, wie die Namen haben, „desgleichen auch zu gebührender würklicher Abhelfung der Zünft und gemeiner Stadt Gebrechen, zu gemeiner Stadt und des Aerarii besser „Aufkommen und Gedeyen, ersprießliche Visitation, gute Ordnung, und anderen, anstellen, „aufrichten, machen und effectuiren wolle."

(*) ist zu finden im Diario histor. S. 185. und in Müllers Sammlung, Abth. 2. S. 7.

Es wurde auch diese Visitation im Februar gedachten Jahres wirklich unternommen, und laut Diar. hist. S. 195. den 23sten Merz der Burgerschaft vorgelesen. Die im Jahr 1616

von

von der Kaiserlichen Commission ertheilte Bestätigungsurkunde derselben ist in Müllers Samml. Abth. 2. S. 9. zu lesen; die Visitationsordnung selbst aber ist in der verbesserten Visitationsordnung von 1726 enthalten, wovon unten §. 38.

§. 34.
4) Das Kaiserl. Commissionsdecret von 1616.

Weit entfernt von dem Betragen jenes besser gesinnteren Theils der Burgerschaft, war die Aufführung des Lebkuchlers Fettmilch und seines Anhangs. Diese Rotte wahrer Rebellen erlaubte sich unter dem Vorwand, als habe sie nur das Beste der ganzen Stadt zum einzigen Augenmerk, die gröbsten Ausschweifungen, welche nicht ungestraft bleiben konnten.

Es erfolgten auch bald darauf zwey Kaiserliche Achtserklärungen, die erste vom 4ten Sept. 1614 gegen Fettmilch, Schopp und Gerngroß, als Hauptanstifter der bisherigen Unruhen, und die andere den 24sten October gegen alle diejenige, so sich binnen acht Tagen nicht erklären würden, denen Kaiserlichen, zur Ruhe abzielenden, Mandaten in allem nachleben zu wollen.

Hiedurch erhielt nun die gute Parthey in der Stadt gar bald die Oberhand. Fettmilch und Consorten hingegen sahen sich verlassen, wurden den 28sten Nov. g. J. gefangen genommen, bis zu geendigter Inquisition nach Höchst und Rüsselsselsheim in Verwahrung gebracht, und den 28sten Febr. 1616 zu gebührender Strafe gezogen.

An eben demselben Tage wurde auch ein Kaiserl. Commissionsdecret publicirt, und durch dasselbe nicht allein, zu Verhütung fernern Unheils die Zunftverfassung abgeschaft, sondern auch hiemit die Kaiserliche Commission geschlossen (*).

(*) siehe die oben No. 33—40 angezeigte Schriften und Ludolfs Schaubühne der Weltgeschichten, Th. 1.

Dieses Commissionsdecret ward im Jahr 1616 besonders gedruckt, mit vorausgesetzten Ursachen, so den Magistrat zu diesem Abdruck veranlasset, zusammen 3¼ Bogen fol. Es ist in dem gegenwärtigen Jahrhundert wieder mehrmals aufgelegt worden, und steht auch bey Müller a. a. O. Abth. 1. S. 51—54. Es wird insgemein das Transfix genannt, weil es dem „Burgervertrag per transfixum annectirt seyn „sollte."

§. 35.

5) Das Project eines neuen Vergleichs von 1714.

Beynahe ein ganzes Jahrhundert war verstrichen, als wieder neue Uneinigkeiten zwischen dem Magistrat und der Bürgerschaft ausbrachen. In einer bürgerlicher Seits herausgegebenen und eben No. 46. angeführten Schrift werden zwar
verschie-

verschiedene Kaiserliche Rescripte aus dem vorigen Jahrhundert angeführt, welche auf die Beschwerde der Burgerschaft über die Nichtbeobachtung des Burgervertrags an den Magistrat ergangen; allein die Sache scheint nachher immer wieder liegen geblieben zu seyn. Erst zu Anfang des gegenwärtigen Jahrhunderts bemeisterte sich der Geist der Zwietracht derer Gemüther völlig.

Als nemlich die Stadt dem Kaiser Joseph I. in der Person des Grafen von Solms-Laubach im Jahr 1705 den 26sten October die Huldigung abgelegt hatte, so übergaben die burgerlichen Oberofficiers der vierzehn Quartiere im Namen der ganzen Burgerschaft, dem Grafen eine Bittschrift (*), worinnen sie um die Kaiserliche Bestättigung und Aufrechthaltung der Privilegien, des Burgervertrags und der Judenstättigkeit anhielten. Da nun im folgenden Jahr noch die Streitigkeiten wegen Besetzung der Officiersstellen hinzukamen, so hielten sie gar um eine Kaiserliche Localcommission an. Das Confirmationsgesuch aber ward schon in einem Kaiserlichen Rescript vom 9ten May 1706 als für den Magistrat gehörig, und in einem Kaiserl. Decret vom 5ten April 1707 als eine überflüßige und allein auf Weiterungen abzielende Sache erklärt, auch in letzterm die verlangte Commission wegen der grossen Kosten und noch nicht hinlänglich vorgebrachter Gravaminum abgeschlagen (**).

(*) Diese ist in der oben No. 41. angeführten Schrift enthalten.

(**) Die

(**) Die eigentliche Gravamina der Burgerschaft sind am besten aus dem oben No. 49. angeführten Kaiserlichen Commissorio zu ersehn, wohin wir den Leser verweisen.

Es wurden darauf gütliche Vergleichsauswege in Vorschlag gebracht, solche auch ziemlich fortgesetzt, doch hernach, wie man sagte, durch Härte ein- und anderer Personen wiederum verlassen, und die Sache auf eine Oberst-Richterliche Untersuch- und Entscheidung getrieben. Bey so gestalten Sachen entschloß sich daher endlich das Allerhöchste Reichs-Oberhaupt, durch eine anzuordnende Commission der Sache auf den Grund sehn zu lassen, und Frieden und gutes Vernehmen zwischen dem Rath und der Burgerschaft, als den Grund gemeiner Wohlfahrt wieder herzustellen. Hiebey aber ward für gut befunden, daß die Politischen und Rechnungssachen von einander gesondert, und jede derselben vor einer eigenen Commission abgehandelt würde, wovon die erstere auf Chur-Maynz und Hessen-Darmstadt, die letztere aber auf den Grafen Melchior Friedrich von Schönborn erkannt worden (*), beyde auch den 10ten Merz und 4ten April 1713 ihren Anfang nahmen (**).

(*) Als im Jahr 1717 Graf Melchior Friedrich von Schönborn starb, wurde vermöge Kaiserl. Resolution vom 11ten Jun. g. J. dessen Sohn Graf Franz Erwein von Schönborn an dessen Statt verordnet.

(**) Siehe davon mit mehrerm die oben No. 41 u. f. angeführten Schriften, wie auch Lers-

ners Chronik, Th. 2. B. 1. S. 538—549.
und das Theatrum Europæum, Th. 20.
1713. S. 307—314.

Von Commissions wegen trachtete man zum zuvörderst die Sache soviel möglich in der Güte abzuthun. Aus dieser Ursache ward von denen Commissarien ein Project eines neuen Vergleichs aufgesetzt, nach welchem einige Punkte als verglichen angesehn werden, andere aber zur besonderen Kaiserlichen Entscheidung ausgesetzt seyn sollten. Dieses Project wurde beyden Partheyen den 16ten April 1714 communicirt, und ihnen dabey aufgegeben, ihre Monita darüber einzubringen. Denen von beyden Theilen den 25sten April eingebrachten Monitis gemäs wurde sodann nachher, laut Kaiserl. Resol. I. von 22sten Nov. 1725, die weitere Einrichtung der gesuchten Vergleichung gemacht, im übrigen aber dem Project selbst in gedachter Resolution §. 6. und 7. nachzuleben befohlen.

Besonders gedruckt ist dieses sogenannte Project auf verschiedene Art, theils mit den magistratischen, theils mit den burgerlichen Monitis in fol. Ohne dieselbe befindet es sich aber auch in der Müllerschen Samml. Abth. 1. S. 43 - 51.

§. 36.
6) Die Kaiserliche Hauptresolution von 1716.

Die Kaiserliche Commission sollte laut Commissorii von 1712 „die vorseyenden Irrungen
„und

„und Mißhelligkeiten zuvörderst zwischen beeden
„Theilen in der Güte abzuthun trachten lassen. —
„Dafern aber der Kaiserliche hierinn zur Güte
„abzielende Reichsväterliche Endzweck wider
„Vermuthen nicht zu erlangen seyn sollte, sollten
„Commissarii über jedes Gravamen specificirt,
„beede Partheyen aber nothdürftig und ohne Ge-
„stattung überflüßiger Weitläuftigkeit und Zeit
„verlierenden Disputats anhören, auch was ein
„und andern Orts denen Rechten und Reichs-
„constitutionen gemäs, zu bessern nöthig scheinen
„würde, absonderlich aufmerken — und letztlich
„nach beschehenem Vollzug dieses gesammten
„Commissionswerkes, das Protocollum, nebst
„auf jeden Gravatorial-Punkt separatim einge-
„richteten Gutachten an Kaiserl. Majestät ein-
„schicken, damit von Denselben dasjenige Theil,
„vor welchen die Gerechtigkeit sich befinden
„würde, geschützet, und darüber die fernere Kai-
„serliche Resolution ertheilt werde."

Nachdem nun diesem zufolge die Kaiserliche
Commission, in Ansehung der Rechnungen und
dahin einschlagenden Punkten, den gehörigen
Bericht abgestattet hatte; so erfolgte den 15ten
October 1716 eine Kaiserliche Resolution,
in welcher besonders eine Bestättigung des
25sten und 28sten Artikels des Burgervertrags
enthalten.

Gewöhnlich sind die zwey ersten Paragraphen
dieser Resolution der ersten Hauptresolution von
1725 als Beylage A. beygedruckt, indem nur
diese

diese zwey Paragraphen in der letztern Resolution bestätiget worden. Auch in Mosers Reichsstädtischem Handbuch, Th. I. S. 656. stehn nur die zwey ersten Paragraphen. Die ganze Resolution aber ist in der Müllerschen Sammlung, Abth. I. S. 15—18. anzutreffen.

§. 37.

7) Die neun Kaiserliche Hauptresolutionen von 1725.

Auf die fernere Berichte und eingeschickte Gutachten der Kaiserlichen Commissarien zu Frankfurt, erfolgten endlich den 22sten Nov. 1725 neun abermalige Hauptresolutionen.

1) Die bey der politischen Commission angebrachte Beschwerden betreffend.
2) Die verbesserte Rechnungsform, in specie die geheime Deputation betreffend.
3) Die über die Admodiationseinführung erstatteten Kaiserlichen Rechnungs-Commissions-Relationen betreffend.
4) Die geheime Ausgaben betreffend.
5) Der Admodiatoren und Neuner Salarien betreffend.
6) Die verbesserte Rechnungsform betreffend.
7) Die Salarirung der Magistratspersonen und Stadtbedienten betreffend.
8) Die Stadt-Oeconomie-Einrichtung betreffend.
9) Die Contagions-Paß-Gelder betreffend.

Sämtliche neun Resolutionen wurden den 24sten Jan. 1726 zu Frankfurt auf eine feyerliche Weise publicirt, auch durch den Druck bekannt gemacht, und nachher verschiedentlich, und noch erst vor kurzem, wieder aufgelegt. Sie sind aber auch zu finden in Mosers merkwürdigen Reichshofraths-Conclusis, Th. 4. S. 70—134. in der Reichs-Fama, Th. 13. S. 60 u. f. in Mosers Reichsstädtischem Handbuch, Th. 1. S. 660—692. und in der Müllerschen Sammlung, Abth. 1.

§. 38.

8) Die verbesserte Visitationsordnung der Aemter von 1726.

Auch die alte Visitationsordnung wurde von der Kaiserlichen Commission wieder vorgenommen, wovon Müller in dem Vorbericht der zweyten Abtheilung seiner Sammlung folgendes berichtet. „Im Jahr 1717 entstunden bey der „Kaiserlichen Commission zwischen Rath und „Burgerschaft, wegen sothaner Visitationsord„nung Widersprüche. Letztere behauptete, Er„sterer aber läugnete deren Daseyn, wenig„stens, daß solche von hochersagter Commission „bestättigt, oder jemalen zur Observanz und „Ausübung gediehen sey. Es zeigte sich aber „deren Existenz gar bald, aus einem von Kaiserl. „Majestät selbst, an die hohe Commission über„sandten Original, und dem allerhöchsten Befehl, „daß solche bey vorgewesener Stadt-Oeconomie-Verbes-

„Verbesserung, neuerdingen zum Grund gelegt
„werden solle. Diesemnach wurde deren Ab-
„schrift sowohl E. E. Rath, als burgerlichen
„Neunern und Deputirten, von Commissions-
„wegen, zu dem Ende mitgetheilt, daß sie etwa
„dabey habende Erinnerungen, und Zeit und
„Umständen gemäse Vorschläge beybringen soll-
„ten; welches dann geschehen, der Commissions-
„bericht erstattet, die alte Visitationsordnung
„von Kaiserl. Majestät bestättigt, allenthal-
„ben mit Zusätzen vermehrt und verbessert,
„und den 4ten Jul. 1726. durch den hohen
„Herrn Commissarium feyerlich publicirt wor-
„den ist." Man hat diese Visitationsordnung
besonders in Folio gedruckt; Müller hat sie aber
auch seiner Sammlung einverleibt.

§. 39.

9) Verschiedene zur Erläuterung der vorhergehenden Resolutionen dienende Kaiserl.
Commissionsdecrete. —

Seit dem Jahr 1726. war der Rath und
die Burgerschaft, theils vor der Kaiserlichen
Commission, theils unter sich selbst beschäftiget,
sowohl die in gedachtem Jahr publicirte Kaiserliche Resolutionen, als die Taxordnungen der
Aemter zu beständiger Ausübung gleichsam reif
zu machen *), wie denn auch seitdem folgende
zur Erläuterung der vorhergehenden Resolutionen
dienende Commissionsdecrete ergiengen:

J   Im

im Jahr 1726.

den 9ten Febr. Die Eintreibung derer Restanten betr. Steht in der Müllerschen Sammlung Abth. 1. S. 102.

den 7ten Merz. Die Rathswahl und Burgermeisterliche Assessores betr. Steht a. a. O. S. 31. und ist in der ersten Kaiserl. Resol. vom 14ten Merz 1732. §. 2. nochmals bestättigt worden.

den 21ten May. Den Maynwasen betr. Steht a. a. O. S. 66.

den 15ten Jul. Die Registratur oder das Stadtarchiv betr. Steht a. a. O. Abth. 2. S. 151.

den 23ten Sept. Die Wahl eines Münzwardeins ohne Kugelung betr. Steht a. a. O. Abth. 1. S. 39.

im Jahr 1727.

den 23sten Febr. Eine Commissarische Instruction für die burgerlichen Dreyer enthaltend. Steht a. a. O. S. 33. und ist in der Kaiserl. ersten Resol. vom 14ten Merz 1732. §. 2. bestättiget worden.

den 8ten Merz. Die Rathswahl betr. Steht a. a. O. S. 32. und ist in eben derselben Resolution §. 2. bestättiget worden.

den 31sten Merz. Die neue Forstordnung betr. Steht a. a. O. Abth. 3. S. 107.

II. Hauptst. Innerliche Verträge.

den 3ten April. Die nahe Verwandschaft auf den Stadtämtern betr. Steht a. a. O. Abth. 1. S. 30.

―― Die Gage der Officiers bey hiesigem Militair betr. Steht a. a. O. S. 90.

den 18ten Jul. Die Beysassen betr. Ist in der zweyten Kaiserlichen Resolution vom 14ten Merz 1732. bestättigt, auch in die Beysassenordnung (s. unten S. 45.) eingerückt worden.

Im Jahr 1729.

den 7ten Febr. Die Ersparungen und Accorde bey den Aemtern betr. Steht a. a. O. Abth. 2. S. 99.

den 9ten May. Die Thorzölle betr. Steht a. a. O. S. 80.

den 6ten Oct. Wegen Befreyung der Neuner vom Quartiergeld. Steht a. a. O. Abth. 3. S. 53.

den 10ten Nov. Die Vergebung der geringeren Stadt- und Stiftsbedienungen ohne das Loos betr. Steht a. a. O. Abth. 1. S. 40.

Im Jahr 1730.

den 16ten Merz. Die Vergebung derer geringeren Stadtdienste ohne Kugelung betr. Steht a. a. O. S. 40.

den 11ten Oct. Das Forstamt betr. Steht a. a. O. Abth. 2. S. 87.

den 28sten Nov. Das Forstamt betr. Steht a. a. O. S. 89.

im Jahr 1731.

den 9ten Jan. Die nahe Verwandschaft bey Rathswahlen betr. Steht a. a. O. S. 37.

—— Die burgerliche Neuner, in specie das Bauwesen betr. Steht a. a. O. S. 100.

den 17ten Jul. Die Vergebung der Hospitalmeisterstelle durch die Pflegere, ohne Kugelung betr. Steht a. a. O. S. 41.

(*) Siehe den Vorbericht zur dritten Abtheilung der Müllerschen Sammlung. Die Taxrollen derer Aemter sind nicht allein besonders gedruckt worden, sondern auch in der eben gedachten Müllerschen Sammlung anzutreffen.

§. 40.

10) Kaiserliche Haupt- und Finalresolutionen von 1732.

Schon den 31sten Jul. 1731. wurde der Burgerschaft durch ein Kaiserliches Commissionsdecret *) bekannt gemacht, wie daß nunmehro die Commissionsrelationen in ihren Geschäften, nach und nach beym Reichshofrath referirt würden, folglich die Finalrelation und des längstgewünschte Ende der ganzen Sache aus Allerhöchster Kaiserlicher Gnade und Milde baldigst zu erwarten seye. Es erfolgten auch endlich den 14ten Merz 1732. zwey Kaiserliche Resolufolutionen, worinnen auſſer vielen Beſtärkungen, Zugaben, Erläuter- und Verbeſſerungen des Burgervertrags und der vorhergehenden Reſolutionen, beſonders eine Anordnung des beſtändigen Burgerausſchuſſes, und der demſelben untergebenen, burgerlichen Gegenſchreiberey enthalten. Nachher wurden zwar gegen dieſe Reſolutionen, verſchiedene Vorſtellungen bey dem Reichshofrath gethan; es ergieng aber deßhalb unterm 26ſten Jun. g. J. noch ein weiterer Beſcheid. Und hiemit hatte die bisherige Commiſſion ihre Endſchaft erreicht, von der man mit Grund der Wahrheit ſagen kann, daß durch ſie „der abgezielte Zweck „einer vollkommenen Ruhe, Verſtändniß zwi= „ſchen Rath und Burgerſchaft, ſicherer Wohl= „ſtand des Acrárii, Verbeſſerung derer milden „Stiftungen, nebſt vielem andern Guten „mehr erreicht worden, womit das ganze ge= „meine Stadtweſen zu Frankfurt gegen Ihro „Röm. Kaiſerl. Majeſtät dergeſtalten mit ewi= „ger allerunterthänigſter Dankverpflichtung ver= „bunden iſt, daß unter allen getreueſten Reichs= „ſtädten die Stadt Frankfurt in die Zahl derer „Glückſeligſten billig ſich mitzählen und ſchätzen „kann.„ **)

Die beyden Reſolutionen vom 14ten Merz 1732. nebſt denen zugleich mit überſandten Neuner= und Gegenſchreibereyinſtructionen, und der Reſolution vom 26ſten Jun. g. J. ſind zuſammen in Folio gedruckt worden, ſie ſtehn aber auch in Moſers Reichs-Fam-Th. 12. S. 650-709.

in ebendesselben Reichsstädtischem Handbuch Th. 2. S. 1071 — 1100. und in der Müllerschen Sammlung Abth. 3.

(*) Dieses ist zu finden bey No. 139. b) in der Beyl. F. und deren Nebenbeyl. 1. A.

(**) S. das Kaiserl. Commissionsdecret vom 31sten Jul. 1731.

§. 41.
Fernere Erläuterungen.

Ueber die Auslegung und den Verstand mancher von denen bisher angegebenen Verträgen und Resolutionen, sind nachher wiederum vorschiedene Streitigkeiten entstanden, und solche bey dem Reichshofrath betrieben, auch daselbst entschieden worden. Diese Reichshofräthliche Erkenntnisse werden aber noch unten §. 47. vorkommen.

§. 42.

B) Einige, die nicht verbürgerte Einwohner der Stadt Frankfurt betreffende Ordnungen, welche von denen in Sachen Frankfurt contra Frankfurt erkannten Kaiserlichen Localcommissionen, theils errichtet, theils bestättiget worden.

1) Der Juden alte Stättigkeit.

Der Juden zu Frankfurt Ordnung, wie sie leben, handeln und sich sonst Pflichtgemäs gegen den Rath und die Burgerschaft betragen sollen, auf

auf welche sie auch angenommen werden, wird der Juden Stättigkeit genannt.

Schon in der erstern Hälfte des 15ten Jahrhunderts trifft man ganz gewisse Spuren einer solchen Stättigkeit an, ob sie gleich wahrscheinlich noch älter ist. Diese alte Stättigkeit (*) aber war von uralten Zeiten her, aus denen nach und nach der Juden halber ergangenen Rathsschlüssen erwachsen, und so in ein Buch zusammen getragen worden. Als nun solche im Jahr 1613. nebst denen Kaiserlichen Privilegien und andern Urkunden dem burgerlichen Ausschuß auch zur Einsicht vorgelegt worden, so ließ sie der Buchdrucker Sauer, ein Mitglied gedachten Ausschusses, zum erstenmal in 4to drucken. Es wurde zwar dieser Abdruck anfänglich vom Rath consisirt, jedoch nachher wieder herausgegeben, und im folgenden 1614ten Jahre nochmals in Folio gedruckt (**). Zwey Jahre darauf aber ward die ganze alte Stättigkeit in der von der Kaiserlichen Commission abgeänderten neuen Stättigkeit §. 116. gänzlich aufgehoben, weil seit ihrer öffentlichen Bekanntmachung verschiedene ungleiche Auslegungen derselben gemacht, und dadurch nur gröfere Unruhe verursacht worden. Siehe davon mit mehrerm das Diarium historicum S. 127. 129. Orths Anmerk. über die Reformation Fortstf. 1. S. 115—123. und Schudts Jüdische Merkwürdigkeiten Th. 2. S. 141--143., in welchem letztern Werk Th. III. S. 119—154. wie auch in der oben No. 113. angeführten Schrift die alte Stättigkeit ganz eingerückt zu finden.

J 4   (*) Diese

(*) Diese wird hier nur des Zusammenhangs wegen angeführt.

(**) Diese Ausgabe führt den Titel: Der Juden zu Frankfurt Stättigkeit und Ordnung, wie dieselbe sowohl von uhralten Zeiten hero, als nachher bis auf das Jahr 1613. gefunden worden.

§. 43.

2) Der Juden neue Stättigkeit.

Die neue Stättigkeit, welche von der alten in vielen Stücken abgeht, in richtigere Ordnung gebracht, und damaliger Zeit erfordernden Beschaffenheit nach eingerichtet worden, ward von der Kaiserlichen Commission im Jahr 1616. durch den Druck herausgegeben (*), auch den 28sten Febr. gedachten Jahres, als am Tage der Wiederkehr derer vom Pöbel vertriebenen Juden, vor dem Thor der Judengasse öffentlich abgelesen (**), und den 3ten Jenner 1617. vom Kaiser bestättiget. Sie ist nachher noch mehrmals sowohl in 4to, als Folio gedruckt worden, und kommen diese Editionen mit der erstern von Wort zu Wort überein, nur daß in einigen der Eingang und der Schluß geändert und dafür die Confirmation Kaiser Matthias u. s. w. vorgesetzt ist. Zum bequemern Gebrauch der Kaiserlichen neuern Commission kam sie im Jahr 1713. abermals, und zwar paginirt und in 118 Paragraphen eingetheilt, heraus, welche Ausgabe auch in Schudts Jüdischen Merkwürdigkeiten Th. 3. S. 155—195. und in der oben No.

II. Hauptſt. Junerliche Verträge. 137

No. 113. angeführten Schrift als Beylage von S. 141—168. zu finden. Ohne Paragraphen aber iſt ſie noch in Lünigs Reichsarchiv P. ſpec. Cont. IV. Th. 1. S. 708. und in Moſers Reichs- ſtädt. Handb. Th. 1. S. 575. anzutreffen. Uebri- gens wird dieſe neue Stättigkeit noch alle Jahr von dem Rathſchreiber, in Gegenwart des Oberſt- richters, öffentlich denen Juden in ihrer Syna- goge vorgeleſen, ſiehe Schudt a. a. O. Th. II. S. 145. Orth a. a. O. S. 139. und ebend. Samml. merkw. Rechtshändel B. 2. S. 1131.

(*) ſ. Schudts Jüd. Merkw. B. 6. K. 8. S. 143.
(**) Lersners Chron. Th. 2. S. 1. K. 25. S. 515.

§. 44.
3) Erläuter- und Verbeſſerungen der neuen Stättigkeit.

Am Ende der neuen Stättigkeit (*) iſt Kai- ſerlicher Majeſtät ausdrücklich vorbehalten wor- den, dieſe neue Ordnung nach Gelegenheit der Zeit und Umſtände zu mehren, zu mindern und zu erklären, auch zu ändern oder gar abzuthun, und eine neue zu machen. Es ſind daher auch ſeitdem nachfolgende, zur Erläuterung dieſer Stättigkeit dienende Kaiſerliche Verordnungen zum Vorſchein gekommen, als:

1) Kaiſer Ferdinand II. Declaration in An- ſehung der Judenſchulden vom 8ten. Nov. 1630. Steht in Senkenbergs Select. jur. & hiſtor. T. I. p. 658.

2) Kaiser Leopolds Confirmation und fernere Declaration der Stättigkeit, d. d 21sten Jun. 1661. Steht bey Senkenberg a. a. O. S. 667.

3) Kaiser Joseph I. Confirmation über der Juden Stättigkeit und die Leopoldinische Declaration (welche letztere darinnen von Wort zu Wort enthalten) vom 7ten Dec. 1705. Steht bey Schudt a. a. O. Th. 3. S. 191—194., in Lünigs Reichsarchiv P. spec. Cont. IV. Th. 1. S. 721. und in Mosers Reichsstädtischem Handbuch Th. 1. S. 639.

4) Die Kaiserliche Resolution vom 1sten Jun. 1728. die Gravamina der Burgerschaft zu Frankfurt wider dasige Judenschaft betreffend. Denn es war, wie aus dem oben No. 49. angezeigten Commissorio erhellet, zu Anfang des gegenwärtigen Jahrhunderts die 4te Hauptbeschwerde der Burgerschaft, daß die Juden die Stättigkeit nicht beobachteten, grosen Wucher trieben und dergl. mehr. Die erste Kaiserliche Hauptresolution vom 22ten Nov. 1725. verwies deshalb auf eine besondere noch zu gebende Resolution, welche auch mit gegenwärtiger erfolgte. Dieselbe ward von der Kaiserl. Commission allhier behörigermassen publicirt, und dem Rath, den burgerlichen Deputirten und der Judenschaft communicirt, aber weiter nicht in öffentlichen

lichen Druck gegeben. Sie ist jedoch zu finden in der Reichs-Fama Th. 4. S. 29—40. in Orths Anmerk. über die Frankf. Ref. Fortf. 1. S. 672—677., und in Mosers Abh. von der Reichsstädtischen Regimentsverfassung S. 113—120.

5) Noch verschiedene andere Reichshofräthliche Erkenntnisse, welche unten nachzusehn.

(*) Dieser Schluß ist zwar in denjenigen Exemplaren der Stättigkeit, welchen die Kaiserliche Confirmationen vorgesetzt sind, ausgelassen, jedoch in der Confirmation, wiewohl mit etwas andern Worten, enthalten. In der Kaiserl. Resolution vom 1sten Jun. 1728. §. 11. ist übrigens dem Rath nochmals anbefohlen worden, sich aller eigenmächtigen Dispensation oder neuer Ordnung wider die Stättigkeit zu enthalten.

§. 45.
4) Die Beysassenordnung.

Zu Anfang des gegenwärtigen Jahrhunderts führten die hiesigen verbürgerten Handelsleute, wegen der allzugrosen Freyheiten derer Beysassen, mancherley Beschwerden, brachten es auch durch zwey im Jahr 1706. und 1707. deshalb übergebene Memoriale (*) dahin, daß der Rath eine Deputation, zur Untersuchung dieser Sache, niedersetzte, ja endlich den 5ten Jun. 1708. eine besondere Beysassenordnung errichtete.

(*) Siehe oben No. 229.

Im Projectvergleich von 1714. §. 7. wurde jedoch ausgemacht, daß die Burgerschaft zwar bey der sonst wohl eingerichteten Beysassenordnung fernerhin gehandhabet, in Ansehung dererjenigen Punkten aber, so in den 7ten §. des Burgervertrags einlaufen mögten, noch eine besondere Kaiserliche Entscheidung erwartet werden sollte.

Diese Entscheidung erfolgte in der ersten Kaiserlichen Resolution vom 22ten Nov. 1725. §. 7., worinnen die in der Beysassenordnung und noch einem andern Rathsdecret vom 9ten Aug. 1714. enthaltene, das Burgerrecht derer Fremden betreffende, und dem §. 7. des Burgervertrags entgegenlaufende Anordnung, gänzlich cassirt und aufgehoben ward, ohne der übrigen Punkte der Beysassenordnung weiter zu gedenken.

Da nun in einer Commissarischen Resolution vom 18ten Jul. 1727. (*) der 7te Artikel der Beysassenordnung, worinnen die Handlungsgesellschaften zwischen Burgern und Beysassen verboten sind, bestättiget worden; so übergab der burgerliche Deputirte Noteboßm zu Wien eine Vorstellung dagegen, nebst Bemerkungen über die Beysassenordnung zum Besten der Beysassen: obgleich die verbürgerte Handelsleute solches für eine gegen seine Vollmacht und Instruction unternommene Handlung erklärte, und Gegenvorstellungen machten (**).

(*) Siehe oben §. 39.
(**) Siehe oben die Schriften No. 80—85.

Endlich

II. Hauptst. Innerliche Verträge.

Endlich aber wurde durch die zweyte Kaiserliche Haupt- und Finalresolution vom 14ten Merz 1732. §. 3. nicht nur die Beysassenordnung selbst, sondern auch die Commissarische Resolution von 1727 bestättiget, und aus dieser Ursache den 7ten Jul. 1735. eine erneuerte Beysassenordnung (*) bekannt gemacht, in welcher die alte von 1708. zum Grund gelegt, die Verordnungen der Resolutionen von 1725, 1727 und 1732, gehörigen Orts eingeschaltet, und noch einige andere Anmerkungen hinzugefügt worden.

(*) Sie ist auf zwey Bogen in Folio gedruckt und führt den Titel: Des H. R. R. Stadt Frankfurt Beysassenordnung, wie solche 1708. den 5ten Jun. publicirt, sodann durch verschiedene von J. K. Maj. und Dero ehemaligen höchstansehnlichen Kaiserlichen Commission ertheilte allergnädigste und höchst zu ehrende Resolutiones verändert, und respective bestättigt, auch endlich 1735. den 7ten Jul. renovirt worden. Man findet sie auch in der Müllerschen Samml. Abth. 3. S. 88. und in Orths Anmerk. Fortf. 3. S. 887. Als ein Anhang zu dieser Beysassenordnung sind noch zwey die Beysassen betreffende Rathsverordnungen vom 14ten Oct. 1732. und 21sten Oct. 1758. anzusehn.

§. 46.

C) Verträge zwischen der katholischen Geistlichkeit und dem Magistrat zu Frankfurt.

Die katholische Geistlichkeit zu Frankfurt, besonders die der drey Collegiatstifter St. Bartholo-

-lomäi, St. Leonhardi und Unſer Lieben Frauen auf dem Berg, hat zu verſchiedenen Zeiten, ihrer Gerechtſame und Freyheiten wegen, mit dem Magiſtrat Streitigkeiten gehabt, welche denn zu nachfolgenden Verträgen Anlaß gegeben:

1) Vertrag zwiſchen dem Rath und Burgerſchaft eines theils, und gemeiner Pfaffheit andern theils, durch den Erzbiſchoffen zu Maynz aufgerichtet den 14ten Sept. 1395. Steht im Frankfurter Privilegienbuch 1ſte Ausg. S. 212. 2te Ausgabe S. 219., in Dumont Corps dipl. T. II. P. I. p. 238., in Lünigs Reichsarchiv P. ſpec. Cont I. Fortſ. 3. S. 4., und in Würdtweins Subſidiis diplomaticis T. I. S. 418.

2) Vertrag oder Rachtung zwiſchen dem Rath und gemeiner Pfaffheit zu Frankfurt durch den Erzbiſchof Johann zu Maynz im Jahr 1407. aufgerichtet. Steht im 1ſten Theil der Orthiſchen Anmerkungen über die Reform. S. 715.

3) Vertrag zwiſchen der Cleriſey der Stifter zu St. Bartholomäi, St. Leonhard und zu U. L. Frauen an einem und Burgermeiſter und Rath am andern Theil, die ablöſige Gülten und Zinſe betreffend, d. d. Speyer 31ſten Dec. 1560. Steht nebſt der Kaiſerlichen Confirmation vom 18ten Merz 1561. in dem Frankfurter Privilegienbuch 2te Ausg. S. 375. auch in Lünigs Reichsarchiv P. ſpec. Th. 1. S. 493. in Dumont Corps

Corps dipl. T. V. P. I. p. 76. und im Auszug in Mosers Reichsstädtischen Handbuch Th. I. S. 533.

III. Hauptstück.

von denen

die innere Verfassung der Reichsstadt Frankfurt betreffenden Erkenntnissen und Sprüchen der höchsten Reichsgerichte.

§. 47.

1) Reichshofraths-Conclusa in Sachen

1706. 9. May } sämtlicher Burgerofficiers zu
1707. 5. April } Frankfurt c. den Magistrat daselbst. S. Müllers Samml. Abth. I. S. (16.) (17.)

1709. 14. Jun. Zu Frankfurt Burgerofficier, in specie das achte Quartier c. den Magistrat daselbst. Als Beyl. 10. bey No. 51. und in der Müllerschen Samml. Abth. I. S. (26.)

1712. 3. May. Zu Frankfurt sämtliche Doctores und Licentiati der Juristen- und Medicinischen Facultät p^cto Confirmationis Privilegiorum. Ist nebst der Confirmation auf drey Bogen in Folio gedruckt, und findet

findet sich auch in der Müllerschen Samml. Abth. 1. S. 123. u. f.

1712. 26. Sept. Zu Frankfurt Burgerschaft c. den Magistrat daselbst, p&to diversorum Gravaminum, nunc Commissionis. S. Müllersche Samml. Abth. 1. S. (7.)

1714. 12. May. Judenschaft zu Frankfurt c. den Magistrat daselbst, die Wiedererbauung ihrer Häuser betreffend, s. No. 105. Beyl. A. und Schudts Jüdische Merkwürdigk. B. 6. K. 6. S. 114.

1716. 6. Febr. Gemeinde zu Nieder-Erlenbach c. F. W. Ruland Schultheisen daselbst. S. Orths Samml. merkw. Rechtshandel Band 2. S. 1112.

—— 15. Oct. Frankfurt c. Frankfurt Commissionis, die Rechnung betreffend. Siehe oben §. 36.

1717. 21. Jan. Frankfurt c. Frankfurt, den an die Juden verkauften Völkerischen Bleichgarten betr. S. No. 74. S. 38. *

—— 12. April. Capuciner c. den Magistrat zu Frankfurt. S. Mosers Staatsrecht Th 41. S. 236. **

—— 11. Jun. Frankfurt c. Frankfurt Commissionis, in p&to constituendi novi Commissarii Cæsarei. S. Müllers Samml. Abth. 1. S. (31.) und Mosers merkw. Reichshofr. Concl. Th. 5. S. 542.

III. Hauptst. Reichsgerichtl. Erkenntnisse: 145

1718. 12. Aug. Frankfurt c. Frankfurt, in specie die zur Untersuch- und Verbesserung der milden Stiftungen ernannte Commission betreffend. s. No. 78. S. 82. **.

—— 7. Oct. Frankfurt c. Frankfurt, Commissionis s. No. 258. Beyl G g 1.

1719. 30. Merz. Frankfurt c. Frankfurt, Commissionis, in specie die geistliche Fundationes betreffend. s. Mosers merkw. Reichshofr. Concl. Th. 5. S. 556.

—— 6. May. Gemeine Judenschaft zu Frankfurt c. den Magistrat daselbst, die Anlegung des Judenbannes betreffend. s. Orths Anmerk. üb. die Reform. der St. Frankf. Fortf. 1. S. 131. *.

—— 17. May. Capuciner c. den Magistrat zu Frankfurt, Rescripti, ihre Einnahm betreffend. s Mosers Reichsstädtisch. Handbuch, Th. 1. S. 660. * und Ebendess. Staatsrecht Th. 41. S. 239.* auch No. 123. Beyl. 1.

1720. 20. Merz. Frankfurt c. Frankfurt, Commissionis. Das Conclusum selbst steht in Mosers merkw. Reichshofr. Concl Th. 1. S. 254. und in der Müllerschen Samml. Abth. 1. S. 83 die dazu gehörige kurze Recension der Exhibitorum aber findet sich in Mosers Reichsstädtischem Magazin S. 369.

1720. 24. May. Kloß c. die Bürgerschaft zu Frankfurt, pcto restantis Salarii. s. Mosers Einleit. zum Reichshofrathsproceß, Th. 4. S. 318.

—— 21. Oct. Frankfurt c. Frankfurt, Commissionis, in specie die Vorsehung wegen der in Frankreich grassirenden pestilenzischen Seuche betreffend. s. Mosers Reichsstädtisch. Magazin S. 370.

1724. 21. Merz. Frankfurt c. Frankfurt, Commissionis, in specie die Rathswahl betreffend. s. Müllers Samml. Abth. I. S. 129.

1725. 12. Merz. Frankfurt c. Frankfurt, Commissionis, in specie die milde Stiftungen betreffend. s. Mosers merkw. Reichshofr. Concl. Th. 6. S. 322. und Müllers Samml. Abth. I. S. (32).

—— 9. Aug. Neuschirner Metzger c. die Altschirner, Appellat. s. Mosers merkw. Reichshofr. Concl. Th. 1. S. 437.

—— 22. Nov. Frankfurt c. Frankfurt, Commissionis. siehe oben §. 37.

1726. 12. Merz. Zu Frankfurt Neuschirner Metzger c. Altschirner daselbst, Appellationis.

1727. 7. Aug. Frankfurt c. Frankfurt, Commissionis, in specie des bürgerlichen Deputirten Nottebohms Subsistenzgelder betreffend. s. Mosers merkw. Reichshofr. Concl. Th. 6. S. 325. und Ebend. Einleit. zum Reichshofr. Proceß Th. 4. S. 323.

III. Hauptst. Reichsgerichtl. Erkenntnisse.

1728. 1. Jun. Frankfurt c. Frankfurt, in specie die burgerschaftliche Gravamina wider dasige Judenschaft betreffend. siehe oben §. 44.

— 27. Aug. Frankfurt c. Frankfurt, in specie das Bierbrauerhandwerk in Frankfurt c. Burgermeister und Rath, wie auch burgerl. Neuner ꝛc. s. Mosers merkw. Reichshofr. Concl. Th. 6. S. 327. Ebendess. Reichs-Fama Th. 4. S. 473.* und Müllers Samml. Th. 1. S. 133.

— 9. Dec. Frankfurt c. Frankfurt, Commissionis, in specie die Burgermeisterwahl betreffend. s. Mosers merkw Reichshofr. Concl. Th. 6. S. 330.* und Ebend. Reichsstädtisches Handbuch Th. 1. S. 693.**

— — Frankfurt c. Frankfurt, Commissionis, in specie des burgerl. Deputirten Nottebohms Subsistenzgelder betreffend. s. Mosers merkw. Reichshofr. Concl. Th. 6. S. 332. und Ebendess. Einleitung zum Reichshofr. Proceß Th. 4. S. 324.

1732. 14. Merz. Frankfurt c. Frankfurt, Commissionis. siehe oben §. 40.

— 21. April. Frankfurt c. Frankfurt, die siebende Kaiserl. Resolution und Salarirung der Magistratspersonen betreffend. s. Mosers Staatsrecht Th. 42. S. 279.

— 25. Jun. Frankfurt c. Frankfurt, in specie die von der Judenschaft restirende Grundzinse betreffend. s. Reichs-Fama Th. 14.

148　II. Abschn. Gründe der innern Verf.

Th. 14. S. 624.* und Müllers Samml. Th. 3. S. 64.

1732. 26. Jun. Frankfurt c. Frankfurt, Commißionis. siehe oben §. 40.

—— 26. Jul. Die Annehmung von Rath-Residenten und anderer Charges von Frankfurter Bürgern betreffend, 1 Bogen fol. s. auch Orths Anmerk. üb. die Frankf. Ref. Fortf. 3. S. 891. und Müllers Samml. Abth. 3. S. 140.

—— 11. Aug. Frankfurt c. Frankfurt, Commißionis, die drey verpachtete Gärten betreffend. s. Müllers Samml. Th. 3. S. 86.

—— 22. Dec. Frankfurt c. Frankfurt, Commißionis, in specie den bürgerl. Seniorem von Wiesenhüten betreffend. s. Reichs-Fama Th. 13. S. 57. (wo aber statt des 22. Dec. der 22. Sept. angegeben ist) und Müllers Samml. Abth. 3. S. 6.

1733. 29. Jan. Frankfurt c. Frankfurt, in specie das dasige Bierbrauerhandwerk betreffend. s. Reichs-Fama Th. 14. S. 626. und Müllers Samml. Abth. 3. S. 61.

—— 15. Jun. Frankfurt c. Frankfurt, in specie die von der Judenschaft restirende Grundzinse betreffend. s. Müllers Samml. Abth. 3. S. 64.

—— 18. Jun. Frankfurt c. Frankfurt, Commißionis, in specie der bürgerlichen Neuner fernerweite Pflichtmäßige Amtsanzeige betref-

betreffend. f. Müllers Samml. Abth. 3. S. 94.

1733. 19. Jun. Frankfurt c. Frankfurt, Commissionis, in specie den Seniorem v. Wiesenhüten und andere Puncta betreffend. f. Müllers Samml. Th. 3. S. 115.

—— 22. Jun. Frankfurt c. Frankfurt, in specie die Bezahlung der burgerlichen Consulenten betreffend. f. Müllers Samml. Abth. 3. S. 115.

—— 7. Jul. Frankfurt c. Frankfurt, Commissionis, in specie des burgerl. Deputirten J. Hoppe Vorschußrechnung, und deren Liquidation betreffend. f. No. 256. Beyl. A.

—— 23. Dec. Zu Frankfurt beyde Reformirte Gemeinden c den Magistrat daselbst, die Wiederherstell- und Einräumung der Kirche betreffend. f. Frankf. Religionshandl. Th. 1.

1734. 1. April. Frankfurt c Frankfurt den Hoppe betreffend. f. No. 256. Beyl. C. 2: und Mosers Zusätze zu neu Staatsrecht, Th. 3. S. 652. **.

—— 13. Sept. Zu Frankfurt Senior und sämmtl. Corpus der Ein und Funfziger c. Burgermeister und Rath, die Election des von Uffenbach zum Ein und Funfziger betreffend. f. Müllers Samml. Abth. 3. S. 110. *

—— 10. Dec. Frankfurt c. Frankfurt, die geheime Ausgaben betreffend. f. Müllers Samml. Abth. 3. S. 62.

1734. 10. Dec. Judenschaft zu Frankfurt c. den Magistrat daselbst, p̃to einer freyen Schenkung. ſ Reichs-Fama Th. 19. S. 749.

1735. 10 Febr. Frankfurt c. Frankfurt, Commiſſionis, in ſpecie den Schatzungspunkt betreffend. ſ No. 87. 88. und 89. in den Beylagen, Moſers alt und neu Reichshofr. Concl. Th. 1. S. 529. und Müllers Samml. Abth. 3. S. 55.

—— 11. Merz. Frankfurt c Frankfurt, die burgerl. Neuner betreffend. ſ. Reichs-Fama Th. 20. S. 721.** und Müllers Samml. Th. 3. S. 109.

—— 18. Merz. Frankfurt c. Frankfurt, in ſpecie den Schatzungspunkt betreffend. ſ. No. 88. Beyl. 47. S. 57. No. 89. S. 75. Moſers alt und neu Concl. Th. 1. S. 533. und Müllers Samml. Th. 3. S. 57.

—— 17. May. Drey Stifter zu Frankfurt c. den Magiſtrat daſelbſt, p̃to immunitatis eccleſiaſticæ. ſ. Reichs-Fama Th. 20. S. 721.* und Moſers Staatsrecht Th. 41. S. 244.*

—— 29. Jul. Frankfurt c. Frankfurt die milde Stiftungen, in ſpecie den Almoſenkaſten betreffend. ſ. Müllers Samml. Abth. 1. S. 137. Abth. 2. S. 180.

—— 26. Sept. Schweizer von Wiederhold, Exconſul Junior zu Frankfurt, p̃to ſeiner Reception ad membrum Scabinatus Francofurcofurtensis. s. Müllers Samml. Abth. 1. S. 38.

1736. 30. Jan. Zu Frankfurt Judenschaft c. den Magistrat daselbst, Appellationis, die Armenschatzung betreffend. s. Mosers alt und neu Reichshofr. Concl. Th. II. S. 470. und Ebend. Abh. v. der Reichsstädtischen Regim. Verf. S. 257.**

—— 1. Febr. Frankfurt c. Frankfurt, Commissionis, in specie den Schatzungspunkt betreffend. s. No. 88. Beyl. 51. S. 65. Mosers alt und neu Reichshofr. Concl. Th. 2. S. 477. Ebendess. Abh. v. Reichsst. Reg. Verf. S. 256.* und Müllers Samml. Abth. 3. S. 58.*

—— 23. Febr. Frankfurt c. Frankfurt, das Hospital zum heil. Geist betreffend. s. Mosers alt und neu Reichshofr. Concl. Th. 1. S. 498. und Müllers Samml. Abth. 1. S. 498.

—— 12. Merz. Frankfurt c. Frankfurt, Commissionis, in specie die geheime Ausgaben betreffend. s. Mosers alt und neu Reichshofr. Concl. Th. 2. S. 507.* Ebendess. Staatsrecht Th. 42. S. 280.* (an welchen beyden Orten jedoch der 9te Merz angegeben) und Müllers Samml. Abth. 3. S. 63.

—— 25. April. Frankfurt c. Frankfurt, Commissionis, in specie den Punctum Salarii betreffend. s. Müllers Samml. Abth. 3. S. 116.

S. 116. und Mosers Zus. zu neu Staatsr. Th. 3. S. 502.

1736. 17. Sept. Zu Frankfurt Schuhmacherhandwerk c Burgermeister und Rath, dann den Schuhknecht Fischern daselbst, Appellationis. s. Mosers Zus. z. neu Staatsrecht, Th. 3. S. 601.

1737. 11. Oct. Frankfurt c. Frankfurt, in specie des burgerl. Senioris von Wiesenhüten Salarium betreffend. s. Müllers Samml. Th. 3. S. 116.

—— 27. Nov. Herz Benedict Beyfuß, Schutzjud zu Frankfurt c. Burgermeister und Rath daselbst, Appellationis. s. Mosers Zus. zu neu Staatsr. Th. 3. S. 510 *.

—— 16. Dec. Frankfurt c Frankfurt, Commissionis, in specie die Rathswahl betr. s. Müllers Samml Th 3. S. 39. und Mosers Zus. zu neu Staatsr. Th. 3. S. 469. (jedoch an letzterm Ort unterm 26. Dec.)

—— 23. Dec. Frankfurt c. Frankfurt, in specie die geheime Ausgaben der Erogationum in Exteros betreffend. s. Müllers Samml. Abth. 3. S 63.

1738. 6. Merz. Frankfurt c. Frankfurt, Commissionis, in pcto der Wahlen. s. Müllers Samml. Th. 3 S. 111. und Mosers Zus. zu neu Staatsr. Th. 3. S. 49* **.

—— 10. Merz. Frankfurt c. Frankfurt, Commissionis, in specie die von der Burgerschaft

schaft gegen die Judenschaft eingeklagte Beschwerden betreffend. s. Mosers Zus. z. neu Staatsr. Th. 3. S. 512*.

1738. 18. Merz. Frankfurt c. Frankfurt, in specie die von dem Magistrat daselbst verursachte schwere Proceßkosten und dererselben Restitution betreffend. s. Müllers Samml. Abth. 3. S. 111.

—— 21. Merz. Frankfurt c. Frankfurt, in specie des Senioris von Wiesenhüten Salarium betreffend. s. Mosers alt und neu Reichshofr. Concl. Th. 1. S. 219. Ebend. Staatsr. Th. 42. S. 494. und Müllers Samml. Th. 3. S. 117*.

—— —— Frankfurt c. Frankfurt, Commissionis, in specie die Schöffenwahl betr. s. Mosers Staatsrecht Th. 42. S. 280. Müllers Samml. Abth. 3. S. 39*.

—— 1. Aug. Frankfurt c. Frankfurt, Commissionis, in specie des burgerl. Senioris von Wiesenhüten Salarium betr. s. Müllers Samml. Th. 3. S. 117. und Mosers Zus. zu neu Staatsr. Th. 3. S. 503.

—— 4. Aug. Frankfurt c. Frankfurt, in pcto Jurisdictionalium, in specie des burgerl. Ausschusses anmaßlichen Eingriff betreffend. s. Mosers alt und neu Reichshofr. Concl. Th. 1. S. 536. Ebendess. Staatsr. Th. 42. S. 492**. Ebendess. Abh. v. der Reichsst. Reg. Verf. S. 99**. und Müllers Samml. Abth. 3. S. 95.

1738. 4. Aug. Zu Frankfurt Judenschaft c. den Magistrat daselbst, Appellationis, den zehnten Pfennig Abzugsgelder betreffend. s. Mosers alt und neu Reichshofr. Concl. Th. I. S. 541.

—— 21. Aug. Frankfurt c. Frankfurt, in specie die Restitution der verursachten schweren Proceßkosten betreffend. s. Müllers Samml. Th. 3. S. 111. und Mosers Zus. zu neu Staatsrecht Th. 3. S. 653.

—— 16. Nov. Zu Frankfurt Geschworne des Bierbrauerhandwerks c. den Magistrat und Gesellen Kitzel daselbst, Appellationis. s. Mosers Staatsrecht Th. 42. S. 471.

1739. 30. Jan. Frankfurt c. Frankfurt, Commissionis, in specie die von der Burgerschaft wider die Judenschaft eingeklagte Beschwerden betreffend. s. Mosers alt und neu Reichshofr. Concl. Th. 1. S. 220. und Orths Samml. merkw. Rechtshändel, Band 2. S. 827. Es ist auch besonders gedruckt.

—— —— Frankfurt c. Frankfurt, Commissionis, in specie die von dem Magistrat daselbst verursachte schwere Proceßkosten betreffend. s. Mosers alt und neu Reichshofr. Concl. Th. 1. S. 223. Ebendess. Staatsrecht Th. 42. S. 495. und Müllers Samml. Th. 3. S. 97.

III. Hauptst. Reichsgerichtl. Erkenntniſſe. 155

1739. 5. Merz. Frankfurt c. Frankfurt, Commiſſionis, in ſpecie die Beſtellung der künftigen Schöffen und Rathswahlen betreffend. ſ. Moſers alt und neu Reichshofr. Concl. Th. 1. S. 129. Ebendeſſ. Staatsrecht Th. 42. S. 281. und Müllers Samml. Abth. 3. S. 40.

— — 16. Merz. Frankfurt c. Frankfurt, Commiſſionis, in ſpecie die von der Burgerſchaft eingeklagte Beſchwerden wider die Judenſchaft betreffend. ſ. Moſers alt und neu Reichshofr. Concl. Th. 1. S. 223.

— — 25. Sept. Frankfurt c. Frankfurt, Commiſſionis, in ſpecie die von dem Magiſtrat daſelbſt verurſachte ſchwere Proceßkoſten betreffend. ſ. Müllers Samml. Abth. 3. S. 112.

— — 28. Sept. Frankfurt c. Frankfurt, Commiſſionis, der Neuner, burgerl. Conſiſtorialräthe und Dreyer Wahl betreffend. ſ. Moſers Staatsrecht Th. 42. S. 495. und Müllers Samml. Abth. 3. S. 118.

— — 30. Sept. Frankfurt c. Frankfurt, Commiſſionis, in ſpecie das Holzamt und die Holzzettel betreffend. ſ. Moſers alt und neu Reichshofr. Concl. Th. 3. S. 546. und Müllers Samml. Th. 3. S. 99.

— — 2. Oct. Frankfurt c. Frankfurt, Commiſſionis, des burgerl. Ausſchuſſes Eingriffe in die Jurisdictionalia betreffend. ſ. Müllers

156 II. Abschn. Gründe der innern Verf.

lers Samml. Abth. 3. S. 97. und Mosers Zus. zu neu Staatsr. Th. 3. S. 498.

1739. 17. Nov. Zu Frankfurt Geschworne des Bierbrauerhandwerks c. den Magistrat und den Gesellen Verlohren daselbst, Appellationis. s. Mosers Staatsrecht Th. 42. S. 470.

—— 18. Nov. Zu Frankfurt Schneiderhandwerk c. den Magistrat daselbst, Appellationis. s. Mosers Staatsrecht Th. 42. S. 472. und Müllers Samml. Abth. 1. S. 134*.

1740. 18. Jan. Frankfurt c. Frankfurt, Commissionis, in specie das Holzamt betreffend. s. Mosers alt und neu Reichshofr. Concl. Th. 3. S. 550. und Müllers Samml. Abth. 3. S. 100.

—— 17. Merz. Frankfurt c. Frankfurt, Commissionis, in specie die von der Burgerschaft wider die Judenschaft eingeklagte Beschwerden betreffend. s. Mosers alt und neu Reichshofr. Concl. Th. 1. S. 378. Th. 4. S. 210. No. 112. Beyl. 1. und Orths Anmerk. üb. die Frankf. Reform. Fortf. 4. S. 656. (an letzterm Orte wird es irrig unter den 12ten Merz gesetzt.)

—— 18. Merz. Judenschaft zu Frankfurt c. den Magistrat daselbst, Appellationis, die Kramläden und Gewölber in der Christen Häuser betreffend. s. Mosers alt und neu Reichshofr. Concl. Th. 4. S. 274.

1742.

1742. 20. Merz. Bracht, Burger zu Frankfurt, pĉto Confirmationis des von dem Magiſtrat ihm verwilligten Ausſchellens. ſ. Cramers Obſ. juris univerſ. Th. 4. S. 659 **. und Moſers Abh. von der Reichsſtädtiſchen Regimentsverf. S. 341.

—— 5. April. Zu Frankfurt ſämtliche Literati Corporis Notariorum, pĉto Manutenentiæ. ſ. Moſers alt und neu Reichshofr. Concl. Th. 2. S. 109.

—— 28. May. Zu Frankfurt Altſchirner Metzger c. die jüdiſche Schlachter, wie auch Fettkrämer und Garköch daſelbſt pĉto diverſ. grav. ſ. Cramers Obſ. jur. univerſ. Th. 1. S. 656.

—— 14. Jun. Frankfurt c. Frankfurt, Commiſſionis, in ſpecie daſigen burgerl. Ausſchuß und Neuner, pĉto Manutenentiæ der ehemals ertheilten Kaiſerlichen Reſolutionen und Verordnungen. ſ. Moſers alt und neu Reichshofr. Concl. Th. 2. S. 93. und Ebendeſſ. Staatsrecht Th. 42. S. 496.

—— 13. Aug. Fleiſchbein von Kleeberg, pĉto habilitatis ad electionem in Senatum. ſ. Moſers Staatsrecht Th. 42. S. 283.

—— 4. Sept. Frankfurt c. Frankfurt, Commiſſionis, in ſpecie die von dem Magiſtrat geſchehene Inhibition, pĉto der vorzunehmenden Wiederersetzung der vacanten Seniorats ſtelle betreffend. ſ. Moſers alt und neu

neu Reichshofr. Concl. Th. 2. S. 104. und Ebendeſſ. Staatsrecht Th. 42. S. 497.

1742. 25. Sept. Frankfurt c. Frankfurt, Commiſſionis, in ſpecie die bevorſtehende Rathswahl betreffend. ſ. Moſers Staatsrecht Th. 42. S. 285. und Ebendeſſ. alt und neue Reichshofr. Concl. Th. 2. S. 96.

—— 12. Oct. Frankfurt c. Frankfurt, Commiſſionis, in ſpecie der beeden burgerl. Conſiſtorialräthe, Emmel und Philippi, Salarium betreffend. ſ. Moſers alt und neue Reichshofr. Concl. Th. 2. S. 91.

—— 7. Dec. Frankfurt c. Frankfurt, Commiſſionis, die Wahl eines Senioris des burgerlichen Ausſchuſſes betreffend. ſ. Moſers alt und neue Reichshofr. Concl. Th. 2. S. 107. Ebendeſſ. Staatsr. Th. 42. S. 499. und Müllers Samml. Abth. 3. S. 119.

—— 19. Dec. Zu Frankfurt drey Collegiatſtifter c. Burgermeiſter, Schöffen und Rath allda, pcto Debiti, die rückſtändige und zukünftige jährliche Wiederkaufsgülden oder Penſiones betreffend. ſ. Cramers Obſ. juris univerſ. Th. 4. S. 800.

1743. 12. Merz. Frankfurt c. Frankfurt, in ſpecie die ſämmtl. Doctores und Licentiatos juris daſelbſt betreffend. ſ. Müllers Samml. Th. 3. S. 41.

—— 27. Merz. Zu Frankfurt Geſchworne des Schneiderhandwerks c. den Magiſtrat. ſ. Cramers Obſ. juris univerſ. Th. 1. S. 657.

III. Hauptst. Reichsgerichtl. Erkenntnisse. 159

1743. 15. Jul. Zu Frankfurt beyde reformirte Gemeinden c. den Magistrat daselbst, die Wiederherstellung und Einräumung der Kirche betreffend. s. Frankfurter Religionshandl. neue Samml., Mosers Staatsrecht, Th. 41. S. 257. Acta hist. eccles. B. 7. S. 699. und Adelungs auserlesene Staatsbriefe hoher Potentaten Th. 2. S. 340.

1744. 21. Jan. Frankfurt c. Frankfurt, Commissionis, in specie des Gerichtsboten Joh. Kißners Salarium betreffend. s. Müllers Samml. Th. 3. S. 70.

—— 12. Jun. Zu Frankfurt drey Collegiatstifter c. Burgermeister, Schöffen und Rath allda pcto Debiti, die rückständige und zukünftige jährliche Wiederkaufsgülden oder Pensiones betreffend. s. Cramers Obs. juris univers. Th. 4. S. 802.

—— 3. Sept. Die Wahl des von Barkhausen in Senatorem betreffend. s. Müllers Samml. Th. 1. S. 38.

—— 30. Sept. Zu Frankfurt beede reformirte Gemeinden c. den Magistrat daselbst, die Wiederherstellung und Einräumung der Kirche betreffend. s. Na. 142. Beyl. L. No. 145. Beyl. O. und No. 147. Beyl. 26.

—— 26. Oct. Frankfurt c. Frankfurt, Commissionis, in specie das dasige Weisfrauenkloster betreffend. s. Müllers Samml. Th. 1. S. 101.

1745.

1745. 14. Merz. Frankfurt c. Frankfurt, Commissionis finitæ, die drey verpachtete Gärten, modo den Wollgraben ꝛc. betreffend. s. Müllers Samml. Abth. 3. S. 87.

—— 7. Oct. Frankfurt c. Frankfurt, Commissionis, in specie des burgerlichen Neuner-Collegii Privilegien-Confirmation betreffend. s. Staatsschriften unter Kaiser Franz, Th. 1. S. 471. und Mosers Staatsrecht, Th. 42. S. 500.

—— 24. Nov. Frankfurt c. Frankfurt, Commissionis, in specie die Wiederbezahlung der vorgeschossenen baaren Gelder betreffend. s. Staatsschriften unter Kaiser Franz, Th. 1. S. 561. und Mosers Staatsrecht, Th. 42. S. 501.

—— 20. Dec. Zu Frankfurt Neuschirner c. die Altschirner daselbst, Appellationis, nunc revisionis. s. Staatsschriften unter Kaiser Franz, Th. 1. S. 800.

1746. 14. Jan. Frankfurt c. Frankfurt, Commissionis, in specie dasiger burgerl. Ausschuß und Neuner, pcto Manutenentiæ derer ehemaligen ertheilten Kaiserl. Resolutionen und Verordnungen. s. Staatsschriften unter Kaiser Franz, Th. 1. S. 1014. und Mosers Staatsrecht Th. 42. S. 502.

—— —— Frankfurt c. Frankfurt, in puncto diversor. gravam. s. Staatsschriften unter Kaiser Franz, Th. 1. S. 1005.

1746.

III. Hauptst. Reichsgerichtl. Erkenntnisse.

1746. 28. Jan. Frankfurt c. Frankfurt, Commissionis. in specie C. S. Hofmann J U. D. und dasigen Stadtschreibern betr. pcto Eligibilitatis. s. Staatsschriften unter Kaiser Franz Th. 1. S. 1051. Mosers Staatsrecht Th. 42. S. 289. und Müllers Samml. Abth. 3. S. 47.

——— 15. Febr. Frankfurt c. Frankfurt, Commissionis, in specie die Forstordnung betr. s. Staatsschr. unter Kaiser Franz Th. 2. S. 118.

——— 22. Merz. Frankfurt c. Frankfurt in specie die Wahl eines Senioris des bürgerl. Ausschusses, und dessen Perpetuir- oder respective Abwechselung betr. s. Staatsschr. unter Kais. Franz, Th 2. S. 422. Müllers Samml. Abth. 3. S. 120. und Mosers Abh. v. Reichsst. Reg. Verf. S. 100. *

——— 15. Sept. von Humbracht, Reinhard Friedrich, in pcto dispensationis Eligibilitatis. s. No. 97. Beyl. 19. und Staatsschr. unter Kais. Franz Th. 3. S. 991.

——— 11. Oct. Frankfurt c. Frankfurt, Commissionis, in specie die ausserordentliche Collectation betr. Ist besonders auf 1 Bogen in fol. gedruckt. s. auch Staatsschr. unter Kais. Franz, Th. 4. S. 94. und 194. Selecta jur. publ. Th. 13. S. 2. und Müllers Samml. Th. 3. S. 59. auch einige

Stücke

Stücke davon in Mosers Staatsrecht Th. 42. S. 290. und 503.

1747. 10. Jul. Frankfurt c. Frankfurt, Commissionis, in specie des Gerichtsboten Küßners Wittib Salarium betr. s. Staatsschriften unter Kais. Franz Th. 6. S. 227.

—— 9. Aug. Zu Frankfurt Stift ad St. Bartholomäum, in specie dessen Probsten c. den Magistrat daselbst, pcto violati Privilegii. s. Staatsschr. unter Kais. Franz, Th. 6. S. 329. und Mosers Abh. v. der Reichsst. Reg. Verf. S. 538.

1748. 19. Jun. Ph. J. Mehls nachgelassene Wittib und Erben pcto Confirmationis Privilegii über die Tragsessel in Frankfurt, s. Staatsschr. unter Kais. Franz, Th. 7. S. 674.

—— 5. Aug. Zu Frankfurt gemeine Judenschaft c. den Magistrat daselbst, Appellationis, die Kramläden und Gewölber außer der Judengasse betr. s. Orths Zusätze zu Anmerk. über die Frankf. Ref. S. 48. **

1749. 4. Febr. Beede Reformirte Gemeinden zu Frankfurt c. den Magistrat daselbst, die Wiederherstellung ꝛc. betr. findet sich als Beyl. 6. bey No. 87. auch in Mosers Hanauischen Berichten von Religionssachen Th. 3. S. 259. und in Orths Anmerk. Fortf. 3. S. 169. **

III. Hauptst. Reichsgerichtl. Erkenntnisse. 163

1749. 30. Sept. J. Nic. Dietz des Raths dritter Bank c. den Magistrat. Appellationis. s. No. 91. Beyl. A. und Müllers Samml. Abth. 3 S. 142.

1750. 11. Merz. Thurneisen c. den Magistrat zu Frankfurt, pcto receptionis in civem. s. Müllers Samml. Abth. 3 S. 87.

—— 2. Jun. Frankfurt c. Frankfurt, in specie die von dem jetzigen Stadtschreiber Hofmann gesuchte Eligibilität seiner zwey Söhne ad officia publica betr. s. Müllers Samml. Abth. 3. S. 48.

—— 12. Aug. Dietz, Joh. Nic., des Raths 3ter Bank, c. den Magistrat, Appellationis. s. No. 91. Beyl. B. und Müllers Samml. Abth. 3. S. 143.

1751. 28. Jan. Zu Frankfurt Notarii immatriculati c. Advocatos ordinarios & immatriculatos, auch den Magistrat daselbst. Appellationis. s. Mosers D. Staatsarchiv 1751. Th. 5. S. 98 und ebend. Abh. v. der Reichsstädtischen Reg. Verf. S. 217. *

—— 2. Merz. Münch, pcto receptionis in societatem, zum Frauenstein dictam. s. Mosers D. Staatsarch. 1751. Th. 6 S. 18. und Orths Anmerk. über die Ref. Fortf. 3 S. 923. *

—— 15. Merz. Dietz, Joh. Nic., c. den Magistrat zu Frankfurt, Appellationis. s. D. Staatsarch. 1751. Theil 6. S. 17.

1751. 12. Jul. Frankfurt c. Frankfurt, in specie die Vorlegung gewisser Rechnungen und anderer in das Neuneramt einschlagender Acten betr. s. Mosers D. Staatsarchiv 1751. Theil 10. S. 113. ** ebend. Abh. von der Reichsst. Reg. Verf. S. 283. ** und Müllers Samml. Abth. 3 S. 55.

—— 28. Jul. Frankfurt c. Frankfurt, in specie die Wahl eines Senioris des burgerl. Ausschusses betr. s. Mosers D. Staatsarchiv 1751 Theil 10 S. 114 * und ebend. Abh. von der Reichsst. Reg. Verf. S. 101. **

—— 23. Nov. Frankfurt c. Frankfurt, Commissionis, in specie derer Syndicorum Befugniß zu dem Schöffenstuhl betr. s. Mosers D. Staatsarchiv 1752 Band 2. S. 196, ebendess. Abh. von der Reichsst. Reg. Verf. S. 169 ** (unt. 12. Nov.), und Müllers Samml. Abth. 3. S. 68.

1752. 25. April. Dieß c. den Magistrat zu Frankfurt, Appellationis, nunc Commissionis & transactionis. s. Mosers D. Staatsarchiv 1752 Band 2. S. 327. und Müllers Samml. Abth. 3. S. 146.

—— 27. April. Frankfurt c. Frankfurt, Commissionis finitæ, in specie das von den Adelichen Gesellschaften Limburg und Frauenstein prätendirende Vorrecht betr. s. No. 94 Beyl. BB., Mosers D. Staatsarchiv 1752 B. 2 S. 327. ebendess. Abh. von der Reichsst.

III. Hauptst. Reichsgerichtl. Erkenntnisse. 165

Reichsst. Reg. Verf. S. 33. und 101 ** und Müllers Sammi. Abth. 3 S. 42.

1752. 7. Nov. David Meyer Juda & Consort. c. Beer Löw Isaac und Süßkind Samuel Stern & Consort. pёto diversor. gravaminum, in specie die Baumeisterwahl betr. Ist besonders gedruckt auf 1. Bogen fol. s. auch Mosers D. Staatsarchiv 1753 Band 1. S. 594.

—— 20. Dec. Frankfurt c. Frankfurt, Commissionis finitæ, in specie das von denen adelichen Gesellschaften Limburg und Frauenstein prätendirende Vorrecht bey Rathswahlen betr. s. Mosers D. Staatsarchiv 1753 Band 1 S. 597.

1753. 30. Jan. Moillier c. den Magistrat zu Frankfurt, modo in specie die dasige Gold- und Silberarbeiter, Appellat. pёto receptionis in civem, modo turbationis in exercitio juris civici. s. Mosers D. Staatsarchiv 1753. B. 1 S. 862 und ebendess. Abh. von der Reichsst. Reg. Verf. S. 334. **

—— 23. Febr.⎫ Frankfurt c. Frankfurt, Com-
—— 10. May.⎭ missionis finitæ, in specie die noch unabgethane Nothebomische Rechnungen betr. s. No. 260 Beyl. 37. 38. Mosers D. Staatsarchiv 1753 Band 1. S. 942 Band 2. S. 678 und ebend. Abh. von der Reichsst. Reg. Verf. S. 428. **

1753. 28. May. Frankfurt, c. Frankfurt, Commissionis finitæ, in specie die Aufstellung eines Syndici extraordinarii betr. s. Müllers Samml. Abth. 3 S. 65.

—— —— David Meyer Juda & Consort. c. Beer löw Isaac ꝛc. die Baumeisterwahl betr. s. Mosers D. Staatsarchiv 1753. B. 2. S. 680.**

—— 20. Jun. Knoblauch c. den Magistrat zu Frankfurt, Rescripti, pcto verweigerten Burgerrechts. s. Mosers D. Staatsarchiv 1753 B. 2. S. 944 und ebendess. Abh. von der Reichsst. Reg. Verf. S. 94.**

—— 27. Jul. } David Meyer Juda & Cons.
—— 15. Oct. } c. Beer löw Isaac ꝛc. s. Mosers D. Staatsarchiv 1753. B. 2. S. 945. B. 1. S. 247.

—— 31. Oct. Frankfurt c. Frankfurt, Commissionis finitæ, in specie der Notebomischen ErbenForderung betr. s. Mosers D. Staatsarchiv 1754. B 1. S. 248.

—— 19. Nov. Frankfurt c. Frankfurt, Commissionis, in specie der Stadtcanzleyverwandten Salarien und Accidenzien betr. s. Mosers D Staatsarchiv 1754. B. 1. S. 248 und Müllers Samml. Abth. 3. S. 68.

—— 22. Dec. } David Mayer Juda & Cons.
1754. 21. May. } c. Beer löw Isaac und Süßkind Samuel Stern & Cons. s. Mosers D. Staatsarchiv 1754. B. 1. S. 418. B. 2. S. 464.

1754. 30. Sept. Frankfurt c. Frankfurt, in specie die Wahl eines Senioris des bürgerlichen Ausschusses, und dessen Perpetuir- und resp. Abwechselung betr. s. Mosers D. Staatsarchiv 1754 B. 2 S. 1033.

1756. 13. Jan. von Reinek c. den Magistrat zu Frankf. s. Mosers D. Staatsarchiv 1756 B 1. S. 515 und ebend. Abh. der Reichsst. Reg. Verf. S. 390. **

—— 14. May. Frankfurt c. Frankfurt, Commissionis, in specie die baare Auslagen betr. s. Mosers D. Staatsarchiv 1756 B. 1 S. 829.

—— 3. Nov. v. Reinek c. den Magistrat. s. Mosers d. Staatsarchiv 1756 S. 2 S. 20. und ebend. Abh. von Reichsst. Reg. Verf. S. 390. ** ist auch im Auszug einer Rathsverordnung vom 19 Dec. 1758 beygefügt.

—— 12. Nov. zu Frankfurt gemeine Judenschaft c. den Magistrat daselbst, p^{cto} einer freywilligen Schenknng, oder denen zeitlichen Burgermeistern gereichten Meßgeldes. s. Mosers D. Staatsarchiv 1756 Band 2 S. 25 und ebend. Abh. von der Reichsst. Reg. Verf. S. 122. **

—— —— zu Frankfurt 3 Stifter c. den Magistrat daselbst p^{cto} debiti aliorumque Gravaminum. s. Mosers D. Staatsarchiv 1756 B. 2. S. 26.

1757. 2. May. Frankfurt c. Frankfurt, Commissionis finitæ; in specie das von dasigen

Gesellschaften Limburg und Frauenstein prä‍tendirte Vorrecht bey Rathswahlen betr. s. Orths Anmerk über die Franck. Ref. Forts 4 Vorbericht S. 22. Mosers Abh. von der Reichsstädtischen Reg. Verf. S. 37. und Müllers Samml. Abth. 3. S 43.

1758. 1 May. Frankfurt c. Frankfurt, Com‍missionis finitæ, in specie Rescripti pcto Collectationis extraordinariæ. s Müllers Samml. Abth. 3 S. 61, und Mosers Zus. zu neu. Staatsr. Th. 3. S. 562.

—— 17 Jul. zu Frankfurt Geschworne der sämtlichen Feuerhandwerker c. Milchmayer, Appellationis. s. Mosers Zus. zu neu. Staatsr. Th. 3 S. 602.

—— 12. Oct. Frankfurt c. Frankfurt, Com‍missionis finitæ in specie der Stadt Canz‍leyverwandten Salarien und Accidenzien betr. s. Müllers Samml. Abth. 3 S. 69, und Mosers Zus. zu neu. Staatsr. Th. 3 S. 471.**

—— 26 Oct. Frankfurt c. Frankfurt, in specie die Wahl eines Senioris und dessen Perpetuirung oder Abwechselung betr. s. Müllers Samml. Abth. 3. S. 121 und Mosers Zus. zu neu. Staatsr. Th. 3 S. 504.

1759. 20. Jun. Frankfurt c. Frankfurt, Com‍missionis finitæ, in specie der Stadt Canz‍leybotten Salarien betr. s. Müllers Samml. Abth. 3. S. 71. und Mosers Zus. zu neu. Staatsr. Th. 3. S. 471.

1759.

1759. 7. Sept.   zu Frankfurt Baumeister und Vorsteher gemeiner Judenschaft c. Burgermeister und Rath daselbst, Appellationis, die übermäßige Contribution zur Einquartierung der französischen Trouppen betr. s. Mosers Zus. zu neu. Staatsr. Th. 3. S. 513.

1760. 29. April.   Zu Frankfurt Geschworne des Zimmerhandwerks c. das Bauamt und den Magistrat daselbst. s. Mosers Abh. von der Reichsstädt. Reg. Verf. S. 326.*

1762. 27. Aug.   Frankfurt c. Frankfurt, Commissionis finitæ, in specie die neu errichtete Sperrordnung, modo, die aufgerichtete Gassenlaternen betr. s. Müllers Samml. Abth. 3 S. 149. und Mosers Zus. zu neu. Staatsr. Th. 3. S. 594.

1763. 24. Merz.   Frankfurt c. Frankfurt, in specie die Annahme eines burgerl. Consulenten betr. s. Müllers Samml. Abth. 3. S. 98. und Mosers Zus. zu neu. Staatsr. Th. 3. S. 471.

—— 14. May.   Frankfurt c. Frankfurt, Commissionis finitæ, in specie die neu errichtete Sperrordnung, modo die aufgerichtete Laternen betr. s. Müllers Samml. Abth. 3 S. 151. und Mosers Zus. zu neu. Staatsr. Th. 3 S. 596.*

—— 4. Jun.   David Meyer Juda & Consf. c. Beer Löw Isaac und Süßkind Samuel Stern & Consf. pcto diversor. Gravam. in specie das Reglement, modo die Con-

firma-

firmation der Baumeisterwahl eorundemque officium betr. s. Mosers Zus. zu neu. Staatsr. Th. 3. S. 513.

1763. 30. Jul. zu Frankfurt Baumeister und Vorsteher der gemeinen Judenschaft c. den Magistrat daselbst, Appellationis, in specie die Einkellerung der Weine betr. s. Mosers Zus. zu neu. Staatsr. Th. 3 S. 514.

—— 22. Aug. Frankfurt c. Frankfurt, die aufgerichtete Gassenlaternen betr. s. Mosers Zus. zu neu. Staatsr. Th. 3 S. 596.*

—— 6. Oct. David Meyer Juda und Cons. c. Beer Löw Isaac und Süßkind Samuel Stern, die Wahl der Kasten- und Schatzungsmeister, ingleichem die Manutenenz der Baumeister in ihrem Officio betr. s. Mosers Zus. zu neu. Staatsr. Th. 3 S. 514.

1764. 3. Febr. Frankfurt c. Frankfurt, Commissionis finitæ. s. Müllers Samml. Abth. 3 S. 122. und Mosers Zus. zu neu. Staatsrecht Th. 3 S. 534.

—— 4. Jun. Frankfurt c. Frankfurt, Commissionis finitæ, in specie dasige Gerichtscanzley und respective dabey stehenden Substituti Salarium und Accidenzien betr. s. Müllers Samml. Abth. 3. S. 70. und Mosers Zus. zu neu Staatsr. Th. 3 S. 472.

1765. 3. April. Frankfurt c. Frankfurt, Commissionis finitæ, in specie die Abtragung zweyer uralten Stadtthürme betr. s. Müllers Samml. Abth. 3 S. 124 und Mosers Zus. zu neu. Staatsr. Th. 3 S. 499.

1765.

III. Hauptſt. Reichsgerichtl. Erkenntniſſe.   171

1765. 30. Oct. zu Frankfurt burgerl. Ausſchuß der 51ger, p̃to Confirmationis Ordinationum Cæſarearum. ſ. Moſers Abh. zu der Reichsſtädt. Reg. Verf. S. 102.*, ebendeſſ. Reichsſtädt. Magazin S. 393 und Müllers Samml. Abth. 3. S. 124.*

1766. 13. Jan. Gelff c. den Magiſtrat zu Frankfurt. Appellationis p̃to prætenſæ iuquiſitionis. ſ. Moſers Reichsſtädt. Magazin S. 374.

—— 27. Jan. zu Frankfurt burgerl. Neunercollegium p̃to Confirmationis Ordinationum Cæſarearum. ſ. Müllers Samml. Abth. 3 S. 125 und Moſers Abh. von der Reichsſtädt. Reg. Verf. S. 102.*

—— 14. Merz. Frankfurt c. Frankfurt, Commiſſionis finitæ, in ſpecie das Münzweſen betr. ſ. Moſers Reichsſtädt. Magazin S. 376, ebendeſſ. Abh. von der Reichsſtädt. Reg. Verf. S. 102.* und Müllers Samml. Abth. 3. S. 125.

—— 15. Merz. zu Sachſenhauſen ſämtliche burgerl. Weingärtner c. den Magiſtrat zu Frankfurt, p̃to Confirmationis der Jnungsarticul. ſ. Moſers Reichsſtädt. Magazin S. 380.

—— 10. Jul. zu Sachſenhauſen ernannter Ausſchuß der geſammten Burgerſchaft c. den Magiſtrat daſelbſt, Commiſſionis finitæ, in ſpecie das Beholzungsrecht betr. ſ. Moſers fers Reichsstädt. Magazin S. 380 und Müllers Samml. Abth. 3 S. 142.

1767. 19. Jan. Frankfurt c. Frankfurt, Commissionis finitæ, in specie die baare Auslagen betr. s. Mosers Reichsstädt. Magazin S. 383.

——— 22. Oct. zu Frankfurt Geschworne des Beckerhandwerks c. den Magistrat daselbst Rescripti. s. Mosers Reichsstädt. Magazin S. 397.

——— 13. Nov. Frankfurt c. Frankfurt, Commissionis finitæ, in specie die Sperrordnung, modo die aufgerichtete Gassenlaternen betr. s. Mosers Reichsstädt. Magazin S. 386. und Müllers Samml. Abth. 3. S. 153.

1768. 11. Jan. Frankfurt c. Frankfurt, Commissionis finitæ, in specie die baare Auslagen betr. s. Mosers Reichsstädt. Magazin S. 383.

——— 12. Jul. Frankfurt c. Frankfurt, p&to diversor. gravam. in specie die ganz neuerlich statuirt werden wollende Ausschließung in Bausachen bey dasigem Hospital und sonsten betr. s. Mosers Reichsstädt. Magazin S. 391. und Müllers Sammlung Abth. 2. S. 144. Abth. 3 S. 95.

——— 26. Sept. zu Frankfurt im Monat stehende Baumeister gemeiner Judenschaft c. den Schöffenrath daselbst, Appellationis, den

den neuerlich inhibiren wollenden Zucker-Thee-und Coffeeverkauf betr. f. Mosers Reichsstädt. Magazin S. 368.

1768. 19. Nov. Frankfurt c. Frankfurt, Commissionis finitæ in specie, die baare Auslagen betr. f. Mosers Reichsstädt. Magazin S. 384.

1769. 13. Merz. Senkenberg c. den Magistrat zu Frankfurt, pŒto Arresti personalis. f. Mosers Reichs-Staats-Handbuch Th. 3 S. 695 und ebend. Zuf. zu neu. Staatsrecht Th. 3 S. 474.

—— 7. Aug. Senkenberg, Pettmann und Grammann Med. Doct. c. J. M. Hofmann M. D. und den Magistrat zu Frankfurt, Appellationis. f. No. 270. Beyl. A.

—— 14. Nov.} Senkenberg c. den Magi-
1770. 10. May.} strat zu Frankfurt, pŒto Arresti personalis. f. Mosers Reichs-Staats-Handbuch Th. 3. S. 696. 699 und ebendeff. Zuf. zu neu. Staatsrecht Th. 3 S. 474.

—— 20. Aug. zu Frankfurt sämtliche Bauprofessionen c. den Schöffenrath daselbst, Appellationis. f. Müllers Samml. Abth. 2. S. 144.

—— 21. Aug. Frankfurt c. Frankfurt, die Vermehrung derer Syndicorum Besoldung betr. f. Mosers Reichs-Staats-Handbuch Th. 3.

Th. 3. S. 703. ** und ebendeff. Zuf. zu nen. Staatsrecht Th. 3 S. 475. **

1771. 4. Merz. Senkenberg c. den Magistrat zu Frankfurt, p^cto Arresti personalis, & Commissionis, nunc vice versa Revisionis. s. Mosers Reichs-Staats-Handbuch Th. 3 S. 700 und ebend. Zuf. zu neu. Staatsr. Th. 3 S. 475.

────── 27. Merz. Frankfurt c. Frankfurt, Commissionis finitæ, in specie die Annahme des fünften Syndici betr. s. Mosers Reichs-Staats-Handbuch Th. 3 S. 704. ebendeff. Zuf. zu neu. Staatsr. Th. 3 S. 476. und Müllers Samml. Abth. 3. S. 65.

────── 16. Sept. Frankfurt c. Frankfurt, Commissionis finitæ, in specie die von dem Magistrat difficultirte Bestellung eines burgerl. Gegenschreibers zu denen Ausrufen bey öffentlichen Vergantungen betr. s. Mosers Reichs-Staats-Handbuch Th. 3. B. 707. und ebendeff. Zuf. zu neu Staatsr. Th. 3 S. 477.

────── 17. Sept. Frankfurt c. Frankfurt, Commissionis finitæ, in specie den Gegenschreiber-Salarienpunct betr. s. Mosers Reichs-Staats-Handbuch Th. 3 S. 708. ebendeff. Zuf. zu neu. Staatsr. Th. 3 S. 477, und Müllers Samml. Th. 2 S. 99.

────── ────── Frankfurt c. Frankfurt, Commissionis finitæ, in specie die von dem Magi-

Magistrat neuerlich vorgenommene Combination der Bibliothecariats und der burgerlichen Consistorialrathsstelle betr. s. Mosers Reichs-Staats-Handb.Th.3. S.701, ebend. Zus. zu neu. Staatsr. Th. 3. S.478, und Müllers Samml. Abth. 3 S.146.

1771. 14. Nov. zu Frankfurt gemeine Judenschaft c. den Magistrat daselbst, Appellationis, die Kramläden und Gewölber außer der Judengasse betr. s. Mosers Reichs-Staats-Handbuch Th. 3 S. 710. ebendess. Zus. zu neu. Staatsr. Th. 3 S. 516, und No. 113. Beyl. A.

1772. 9. Jul. Seukenberg c. den Magistrat zu Frankfurt Rescripti, pcto Arresti personalis & Commissionis, nunc vice varsa Revisionis. s. Mosers Reichs-Staats-Handbuch Th. 3. S. 700. und ebend. Zus. zu neu. Staatsrecht Th. 3. S. 475. *

——— 13. Jul. Stift zu St. Bartholomäi in Frankfurt c. den Magistrat daselbst, die Stiftische Immunität und Jurisdiction auf dem sogenannten Pfarreisen betr. s. Mosers Reichs-Staats-Handbuch Th. 3. S. 692, und ebend. Zus. zu neu. Staatsr. Th. 3 S. 750.

——— 11. Aug. Frankfurt c. Frankfurt, Commissionis finitæ, in specie die Annahm des 5ten Syndici betr. s. Müllers Samml. Th. 3 S. 66.

1772. 17. Sept. zu Frankfurt gemeine Judenschaft c. den Magiſtrat daſelbſt, Appellationis, nunc Reviſionis, die Kramläden und Gewölber auſſer der Judengaſſe betr. ſ. No. 113. Beyl. C. 2. und Orths Zuſ. zu den Anmerk. über die Ref. S. 48. **

—— 10. Nov. Frankfurt c. Frankfurt, die Vermehrung derer Syndicorum Beſoldung betr. ſ. Moſers Reichs-Staats-Handbuch Th. 3. S. 704. ** und ebendeſſ. Zuſ. zu neu. Staatsr. Th. 3. S. 476. **

—— 1. Dec. zu Frankfurt gemeine Judenſchaft c. den Magiſtrat daſelbſt, Appellationis, nunc Reviſionis, die Kramläden und Gewölber auſſer der Judengaſſe betreffend, ſ. No. 113 Beyl. C. 3. und Orths Zuſ. zu Anmerk. über Frankf. Ref. S. 48. **

1773. 15. Merz. Frankfurt c. Frankfurt, Commiſſionis finitæ, modo Joh. Wolfg. von Loen, pcto diſpenſat. eligibilitatis in Senatum. ſ. No. 97 Beyl. 22. Moſers Reichs-Staats-Handbuch Th. 3. S. 711. ** und ebendeſſ. Zuſ. zu neu. Staatsr. Th. 3. S. 479. **

—— 19. Merz. zu Frankfurt Vorſtehere des catholiſchen Armenkaſtens c. den Magiſtrat daſelbſt, pcto der Abgabe des 10ten Pfennigs von den Armengeldern. ſ. Moſers Reichs-Staats-Handbuch Th. 3. S. 694* und ebendeſſ. Zuſ. zu neu. Staatsr. Th. 3 S. 751.

1773. 20. Aug. Deutſch-Reformirte Gemeinde zu Frankfurt c. den Magiſtrat daſelbſt, pcto der Schatzungsabgabe und 10ten Pfennigs. ſ. Moſers Reichs-Staats-Handbuch Th. 3. S. 694. und ebendeſſ. Zuſ. zu neu. Staater. Th. 3. S. 746.

1774. 7. Jun. Zu Frankfurt Priorinn und Convent der Roſenberger Einigung c. den Magiſtrat daſelbſt, das Tauſchen klöſterlicher Güter mit andern bürgerlichen und Teutſchordens Gütern betr. ſ. Moſers Reichs-Staats-Handbuch Th. 3. S. 693.* und ebend. Zuſ. zu neu. Staater. Th. 3. S. 750.*

— 21. Jun. Frankfurt c. Frankfurt, Commiſſionis finitæ, die von dem Magiſtrat daſelbſt vorgenommene Combination des Stadtbibliothekariats mit der bürgerl. Conſiſtorialrathsſtelle betr. ſ. Moſers Reichs-Staats-Handbuch Th. 3. S. 702. ebend. Zuſ. zu neu. Staatsr. Th. 3. S. 478. und Müllers Samml. Abth. 3. S. 147.

— 23. Jun. Frankfurt c. Frankfurt, Commiſſionis finitæ, in ſpecie die theils in totum, theils pro parte verweigert werden wollende Communication mit bürgerl. Collegiis betr. ſ. Müllers Samml. Abth. 3. S. 127. Moſers Reichs-Staats-Handbuch Th. 3. B. 711. und ebendeſſ. Zuſ. zu neu. Staatsr. Th. 3. S. 500.

1774. 19 Dec. Frankfurt c. Frankfurt, Commissionis finitæ, die von dem Magistrat daselbst vorgenommene Combination des Stadtbibliothekariats mit der burgerl. Consistorialrathsstelle betr. s. Müllers Samml. Abth. 3. S. 147.

1775. 27. Merz. Zu Frankfurt 3 Collegiatstifter c. den Magistrat daselbst. pcto debiti aliorumque gravam.

——— 17. Oct. Zu Frankfurt Bierbrauerhandwerk c. den Magistrat deselbst. s. Mosers Reichs-Staats-Handbuch Th. 3. S. 713.

1776. 15. Febr. Frankfurt c. Frankfurt, Commissionis finitæ, in specie verschiedene katholische Bürger c. den Magistrat daselbst. Rescripti, pcto non exclusionis ab opificiis ob religionem. s. Mosers Zus. zu neu. Staatsr. Th. 3. S. 751.

——— 13. Febr.} Zu Frankfurt Vorsteher des
27. Febr.} katholischen Armenkastens c. den Magistrat daselbst, Appellat.

1777. 17. Jan. Frankfurt c. Frankfurt, Commissionis finitæ, in specie den Bau eines neuen Comödienhauses betr. s. Mosers Zus. zu neu. Staatsr. Th. 3. S. 615.

——— 7. Merz. Frankfurt c. Frankfurt, Commissionis finitæ, in specie die verweigernde Communication mit den burgerlichen Collegiis, besonders die Erhöhung und neue
Ein-

III. Hauptſt. Reichsgerichtl. Erkenntniſſe. 179

Einrichtung verſchiedener Beſoldungen betreffend, ſ. Moſers Zuſ. zu neu. Staatsr. Th. 3. B. 501.

1777. 13. Merz. Zu Alten-Limburg ganerbſchaftliche Vorſteher c. den Magiſtrat zu Frankfurt Appellat. ſ. Moſers Zuſ. zu neu. Staatsr. Th. 3. S 479. und Müllers Sammlung Abth. 3. S. 44. Dieſes und die Concluſa vom 17ten Jul. und 15ten Dec. 1777. ſind auch, nebſt einer vorangeſchickten kurzen Nachricht, auf 3 Bogen in fol. beſonders gedruckt worden.

— —— Zu Frankfurt Frauerſteiner Geſellſchaft c. den Magiſtrat daſelbſt, Appellat. ſ. Müllers Samml. Abth. 3. S. 45.

— 14. April. Frankfurt c. Frankfurt, Commiſſionis finitæ, in ſpecie die Wahl eines Senioris betr. ſ. Moſers Zuſ. zu neu. Staatsr. Th. 3. S. 506. * und Müllers Samml. Abth. 3. S. 122.

— 17. Jul. Zu Alten-Limburg ganerbſchaftliche Vorſteher c. den Magiſtrat daſelbſt, Appellat. ſ. Moſers Zuſ. zu neu. Staatsr. Th. 3. S. 479. ** und Müllers Samml. Abth. 3. S. 45.

— —— Zu Frankfurt Frauerſteiner Geſellſchaft c. den Magiſtrat daſelbſt, Appellat. ſ. Müllers Samml. Abth. 3. S. 46.

1777. 15. Dec. Zu Alten-Limburg ganerbschaftliche Vorsteher c. den Magistrat daselbst, in specie die Eligentes, bey der am
am 3ten April 1775. vorgenommenen Rathswahl, Appellationis. s. Müllers Samml.
Abth. 3. S. 46. und Mosers Zus. zu neu.
Staatsr. Th. 3. S. 480.

—— —— Zu Frankfurt Frauensteiner Gesellschaft c. den Magistrat daselbst, Appellat. die Uebergehung der Gesellschaft bey
den letzten Rathswahlen betr. s. Müllers
Samml. Abth. 3. S. 47.

1778. 7. Jan. Frankfurt c. Frankfurt, Commissionis in specie die verweigerte Communication mit denen burgerl. Collegiis betr.
s. Mosers Zus. zu neu. Staatsr. Th. 3.
S. 502.

—— 8. Jan. Frankfurt c. Frankfurt, Commissionis finitæ; in specie die Erbauung eines neuen Schauspielhauses betr. s. Mosers Zus. zu neu. Staatsr. Th. 3. S. 615.

—— 24. Febr. Zu Frankfurt gemeine Judenschaft c. den Magistrat daselbst, Appell-
lationis, nunc Revisionis, die Kramläden
und Gewölber ausser der Judengasse betr.
s. Mosers Zus. zu neu. Staatsr. Th. 3.
S. 516.

1778. 10. Merz. Bartels Erbsinteressenten zu
Frankfurt c. den Magistrat und das Scha-
tzungs-

ßungsamt daselbst, Appellat. s. Mosers Zus. zu neu. Staatsr. Th. 3. S. 563.

1778. 24. Aug. Bansa, Joh. Conr., c. den Magistrat zu Frankfurt, Appellationis. s. Müllers Samml. Abth. 3. S. 86.

1779. 22. Febr. Frankfurt c. Frankfurt, Commissionis, in specie die theils in totum, theils pro parte verweigerte Communication mit den burgerlichen Collegiis, besonders dem Pfarrer zu Hausen ausgeworfene Besoldung betreffend.

—— 20. Aug. Zu Frankfurt Burgermeister und Rath, den zur andern Hälfte fortzusetzenden Chausseebau der Friedberger Strasse und die dabey geschehene Wiedersprüche der burgerlichen Collegien betreffend, s. Mosers Zus. zu neu. Staatsr. Th. 3. S.

1780. 17. Jan. Frankf. c. Frankfurt, Commissionis finitæ, in specie zu Alten-Limburg ganerbschaftliche Vorsteher c. den Magistrat daselbst, Appellat. die Bestellung der Deputatorum ad Fabricam S. Bartholomæi betreffend.

—— 25. April. Zu Alten-Limburg ganerbschaftliche Vorsteher c. Burgermeister und Rath zu Frankfurt, Appellationis. s. Mosers Zus. zu neu. Staatsr. Th. 3. S. 481.

1780. 27. April.⎫ Zu Frankfurt Burgermeister
—— 17. Jul. ⎭ und Rath, den zur andern
Hälfte fortzusetzenden Chausseebau der Friedberger Straße und die dabey geschehene
Wiedersprüche der bürgerlichen Collegien
betreffend.

—— 28. Aug. Zu Alten-Limburg ganerbschaftliche Vorsteher c. Burgermeister und
Rath zu Frankfurt, Appellationis.

1781. 24. Jul. Frankfurt Reichsstadt Stabs-
und übrige Officiers c. die beyden burgerliche Collegia der 51ger und 9ner daselbst,
die Auszahlung ihrer Gage im 22. fl. Fuß
betreffend.

1782. 5. Merz. Müller qua Bansaischer Man-
datarius c. Ernstin, Appellationis in specie
die Consistorialordnung betreffend, s. Schlö-
zers Staatsanzeigen Band 4. Heft 13.
S. 88.

—— 18. Jul. Senkenberg c. den Magistrat
zu Frankfurt p&to Arresti & diversor. gravaminum.

—— 26. Nov. Frankfurt c. Frankfurt, Commissionis finitæ, in specie die Annahme eines fünften Syndici betreffend.

1783. 21. Jul. von Günderode, die Benzie-
hung zu den Wahlen bey erledigten Rathsstellen betreffend.

1784.

1784. 13. Aug. B. v. E. c. den Magistrat zu Frankfurt Appellat. & attentor. eine unbillige Dienst- und Gehaltsentsetzung betreffend.

—— 1. Oct. Zu Frankfurt Stabs- und übrige Oberofficiers c. die beeden burgerl. Collegia daselbst, die Auszahlung ihrer Gage im 22 fl. Fuß betreffend.

§. 48.
2) Cammergerichtliche Erkenntnisse in Sachen

1660. 6. Jun. Moyses Jude zum Ochsen in Frankfurt c. die Baumeister der Judenschaft daselbst s. J. Blumii Supplicationes Camerales Tit. 8. no. 38. p. 218. und Schudts Jüdische Merkwürd. Th. 2. Buch 6. K. 9. S. 153.

1736. 10. Febr. Stift ad St. Bartholomæum in Frankfurt c. die Petschische Wittib und Kinder und intervenientische Burgermeister und Rath daselbst, s. Orths Anmerk. über die Reform. Forts. 3. S. 551. 903.

1762. 29. Nov. Vorsteher und Verwalter der Oberländischen Stiftung zu Frankfurt c. Burgermeister und Rath daselbst, s. Mosers Abh. von der Reichsstädt. Reg. Verf. S. 358. und Orths Zusätze zu den Anmerk. über die Frankf. Ref. S. 123.

1767.

1767. im Merz. Metzgerhandwerk zu Frank-
furt c. das Stadt-Rechenyamt daselbst.
Appellat. f. Cramers Nebenstunden Th. 68.
S. 139.

1770. 28 Sept. Dechant und Capitularen
des Stifts ad St Bartholomæum zu Frankfurt c. Schultheis und Einwohner der Gemeinde Niederrode. f. Orths' Samml.
merkw. Rechtshändel, Band 2. S. 491.

1773. 30. April. } J. C. Müller c. Burger-
1777. 5. Dec. } meister und Rath der
Reichsstadt Frankfurt, sodann die dasige
Zunftmeistere des Maurerhandwerks, Man-
dati f. Mosers Reichs-Staats-Handb. Th. 3.
S. 692. Ebendess. Zus. zu neu. Staatsr.
Th 3. S. 749. und die Holzschuhcrische
Deduktionsbibl. Th. 2. S. 971.

IV. Hauptstück

vom Herkommen.

§. 49.

Zu den Gründen, auf welchen die innere Verfassung der Reichsstadt Frankfurt beru-het, ist auch noch das Herkommen zu rechnen, obgleich solches heutiges Tags nicht mehr von der Wirkung ist, als ehedem.

IV. Hauptſt. Vom Herkommen.

Vorzeiten gründete ſich nemlich die ganze innere Verfaſſung der Stadt nur auf alte Gebräuche und Gewohnheiten, dergeſtalt, daß man vor dem 13ten Jahrhundert gar keine geſchriebene Geſetze antrift.

Hingegen in den nachfolgenden Zeiten änderte ſich dieß ſehr. Denn als man fand, daß die ungeſchriebene Gewohnheitsrechte zu allerley Irrungen und Mißverſtändniſſen Anlaß gaben, ſo fieng man an ſich ſowohl in ſchriftlich aufgeſetzten Verträgen deßhalb auf eine gewiſſe Art zu vereinigen, als auch durch die Kaiſer ſolche alte Gewohnheiten ausdrücklich beſtättigen zu laſſen, wodurch dieſelben aber nunmehro die Gültigkeit ordentlicher Geſetze erlangten, und aufhörten nur allein Herkommen zu ſeyn.

Auf ſolche Art vereinigten ſich zum Beyſpiel ſchon im Jahr 1297 der Magiſtrat und die Burgerſchaft in dem oben §. 31. angeführten Artikelsbrief wegen verſchiedener von Alters her im Brauche gehabten Gewohnheiten, auch beſtättigte unter andern Kaiſer Ruprecht im Jahr 1408 die Zahl der 43 Rathsperſonen, wie daß vor Zyten geweſen.

Wenn man nun die viele Abänderungen dazu nimmt, welche in den neuern Zeiten gemacht worden, ſo wird man finden, daß jetzo das meiſte durch geſchriebene Geſetze und Verträge beſtimmt iſt, und das wenigſte mehr auf bloſem Herkommen beruhet.

Dritter Abschnitt
von der
Grundverfassung und dem
Staatsrecht der Reichsstadt Frankfurt.

I. Hauptstück
von der
Stadt Frankfurt Ursprung, Erweiterung und Unmittelbarkeit.

§. 1.
Aelteste Nachrichten von Frankfurt.

Der eigentliche Ursprung Frankfurts ist nicht bekannt, und die erste Nachricht, so man bey den alten Schriftstellern davon antrift, ist, daß im Jahr 794 daselbst eine grosse Kirchenversammlung, unter dem persönlichen Vorsitz Kaiser Karls des Grossen, gehalten worden. Es wollten zwar verschiedene behaupten, daß die Fränkische Kirchenversammlung vom Jahr 742 auch schon zu Frankfurt gehalten worden seye, allein Struv in der oben No. 300. angezeigten Schrift hat dieses hinlänglich widerlegt.

Frank-

I. Hauptſt. Urſprung ꝛc.

Frankfurt, oder, wie es bey den ältern Schriftſtellern genennt wird, Frankonofurt, Franconoford, Frankenfurt, war zu der damahligen Zeit ein königlicher Flecken (*), bey dem ſich wie bey andern königlichen Flecken ein königlicher Pallaſt befand, welchen Mabillon de re diplomatica S. IV. §. 60. unter die älteſten Palläſte derer fränkiſchen Könige rechnet (**), und der zu Folge der Lersneriſchen Chronik, Th. 1. B. 2. S. 112. in der Gegend geſtanden, wo jetzo die Leonhardskirche iſt.

(*) ſ. Lehmanns Speyriſche Chronik B. 2. K. 18. und Pfeffingers Vitriar. illuſtr. T. II. p. 803. 806. 809.

(**) Andrer Meynung iſt Croll in ſeiner Abhandlung de Ducatu Franciæ Rhenenſis in Act. Acad. Theod. Palat. T. III. §. 7. not. g. welcher glaubt, daß dieſer Pallaſt erſt von Karl dem Groſſen möge erbaut worden ſeyn, nachdem der Hauptpallaſt zu Worms im Jahr 791 durch eine Feuersbrunſt zu Grunde gegangen.

Schöpflin in ſeiner Alſatia illuſtr. T. I. p. 689. ſagt, die Villæ und Palatia regalia wären meiſt an Wäldern, Flüſſen und angenehmen Orten angelegt worden. Dieß alles kommt auch ſehr wohl mit der Lage Frankfurts überein, allwo auſſer der angenehmen und bequemen Lage am Maynſtrom, auch der in der Nähe befindliche königliche Bannforſt zur drey Eichen hinlängliche Gelegenheit zu den Jagdluſtbarkeiten der Könige darbot.

Frank-

Frankfurt stand also schon damals gleich andern königlichen Flecken und Pallästen unmittelbar unter den Königen, welche darüber ihre besondere Procuratores (*) gesetzt hatten.

(*) s. Kremers Gesch. des Rheinischen Franziens S. 212.

§. 2.
Frankfurt unter Ludwig dem Frommen.

Unter Kaiser Ludwig dem Frommen verbesserten sich die Umstände Frankfurts ungemein. Dieser Kaiser kam öfters dahin, und ließ daher auch im Jahr 822 einen neuen Pallast daselbst erbauen, dessen Hugo Flaviacensis in Chron. Virdun. unter dem Namen des Palatii novi erwähnt, und in welchem im folgenden Jahre der nachherige Kaiser Karl der Kahle gebohren worden. Nach Lerouers Bericht (*) müßte dieses Gebäude nachher der Saalhof genennt worden seyn, von Ohlenschlager (**) giebt aber noch andere wahrscheinliche Vermuthungen darüber an, nach welchen das Palatium novum als die erste Grundlage des sogenannten Römers, ausserdem aber auch noch der Saalhof als ein ander königliches Gebäude errichtet worden seyn möchte. Zuletzt ließ gedachter Kaiser noch im Jahr 838 Frankfurt mit Mauern und Gräben umgeben, und mit vier Thoren versehn, wovon zwey an der Stelle des heutigen Maynzer- und Fischerpförtgens, das dritte da, wo jetzo die Münz steht, und das vierte auf dem Garküchenplatz gewesen ist

I. Hauptst. Ursprung ꝛc.

ist (***). Frankfurtt hatte also damals schon merklich zugenommen.

(*) in seiner Chronik Th. 1. B. 1. S. 17.

(**) in seiner Erläuterung der goldenen Bulle S. 351.

(***) s. Lersners Chronik Th. 1. B. 1. S. 18.

§. 3.
Zustand und Erweiterung der Stadt unter den übrigen Karolingern.

Seit dem im Jahr 843 unter denen Söhnen Ludwigs geschlossenen Vertrag zu Verdun, wurde Frankfurt gar die Hauptstadt des Ostfränkischen Reichs. Denn Achen, so Karl der Grosse vormals zum andern Rom und Hauptsitz des Kaiserthums zu machen gedacht hatte, fiel durch gedachten Vertrag an Lothorn, und verlohr dadurch zugleich einen Theil seines bisherigen Ansehens, der nunmehro Frankfurt zugewandt ward. Von nun an fanden sich nemlich weder die Neustrier, noch Austrasier mehr bey denen sonst zu Achen gehaltenen jährlichen Zusammenkünften und allgemeinen Jahrmärkten mehr ein, sondern Karl der Kahle verlegte solche für seine Neustrier nach Paris und St. Denys; Ludwig der Deutsche aber für seine Austrasier nach Frankfurt. Es scheint auch, daß, gleichwie der Achner Pallast nach dem Vorbilde des alten Roms vom Kaiser Karl dem Grossen der Lateran genannt worden, und insonderheit zur Installation der neuen Monarchen bestimmt gewesen

seyn

seyn mag; also auch der neue Pallast zu Frankfurt von der Zeit an, da Kaiser Ludwig den Sitz hieher gelegt, der Römer genannt, und zu gleicher Feyerlichkeit für die Ostfränkische Monarchie ersehen worden. s. v. Ohlenschlager a. a. O. S. 24.

Uebrigens hat Ludwig der Deutsche die meiste Zeit zu Frankfurt zugebracht, in dem von seinem Vater erbauten Pallaste gewöhnlich residiret, und die Marien- oder nachherige St. Bartholomäikirche daselbst errichtet, welches alles zu mehrerer Aufnahm der Stadt gar vieles beygetragen. Die Einwohner der Stadt hatten sich auch so sehr vermehrt, daß der Kaiser im Jahr 862 eine fernere Erweiterung der Stadt von dem Maynzer Thor an dem Hirschgraben hinaus, bis zur jetzigen Catharinenpfort, und von da bis zur Bornheimer und Fischerpfort, erlaubte. s. Lersners Chron. Th. I. B. I. S. 18.

§. 4.

Nachherige Verfassung derselben.

In den Annalibus Metensibus und dem Chron. Reginonis ad a. 876. heißt Frankfurt bereits ausdrücklich Principalis Sedes Orientalis Regni, und in den deutschen Gesetzbüchern des mittlern Zeitalters, wird sie zu einer der vornehmsten Städte gezählt, worinn die Kaiser ihre feyerliche grosse Höfe im Reich halten sollten. Sie erhielt auch vorzugsweise den Namen einer

I. Hauptst. Ursprung ꝛc.

Reichskammer, mit welchem Titel sie noch zu Anfang des 16ten Jahrhunderts prangte (*).

Man wird daher nie erweisen können, daß sie jemahlen unter jemand anders, als unmittelbar unter dem Kaiser und Königen, und Reich gestanden hat (**), wie sie dann auch durch besondere kaiserliche und königliche Beamte, als Reichsvögte und Reichsschultheiße, welche den Gerichten vorstanden und die königlichen Rechte und Gefälle besorgten, regiert worden (***), und nie unter Herzoge und Grafen gekommen ist.

(*) s. v. Ohlenschlager a. a. O. S. 25. 26. und Orth in Anmerk. üb. die Frankf. Reform. Forts. 4. S. 32. 34. u. f.
(**) s. Mosers Staatsrecht Th. 39. S. 296. 476. und ebend. Abh. von den deutschen Reichsständen S. 1048. 1077.
(***) von welchen Orth a. a. O. S. 184—257. mit mehrerm nachzusehn.

§. 5.
Neuere Rechte, so die Stadt seit dem grossen Interregno erlangt.

Endlich erhielt die Stadt vom König Wilhelm im Jahr 1254, und durch die Privilegien verschiedener nachfolgender Kaiser und Könige, die Versicherung, daß sie nie vom Reich verpfändet oder veräussert werden solle, und wurde dadurch ihrer bisherigen Reichsunmittelbarkeit auch auf die Zukunft gewiß. Es ward ihr auch in der goldenen Bulle das uralte Recht der Wahlstadt bestättiget.

Ueber-

Ueberdieß aber brachte sie noch die meisten Güter, Gefälle und Rechte der Kaiser und Könige innerhalb ihren Ringmauern und Gemarkung an sich. Denn

1) Erhielt sie theils durch Schenkung, theils durch Kauf die alten allhier gelegenen Kaiserlichen Palläste nebst Zugehör. Es schenkte ihr nemlich schon Kaiser Friedrich II. im Jahr 1219 die Ueberreste des ältesten Pallastes in der Gegend der heutigen Leonhardskirche. Im Jahr 1338 ward der Saalhof an hiesige Bürger verkauft (*). Im Jahr 1372 verkaufte der Kaiser Karl IV. den Buchwald an die Stadt (**). Auch war der Römer, welcher, wie schon erwähnt, wahrscheinlich auch ein Kaiserlicher Pallast gewesen, frühzeitig an eine bürgerliche Familie gekommen, von der es der Rath zu Anfang des 15ten Jahrhunderts kaufte, und zu einem neuen Rathhaus einrichten ließ (***) u. s. w.

(*) s. Lersners Chron. B. I. K. 6.
(**) wovon noch unten.
(***) s. Lersners Chron. B. I. K. 13. und v. Ohlenschlager a. a. O. S. 351.

2) Hatte schon ein Kaiser Friedrich (*) die hiesige Reichsvogtei abgeschafft, und König Richard solches im Jahr 1257 nebst andern der Stadt Frankfurt gegebenen Privilegien bestättiget. Das Reichsschultheißenamt

senamt aber verkaufte der Kaiſer Karl IV. im Jahr 1372 an die Stadt (**).

(*) Orth a. a. O. S. 191. glaubt, dieß ſeye Kaiſer Friedrich I. geweſen.

(**) wovon noch unten Abſchn. 4. Hauptſt. 1.

3) Ertheilte ihr Kaiſer Ludwig im Jahr 1329 das Privilegium, alle von den Kaiſern an andere verſetzte und verkaufte und zu und bey Frankfurt liegende Reichs-Güter-Gülten-Zölle ꝛc. wieder einlöſen zu können, welcher Freyheit ſich die Stadt, wie wir noch unten ſehn werden, mit vielem Nutzen bedient hat.

§. 6.
Letzte Erweiterung und noch weitere Vorrechte.

Auf dieſe Weiſe ſtieg Frankfurt von Stufe zu Stufe heran, und nahm zugleich an Handlung und Menge der Einwohner ſo ſehr zu, daß im Jahr 1333 eine abermalige Erweiterung der Stadt vorgenommen werden mußte. Kaiſer Ludwig gab ihr dazu und zu allen andern allenfalls noch in der Folge vorzunehmenden Erweiterungen eine beſondere Erlaubniß, verordnete auch „daß der neue Begrief ein Ding ſeyn ſoll „mit der Statt zu Frankenfurt, und ſoll alles „ein Statt heiſchen und ſein. Und ſollendt die, „die darinnen ſitzen und wohnen, alle die Frey„heit und Recht haben, die die Statt zu Fran„kenfurt hat, und ſoll kein Unterſcheidt zwiſchen „ihn ißt seyn." Die Stadt erhielt damahls (*) denjenigen Umfang, welchen sie noch heutiges Tags hat. Der auf der andern Seite des Mayns gelegene Theil der Stadt, Sachsenhausen genannt, ist jedoch erst im Jahr 1390 mit einer Mauer umgeben worden (**).

(*) wie uns Lersner in der Chron. Th. I. B. 1. S. 19. berichtet.

(**) s. Lersner a. a. O. S. 21.

Ueberdieß erhielt die Stadt aus Kaiserlicher Gnade und Milde immer noch mehrere Rechte und Freyheiten, welche ihr auch gleich andern Reichsstädten und sammt allen sonstigen guten Gewohnheiten ic. im Instr. Pac. Osnabr. Art. 8. §. 4. bestättiget worden. Sie ward auch durch die zwey im Jahr 1682 und 1683 ertheilte Kaiserliche Protectoria in des Kaisers und des heil. Reichs besondern Schutz und Schirm genommen.

Daß ihr übrigens wie einer jeden Reichsstadt die Landeshoheit eben sowohl, als denen Churfürsten, Fürsten, Prälaten, Grafen und Herrn in ihrer Stadt und in ihrem Gebiete zukomme, ist nunmehro, nach der Analogie des Osnabrückischen Friedens Art. 5. §. 29. unstreitig, siehe Mosers Abh. von der Reichsstädtischen Regim. Verf. S. 5. und Ebendess. Zus. zu seinem neuen Staatsrecht, Th. 3. S. 520.

II. Haupt-

II. Hauptstück
von den
Einwohnern Frankfurts und deren Klassen.

I. Von den Einwohnern Frankfurts überhaupt.

§. 7.
Anzahl der Einwohner in den älteren Zeiten.

Die im vorhergehenden angeführte dreymahlige Erweiterungen der Stadt lassen vermuthen, daß die Anzahl der Bewohner Frankfurts schon in den ältern Zeiten nicht gering gewesen seyn müsse; es erhellet aber solches zum Theil auch noch aus der Angabe des von Lersners in seiner Chronik Th. 1. B. 2. Kap. 9., welcher daselbst berichtet, daß im Jahr 1349 innerhalb 72 Tagen über 2000 Menschen, und im Jahr 1482 abermals bey 3000 Menschen an der Pest gestorben seyen. Eine bestimmte Zahl derselben findet man jedoch nirgends aufgezeichnet.

§. 8.
Berechnung der jetzigen Einwohner nach den Todenlisten.

Erst seitdem die Einrichtung mit den Listen der Gestorbenen, Getauften und Getrauten gemacht

III. Abschn. Grundverfassung.

macht worden, kann man die Anzahl der lebendigen näher bestimmen. Dergleichen Listen aber werden seit dem Jahr 1533 (*) verfertigt, und gegenwärtig von dem Kastenamt an jedem Neujahrstage ein gedrucktes summarisches Verzeichniß der in dem verflossenen Jahre von der Burgerschaft sowohl als den Beysassen und Fremden in der Stadt getauften, copulirten und gestorbenen Personen, ausgetheilt.

(*) s. Lersner a. a. O. S. 38. Auszüge aus diesen Listen findet man bey Lersner a. a. O. in der oben No. 26. angeführten Dr. Behrendsischen Schrift und in den Frankfurter Beyträgen zur Ausbreit. nützl. Künste und Wissensch. Band 1. Heft 1. S. 201. u. f. Uebrigens wird an letzterm Orte der Wunsch geäussert, daß die öffentlichen Listen genauer geführt werden mögten, als bisher geschehn, wie denn auch Hr. Dr. Behrends a. a. O. S. 51. glaubt, daß die Mortalität grösser sey, weil bey der katholischen Gemeinde ein Theil von den Kindern nicht in die jährliche Todenlisten gebracht werde.

Nach den Todenlisten der Jahre 1565—1570 starben allhier:

im Jahr	1565.	459 Personen
	1566.	564
	1567.	620
	1568.	985
	1569.	543
	1570.	458
Summe von 6 Jahren		3629
Mittelzahl		605

Wenn

II. Hauptst. Einwohner 1) überhaupt.

Wenn man nun bey Frankfurt als einer grossen Volk- und geldreichen Stadt auch in den damahligen Zeiten wie jetzt gegen 1 Toden 28 lebendige rechnet so kommt dadurch eine Summe von 16940 christlichen Einwohnern heraus, welche sich damals in der Stadt befanden. Es möchte zwar diese Anzahl zu gering scheinen, in Betracht, daß erst einige Jahre zuvor sich viele Niederländer (*) allhier niedergelassen, an der Vollständigkeit der Todenlisten gedachter 6 Jahre manches auszusetzen ist, und zu diesen Zeiten vielleicht mehr lebende auf einen Toden gerechnet werden können. Man findet aber auch, daß verschiedene Jahre vorher, als 1541, 1555 und 1563 die Pest allhier gewüthet, und daß zu der damaligen Zeit nicht alle Plätze in der Stadt so angebaut waren wie heutiges Tags, ja verschiedene Strassen gar noch nicht vorhanden waren, z. E. der Hirschgraben, die Hasengasse ꝛc.

(*) von diesen der Religion halber aus ihrem Vaterland vertriebenen Niederländern befanden sich im Jahr 1569 noch 1300 Personen allhier, obgleich viele wieder weggezogen waren. s. Lersners Chron. Th. 1. B. 2. K. 6.

Nach einer ähnlichen Ausrechnung fanden sich in den Jahren 1709 — 1714 29904 christliche Einwohner zu Frankfurt.

198　III. Abschn. Grundverfassung.

Innerhalb der jüngst verflossenen 12 Jahren sind aber in der Stadt gestorben:

```
    im Jahr 1772 Personen  1312
    ——    1773  ——         998
    ——    1774  ——        1045
    ——    1775  ——        1030
    ——    1776  ——        1168
    ——    1777  ——         929
    Summe von 6 Jahren    6482
                Mittelzahl 1080
    im Jahr 1778 Personen   990
    ——    1779  ——        1043
    ——    1780  ——        1025
    ——    1781  ——        1013
    ——    1782  ——        1253
    ——    1783  ——        1148
    Summe von 6 Jahren    6472
                Mittelzahl 1078
             Totalsumme  12954
          Totalmittelzahl 1079
```

Diesemnach befänden sich jetzo 30212 christliche Einwohner in der Stadt, wenn man nach Süßmilch 28 Lebende auf 1 Toden rechnet.

§. 9.

Berechnung der jetzigen christlichen Einwohner nach Anzahl der Feuerstätten.

Hr. Dr. Behrends, am angeführten Orte, berechnet die Anzahl der hiesigen christlichen Einwohner

wohner noch auf eine andere Art, nemlich nach der Anzahl der Feuerstätten, auf deren jede er zwölf Personen zählet. Da nun die ganze Anzahl der Häuser in den vierzehn Quartieren der Stadt sich auf 2997 beläuft, wozu man auch der rúnderen Hauptsumme wegen noch drey hinzusetzen kann; so würden auf solche Weise 36000 Einwohner herauskommen. Von diesen aber kämen auf Sachsenhausen nur 5508, weil dieser Theil der Stadt nur 459 Häuser hat.

§. 10.
Anzahl der hiesigen Juden.

Die in den zwey vorhergehenden §§. gemachte Berechnungen betreffen nur die christliche Einwohner der Stadt. Es befindet sich aber ausser diesen noch eine beträchtliche Menge Juden allhier, deren Anzahl jedoch sehr verschieden angegeben wird.

Laut des der Stättigkeit beygedruckten Verzeichnisses der Häuser in der Judengasse, befanden sich im Jahr 1612 darinnen 454 Hausgesäß.

Schudt in seinen jüdischen Merkwürdigkeiten, B. 6. Kap. 9. glaubt, daß sich die Juden im Jahr 1711 und ehe noch ihre Gasse abgebrannt, auf 14000, oder wenigstens 10 — 12000 Köpfe belaufen.

Dr. Behrends a. a. O. S. 5. ist der Meynung, daß man auf jeder der 195 Häuser in der Juden-

Judengasse sicher 34 Bewohner zählen, und also im Ganzen 6630 Juden rechnen könne.

Der Magistrat aber hat im Jahr 1773, bey Gelegenheit eines mit den Juden habenden Processes wegen der Kramläden und Gewölber ausserhalb der Judengasse (*), und als die Juden wegen der abgeschlagenen Appellationsprocesse die Revision ergriffen, in einer deßhalb beym Reichshofrath eingereichten Exceptionsschrift §. 70. angeführt, daß sich an die 15000 Judenseelen in der Stadt befänden, und wenn man 15 Personen zu einem Hausgesäß rechnete, wohl 1000 Familien herauskommen würden (**).

(*) siehe davon unten.

(**) s. Orths Zusätze zu seinen Anmerk. über die Frankf. Reformat. S. 39.

§. 11.
Anzahl der Einwohner auf den Dörfern.

Zu den Einwohnern des ganzen Frankfurtschen Staats sind auch noch diejenigen zu rechnen, die sich auf denen der Stadt zugehörigen Dörfern befinden, von welchen besonders die nahe bey der Stadt gelegene ziemlich volkreich sind.

Gegenwärtig befinden sich in den Dörfern Bonames, Bornheim, Dörkelweil, Nieder-Erlenbach, Hausen, Oberrad, Niederrad und Nieder-Ursel 1100 und etliche 70 Nachbarn, und an die 70 Beysassen. Da man nun auf jeden dieser Nachbarn und Beysassen im Durchschnitt

schnitt sehr wohl vier Menschen rechnen kann; so kommt dadurch eine Zahl von 4976 Einwohnern heraus. Es ist aber den 31sten Aug. 1773 eine besondere Verordnung gegeben worden, um der allzugrossen Vermehrung der Einwohner zu Bornheim Einhalt zu thun.

Wie stark übrigens die Anzahl der Einwohner zu Sulzbach und Soden ist, davon kann ich keine nähere Nachricht ertheilen.

§. 12.
Klassen der Einwohner.

Man nehme von denen bisher angegebenen sehr verschiedenen Berechnungen an, welche man wolle; so wird man immer eine ansehnliche Hauptsumme herausbringen.

Eine solche für einen Reichsstädtischen Staat gewiß beträchtliche Menge von Einwohnern hat jedoch nicht durchgängig einerley Rechte in demselben, und es entsteht daher hieraus von selbst die Eintheilung derselben in gewisse Klassen, deren wir hier vorzüglich folgende zu unterscheiden haben: nemlich die Klassen der Bürger, der Beysassen, der Juden, und der Unterthanen auf den Dörfern.

Auch sind noch überdieß die vielen sich allhier aufhaltenden Fremde, besonders diejenigen, so sich auf einige Zeit in den hiesigen Schutz begeben, als eine besondere Klasse anzusehn.

II. Von den Burgern.

§. 13.

Unter den Burgern verstehn wir hier nur diejenige Einwohner Frankfurts, welche die völlige gemeine Rechte daselbst zu geniessen haben. Der ganze Inbegriff dieser Rechte wird das Burgerrecht genennt; sämmtliche Burger zusammen genommen werden aber unter dem Namen der Burgerschaft (*) begriffen.

(*) Dieses Wort wird jedoch auch noch in einer andern Bedeutung, nemlich zu Gegensaz vom Magistrat gebraucht, wovon unten.

§. 14.

A) Vom Burgerrecht.

Wie das Burgerrecht erlangt wird.

Das Burgerrecht wird entweder durch die Geburt oder durch die Aufnahm zu demselben erlangt.

Es soll aber, vermöge Kaiserl. ersten Resolution vom 22sten Nov. 1725, wie auch der Kaiserl. Resolution vom 14ten Merz 1732, denen Ausländischen und Fremden, die ehrbare und haabschafte Personen sind, sich auch gebührlich und unverweislich verhalten haben, wenn sie mit Frankfurter Burgerswittwen oder Töchtern sich verheyrathen, die Aufnahme zum Burgerrecht, ohne Verweigerung verstattet werden, wenn sie

sich

II. Hauptst. Einwohner. 2) Burger. 203

sich zuvor bey dem Magistrat dazu qualificirt und die erforderliche Praestanda praestiret, auch von ihrer Obrigkeit einen Revers beybringen, daß ebenmäßig und reciproce an ihren Orten denen Frankfurter Burgern und Einwohnern in gleichen Fällen auf ihr Ansuchen, die Ertheilung des Burgerrechts wiederfahren solle. Ehe und bevor nun allem demjenigen, so in gedachten Resolutionen verordnet worden, ein Genügen geschehn, soll nach der Rathsverordnung vom 28sten October 1762, denen so sich zu verheyrathen gedenken, kein Aufbietschein verwilliget werden. Auch wird heutzutag kein Leibeigener mehr angenommen, er habe sich denn vorher behörig frey und losgemacht (*).

(*) s. Orths Anmerk. üb. Frankf. Ref. Forts. 3. S. 137–139. 230 und Zus. S. 128.

Ob nun gleich diejenigen, deren Väter (*) das hiesige Burgerrecht hatten, gebohrne Burger sind; so gelangen sie doch nicht eher zum völligen Genuß der bürgerlichen Rechte, als bis sie eben so wie die Fremden bey ihrer Aufnahme, ein gewisses Burgergeld bezahlt, und den Burgereid abgelegt haben.

(*) s. Rathsverordn. vom 31sten Oct. 1758.

Das Burgergeld ist verschieden. Burgerskinder zahlen vermöge Burgervertrags §. 31. und Projectvergleichs §. 21. nur ein Gulden Batzen, oder jetzo 1 fl. 40 kr. Fremde hingegen zahlen laut Kaiserl. Resolution vom 14ten

Merz

Merz 1732, 5 vom 100 des vorher eidlich specificirten Vermögens, fremde Weibspersonen aber, so sich an hiesige Burger oder Burgerssöhne verheyrathen, nur 2¼ vom Hundert; wiewohl allen denjenigen Fremden, so die grosse Schatzung geben, vermöge Kaiserlichen Rescripts vom 11ten Merz 1750 die eidliche Specification, gegen Bezahlung einer gewissen Summe überhaupt (*), nachgelassen werden soll. Für die Beeidigung und Einschreibung ins Burgerrecht ꝛc. werden überdieß noch verschiedene Gebühren (**) entrichtet. Was aber jetzo ein neuer Bürger für den Feuereymer, für das neue Gewehr und Thorschlußgeld zu bezahlen hat, davon siehe unten im vierten Abschnitt.

(*) Da die volle oder höchste Schatzung ein Vermögen von 15000 fl. zum Grunde setzt; so ist das Burgergeld, zu Fünf vom Hundert gerechnet, 750 fl. so ein solcher geben muß. s. Müllers Samml. der Kaiserl. Resolutionen Abth. 3. S. 20. not. b).

(**) Auf der Stadtkanzley 30 kr. und auf dem Schatzungsamt nach Verhältniß des Vermögens, von Burgerssöhnen 1, 1½ oder 2 fl., von Fremden aber 2, 3 oder 4 fl.

Der Burgereid, den jeder Bürger vermöge Kaiserlicher Privilegien von 1366, 1387, 1400 und 1414 schwören muß, hieß ehedem die Huldigung, und hat eine uralte Formel, welche nur durch den 4ten §. des Burgervertrags und wegen der Verordnung des Reichshofrathsschlusses vom 26sten Jul. 1732 in etwas abgeändert worden,

den, und jetzo also lautet: "Unserm allergnädig-
"sten Herrn, dem Römischen Kaiser N. getreu
"und hold zu seyn, als einem Römischen Kaiser,
"seinem rechten Herrn, von des Reichs wegen,
"und Herren Burgermeister, Schöffen und
"Rath zu Frankfurt, getreu, gehorsam und
"beyständig zu seyn, ihren und der Stadt Frank-
"furt und gemeiner Burgerschaft Schaden zu
"warnen, ihr Bestes zu werben, und nichts
"wider sie thun, in keine Weise, wie er dann
"auch sonderlich nicht trachten soll, sich durch
"Annehmung fremder Potentaten, Kuhrfürsten
"oder Herren Bedienung der bürgerlichen Prä-
"stationen und Beschwerden, noch E. E. Raths
"Jurisdiction zu befreyen und zu entledigen; und
"ob er eine Verbündniß hinter ihnen gemacht
"hätte, die soll ab seyn, und soll fürter keine
"Verbündniß mehr hinter ihnen machen, noch
"sich dazu begeben." Der neue, die Annehmung der Bedienung bey fremden Herrschaften
betreffende, Zusatz, wird jedoch nicht bey allen
und jeden, sondern nur bey denen eingerückt,
von welchen man vermuthen kann, daß sie solche
Bedienungen und Titel annehmen werden (*);
auch schwören die Weibspersonen heutiges Tags
gar keinen Burgereid mehr (**), sondern blos
den Schatzungseid (***).

(*) s. Orths 3te Fortf. S. 224.
(**) s. Orth a. a. O. S. 188. 189.
(***) wovon unten.

§. 15.

§. 15.

Worinn das Burgerrecht vorzüglich bestehet.

Durch Erwerbung des Burgerrechts werden verschiedene wichtige und ausschließende Rechte erlangt, welche nur allein denen Bürgern und sonst keiner andern Klasse von Einwohnern zukommen, dann:

1) Nur Bürger können liegende Güter in der Stadt und deren Gebiet eigenthümlich besitzen, vermöge Kaiserlicher Privilegien von den Jahren 1376, 1416 und 1570. In denen Kaiserlichen Privilegien wurde zwar dieß auch denen Beysaßen verstattet, es ist jedoch solches von dem Rath in der Stadtreformation (*) auf die Bürger eingeschränkt, und nicht allein auf diese Weise in beständiger Observanz gehalten, sondern auch in dem Burgervertrag §. 8. und Kaiserlichen Rescript vom 26sten Jul. 1732 bestättiget zu finden. Von dieser Regel sind aber die verschiedenen Fürsten, Grafen ꝛc. in der Stadt zustehende Freyhäuser auszunehmen, wovon unten.

(*) Th. 1. tit. 6. §. 5. 6. Th. 2. tit. 1. §. 12. tit. 3. §. 6. und 10. tit. 6. §. 1. tit. 18. §. 7. Th. 4. tit. 1. §. 13.

2) Nur Bürger können in den Rath (*) und zu Stadtbedienungen oder sonstigen öffentlichen Aemtern (**) gelangen.

(*) Bur-

II. Hauptst. Einwohner, 2) Bürger.

(*) Burgervertr. §. 3. Kaiſerl. Reſol. I. 22. Nov. 1725. §. 3. und Kaiſerl. Reſol. I. vom 14ten Merz 1732.

(**) Fremde erhalten daher meiſtens noch vor Antrettung ihres Amtes das Burgerrecht. Siehe auch das Kaiſerliche Commiſſionsdecret vom 16ten Merz 1730, und das Kaiſerliche Reſcript vom 22ſten Dec. 1732.

3) Nur ſolche, ſo vorher das Burgerrecht erlangt, können in die Adeliche Geſellſchaften und Handwerksinnungen aufgenommen werden; welches in Anſehung der Handwerker ſchon in dem Frankfurter Geſetzbuch von 1352 Kap. 5 und 54. (*) und im Kaiſerl. Commiſſionsdecret von 1616, in Anſehung der Geſellſchaften aber durch einen Rathsſchluß von 1486. (**) verordnet worden.

(*) wovon noch unten Abſchnitt 4.

(**) ſteht bey Oeth Forts. 3. S. 229.

4) Nur verburgerte Handelsleute können einen uneingeſchränkten Detailhandel treiben.

5) Nur Bürger können ſich der gemeinen Nutzungen, als der gemeinen Weyde, der Jagd, des gemeinen Bleichwaſens u. dergl. bedienen.

6) Genieſſen die Bürger auch in Anſehung der Zölle und anderer Abgaben, vieler Vorzüge vor den andern Einwohnern, wovon unten ein mehreres.

§. 16.

§. 16.
Auf welche Art das Burgerrecht wieder verlohren geht.

Ein jeder Frankfurter Bürger so aus der Stadt an einen andern Ort zieht, soll kraft Burgervertrags §. 8. das Recht haben, seine Güter und Burgerrecht mit Wissen und Willen des Raths, und gegen Entrichtung derer gewöhnlichen burgerlichen Beschwerden beyzubehalten, welches im Projectvergleich §. 7. und in der ersten Kaiserlichen Resolution vom 22sten Nov. 1725 bestättiget worden.

In Ansehung der von hier wegziehenden Burgerswittwen, Söhnen und Töchtern ist hingegen in der Kaiserl. Resolution vom 14ten Merz 1732 verordnet worden, daß die Wittwen sich der im Burgervertrag §. 8. ertheilten Freyheit zwar auch bedienen könnten, aber nicht die Söhne und Töchter, es wäre denn, daß diese sich vorher um das Burgerrecht beym Rath melden, und ein jährliches Burgergeld über sich nehmen wollten; wiewohl bey denen in auswärtigen Kriegs- oder Civildiensten sich befindenden Burgerssöhnen nachher durch den Reichshofrathsschluß vom 16ten Dec. 1737 wieder die Einschränkung gemacht worden, daß diese, ohne ihr Burgerrecht zu verliehren, nicht eher nöthig hätten wirkliche Burger zu werden, als bis sie nach ihrer Eltern Tode derselben Verlassenschaft erhielten.

Es ist aber auch einem jeden Bürger unverwehrt sein Burgerrecht selbst aufzukündigen, s. Burgervertrag §. 8. und Kaiserl. Rescript vom 26sten Jul. 1732.

Uebrigens kann das Burgerrecht noch durch eine ewige Landesverweisung verlohren gehn, welche Strafe in der Frankfurtschen Reformation Th. 10. tit. 6. §. 4. tit. 7. §. 1. tit 8. §. 1. 13. 17. auf verschiedene Verbrechen gesetzt ist, wie auch in der Rathsverordnung vom 21. Febr. 1741. wegen der doppelten Verpfändungen.

§. 17.

B) Von der Eintheilung der Burgerschaft.

Ehemalige Eintheilung derselben.

Ehedem war die Burgerschaft in die zünftige und in die unzünftige eingetheilet. Zu letzterer wurden die Gesellschaften, als die von Alt-Limburg, Latrum, zum Frauenstein und die der Krämer und Kaufleute gerechnet, zu ersterer aber die Zünfte, deren man zu Anfang des 17ten Jahrhunderts 36 zählte, und welche meistens aus Handwerkern bestanden.

s. Diarium historicum S. 15. 28. 31. 125. 181. 186. 194. 198. 204. 218. 222. 224. 225. 245. 251. Orth in Anmerk. Fortf. 3. S. 172. 685. 692. und Mogen in der oben No. 99. angeführten Abhandlung S. 14.

Das 14te Jahrhundert hatte während der damahligen innerlichen Unruhen solche besondere Verbindungen erzeugt. Die Handwerker hatten dergleichen frühzeitig unter sich eingegangen, und diesen folgten die übrigen Bürger, welche letztere damals und noch geraume Zeit nachher zum Unterschied von den Handwerkern die Gemeinde genennt worden. In dem zwischen dem Rath und der Burgerschaft errichteten Vertrag vom Jahr 1358 wurde zwar ausgemacht, daß alle Verbindungen aufgehoben seyn sollten; allein Kaiser Karl IV. erlaubte solche bald darauf wieder im Jahr 1360. s. Orth a. a. O. S. 172. 683. 910.

Im Jahr 1479 hörte die Gesellschaft Latrum durch Zertheilung ihrer Mitglieder von selbst auf (*), desto mehr aber nahmen die andern Gesellschaften und Zünfte zu, ja noch im Burgervertrag §. 3. ward ausgemacht, daß noch ferner alle und jede Bürger in gewisse Gesellschaften und Zünfte, jedoch mit Vorwissen des Raths, eingetheilt werden sollten, auch solches durch verschiedene Rathsdecrete der Burgerschaft anbefohlen (**).

(*) s. Lersners Chronik, Th. 2. B. 1. S. 100.
(**) s. Diarium historic. S. 130. 137.

§. 18.
Jetzige Eintheilung derselben.

Seit dem Jahr 1616 hört aber die eigentliche alte Eintheilung der Burgerschaft in die zünftige und unzünftige, oder in die Zünfte und Gesellschaften

schaften auf, dann „dieweil sich befunden, daß
„zu Vermehrung der bürgerlichen Unruhe (*),
„nicht das geringste gethan, daß die Zünfte zu-
„sammen gelaufen, und auf den Zunfthäusern,
„oder Stuben, Gelegenheit zu den Conventiculn
„gehabt, sich auch beharrlich und hochsträflich
„dem aufgerichteten Abschied und Kaiserl. Man-
„daten widersetzet und andere Ungebühr began-
„gen;" so ward in dem Kaiserlichen Commiſſionsdecret von gedachtem Jahr verordnet, „daß
„die durch den hiebevor aufgerichteten und con-
„firmirten Abschied zugelassene alte und neue Ge-
„sellschaften und Zünften (ausserhalb der Limbur-
„ger, Frauensteiner und Freygesellschaften —)
„allesamt, keine ausgenommen, abgeschafft —
„und fürters alle obberegter Zünften und Gesell-
„schaften fernere Zusammenkunft und Versamm-
„lungen, bey Straf Leib und Lebens, Ehr,
„Haab und Guts, verbotten, und darneben de-
„nen bis dahero gewesenen Zunftmeistern, auch
„allen anderen der Zünfte und Gesellschaften
„Vorstehern, Burggrafen und Verwaltern,
„ernstlich auferlegt" seyn sollte, „alle und jede
„ihre habende Ordnungen, Verträg und brief-
„liche Urkunden, wie ingleichem die bey wäh-
„render Unruhe gehaltene und beschriebene Pro-
„tocolla — alsobalden zu der Herren Commiſſa-
„rien Handen, zu anderwärtiger Verordnung,
„zu überantworten." Wie denn auch damahls
die Zunft- und Gesellschaftshäuser verkauft, und
die alte Ordnungen und Verträge cassirt worden.

(*) siehe oben Abschn. 2. §. 32. 33. 34.

Statt deſſen kann man jetzo die Bürgerſchaft eintheilen in das Patriziat, und in die übrige Bürgerſchaft. Zu erſterem gehören die beyden Geſellſchaften Alt-Limburg und Frauenſtein, und zu letzterer die Geiſtlichen, Graduirten, Stadt- oder ſogenannte Römerbedienten, und die verburgerten Handelsleute, Künſtler und Handwerker, auch noch verſchiedene nicht zum Patriziat gehörige Adeliche und Militairperſonen. Es ſind ſolche ſämmtlich durch Adel, Aemter, Würden, Nahrungsgeſchäfte und manche beſondere Rechte von einander unterſchieden, wie aus den folgenden §§. mit mehrerm erhellen wird. Von den Geiſtlichen, Stadtbedienten und denen zum Militair gehörigen Perſonen wird jedoch des Zuſammenhangs wegen erſt unten im vierten Abſchnitt geredet werden.

Die ganze Stadt und Bürgerſchaft iſt zwar auch im Jahr 1614 (*) in gewiſſe Quartiere (**), und bey dieſen je 10 Häuſer oder Perſonen in Rotten eingetheilt, einer jeden Rotte ein Rottmeiſter, und jedem Quartier ein Capitain und andere Officiers vorgeſetzt worden; es iſt jedoch dieſes mehr eine militairiſche und zur Aufrechthaltung der Polizey dienliche (***) Eintheilung, wovon noch mit mehrerm im vierten Abſchnitte wird geredet werden. In wiefern übrigens beſondere Gattungen bürgerlicher Deputirten und Repräſentanten hieraus entſtanden, ſiehe unten §. 60 und 63.

(*) ſ. die Quartierordnung vom 25ſten Oct. 1614, erneuert 1708.
(**) jetzo 14, nemlich 12 in Frankfurt, und das 13te und 14te in Sachſenhauſen.

(***) in-

(***) indem man gleich anfänglich durch dieses Mittel der damaligen Hauptrebellen mächtig geworden, und die ungebührliche Zusammenkünfte und Rottierungen zerstreuet hat. f: Diarium historicum S. 281.

§. 19.
Von der Gesellschaft zu Alt-Limburg.

Die Gesellschaft zu Alt-Limburg besteht aus lauter Personen von alten adelichen Familien, mit denen es laut Kaiserlichen, dem Rath den 8ten Aug. 1743 ertheilten Privilegii, die Beschaffenheit hat, „daß einige von vielen Sæculis „her, und zwar lange zuvor, ehe sie sich in die „Stadt Frankfurt begeben, in einem adelichen „und rittermäßigen Stande gelebet, diese Ge„sellschaft auch ihre Turnier und Stechfahne „von uralten Zeiten hergebracht, auch theils in „die hohe Stifter und den deutschen Orden auf„genommen, auch viele unter denselben zu ver„schiedenen ansehnlichen sowohl Kriegs- als Ci„vilbedienungen mit grossem Ruhme gebrauchet „worden; wie dann auch die gegenwärtig annoch „lebende Familien aus dieser Gesellschaft bis auf „diese Stunde ihrem erlangten Adelstand aller„dings gemäs leben, sich aller Handelschaft und „anderen bürgerlichen Gewerbe gänzlich enthal„ten, hingegen aber in allen ritterlichen Tugen„den und wohlanständigen adelichen Uebungen „dergestalt rühmlich und tapfer hervorthun, daß „deren verschiedene nicht nur je und allezeit bis „auf diese Stunde bey verschiedenen Königlichen, „Chur- und Fürstlichen Höfen, wie auch bey ge„meiner

„meiner Stadt Frankfurt sich in ansehnlichen
„Civil= und Militairchargen und Diensten befun=
„den, sondern auch in denen vorigen Reichs=
„und Türkenkriegen ihre Tapferkeit, und für
„das gemeine Vaterland tragenden Eifer rühm=
„lich erwiesen, auch eine ziemliche Anzahl ihr
„Leben vor dem Feind ritterlich verlohren."

Im Kaiserlichen Commissionsdecret von 1616 ward verordnet, daß die Gesellschaften Limburg und Frauenstein bey ihren alten Ordnungen gelassen und denselben jederzeit nachgelebt werden sollte. Die Gesellschaft Limburg aber hat im Jahr 1495 eine neue Ordnung aus den alten Documenten, Gesellentafeln und Ordnungen aufgesetzt, die den 28sten Aug. 1636 verbessert und vermehrt worden, und auf welche die Gesellschaft noch heutzutag bestehet und schwöret, die auch jährlich in völliger Versammlung auf St. Andreä (an welchem Tage auch ihre Vorsteher erwählt werden) abgelesen wird (*).

(*) s. Lersners Chronik Th. 1. B. 1. K. 18.

Die Gesellschaft nimmt ihre Mitglieder willkührlich auf, erfordert von ihnen den herkömmlichen Beweis ihres adelichen Standes, und übet kurz alle Rechte eines besondern Collegii aus.

s. Moßen in der oben No. 99. angeführten Abhandlung S. 9.

Viele Familien, welche ehemals dazu gehörten, sind nunmehro ausgestorben, oder haben auf irgend eine andere Weise ihre auf dieser Gesellschaft gehabte Rechte verlohren, und sich auswärts begeben (*). Diejenigen aber, so diese

Rechte

Rechte noch besitzen, sind die Familien derer von Holzhausen, von Glauburg, von Humbracht, von Stallburg, von Lersner, von Günderode, von Wunderer, Baur von Eyseneck, von Hohenstein, von Adlerflycht und von Zigesar, welche letztere erst seit 177.. in dieselbe aufgenommen worden.

(*) s. davon mit mehrerm Lersners Chron. Th. 1. K. 21. S. 312.

Ihre Vorrechte bestehn hauptsächlich darinn:

1) Daß an die vierzehn ihrer Mitglieder auf den zwey obersten Rathsbänken seyn können.

2) Daß sie vermöge der hiesigen Polizey- und Kleiderordnungen zum ersten Stand gehören, auch bey allen feyerlichen Handlungen z. E. bey der Kaiserlichen Huldigung, den ersten und vördersten Stand haben.

3) Daß sie von gewissen bürgerlichen Beschwerden, als Quartiergeldern und Zug und Wacht völlig frey sind.

s. Orth in Anmerk. Fortss. 3. S. 950.

4) Eignen sie sich auch den Namen der Adelichen Geschlechter ausschließungsweis zu (*), wiewohl ihnen solches von Seiten der Frauensteiner nicht will zugestanden werden (**).

(*) s. die No. 99. angeführte Mogensche Abhandlung.

(**) s.

(**) s. Orth in der oben No. 23. angeführten Abhandlung.

Für ihr weibliches Geschlecht hat die Fräulein Justina Katharina Steffan von Kronstett ein Stift unter dem Namen des von Kronstett- und von Hynspergischen Adelichen Evangelischen Stifts errichtet (*), welches nach ihrem im Jahr 1766 erfolgten Tode, von Sr. jetzt regierenden Kaiserl. Majestät nicht allein den 20sten Dec. 1-6- bestättigt, und in besondern Kaiserlichen Schutz aufgenommen worden, sondern auch für die Stiftsfräulein ein Gnadenzeichen erhalten hat, welches dieselben an einer weissen und roth geränderten Schleife an der linken Brust tragen. Die drey Administratoren dieses Stifts sind Mitglieder der Gesellschaft Alt-Limburg, werden von derselben erwählt, müssen denen Vorstehern derselben jährlich vierzehn Tag vor Andreä die Rechnungen zur Revision und Unterschrift vorlegen, sollen sich in allzubedenklichen Sachen bey der ganzen Gesellschaft Raths erholen, behalten aber ihr Amt, so lange sie leben; es seye dann, daß sie solches selbst niederlegen, oder die Gesellschaft aus wichtigen Ursachen genöthigt seyn sollte, ihnen dasselbe wieder abzunehmen. Die Aufnahme derer Adelichen Stiftspersonen hängt übrigens von den Administratoren ab, und soll ihre Anzahl nie über zwölf erstreckt, auch aus denselben von den Administratoren, zur Besorgung der Haushaltung und Erhaltung sonstiger

guter

guter Ordnung, eine Pröbstin und Dechantin ernannt werden.

(*) s. den oben No. 217. angeführten Stiftungsbrief.

Im Jahr 1495 kaufte die Gesellschaft das Haus Latrum auf der rechten Seite des Römers (*), das seitdem immer der Ort ihrer Zusammenkünfte geblieben ist. Im Besitz dieses Hauses und noch anderer Güter befinden sich ihre Mitglieder als gemeine Erben und Gesellen, und nennen sich deswegen Ganerben zu Altlimburg (**).

(*) s. Lersners Chron. Th. 1. B. 1. S. 301.
(**) s. Orth Fortf. 3. S. 916.

§. 20.

Von der Gesellschaft Frauenstein.

Die Gesellschaft zum Haus Frauenstein genannt, besteht jetzo aus den Mitgliedern folgender in alphabetischer Ordnung gesetzter Familien derer von Bienenthal, von Barkhaus genannt von Wiesenhüten, Fleischbein von Kleeberg, Grambs, von Heyden, von Klettenberg, von Lauterbach, von Loen, von Ohlenschlager, Schneider und von Uffenbach.

Nachdem diese Gesellschaft verschiedentlich in Ansehung ihrer Versammlungshäuser abgewechselt, und sich nach denselben genannt hatte; so kaufte sie im Jahr 1444 das neben dem Salzhaus

haus gelegene Haus zum Frauehstein genannt, dieß verkaufte sie aber nachher wieder, und hält jetzo seit 1694 ihre Zusammenkünfte in dem sogenannten Braunenfels, ob sie gleich dadurch ihren Namen nicht verändert, sondern noch immer den von dem vorigen Gesellschaftshause beybehalten hat.

s. Lersners Chron. Th. 2. B. 1. K. 11. S. 100. 101. und Orth a. a. O. S. 912. 916.

Im Jahr 1499 setzte sie ihre jetzige Ordnung auf, welche jedoch den 5ten Merz 1609 in etwas abgeändert worden. Ihre jährliche Zusammenkünfte aber hält sie auf Martini, bey welchen sie zugleich unter sich zwey Burggrafen erwählet.

s. Lersners Chron. Th. 1. S. 256. Th. 2. S. 101. 104. und Orth a. a. O. S. 915.

Alle drey Jahr setzt sie auch zwey Curatores über das Beyerische Testament, welches Dr. Hartmann Beyer und seine Ehefrau im Jahr 1639 aufgerichtet, und vermöge desselben jährlich viele Legate auszutheilen sind, wie solches aus dem Inhalt des Testaments, bey Lersner a. a. O. Th. 2. S. 105—115. mit mehrerm zu ersehn.

s. davon auch Orth a. a. O. S. 935. 936.

Die Aufnahme neuer Mitglieder hängt blos allein vom Willkühr der Gesellschaft ab, und ist ihr, wie der Gesellschaft Alt-Limburg, im Kaiserl. Commissionsdecret von 1616 nur das Uebermaas

maas in Annehmung der Personen verboten. Als daher im Jahr 1749 ein gewisser Münch wegen verweigerter Aufnahme in die Frauensteiner Gesellschaft sich beym Reichshofrath beschwerte; so ward er durch einen Reichshofrathsschluß vom 2ten Merz 1751 an seine erste Instanz verwiesen, im Fall er seine Beschwerde noch weiter fortzusetzen gedächte. Vermöge der Gesellschaftsartikel und Ordnungen soll jedoch denen Söhnen der Gesellen und Mitglieder die Aufnahme nicht leicht, es seye denn aus sehr wichtigen Ursachen, abgeschlagen, und der Gesellen Tochtermänner nur alsdenn, wenn sie der Gesellschaft anständig, ganz neue Familien aber nur im Nothfall angenommen werden (*).

(*) siehe davon den eigenen Bericht der Gesellschaft bey Orth a. a. O. S. 920—922.

Uebrigens hat diese Gesellschaft ähnliche Vorrechte wie die vorhergehende Gesellschaft Altlimburg, nur daß von ihr nicht mehr als sechs zugleich im Rath seyn können, sie auch bey Kaiserlichen Huldigungen und dergl. nach den Limburgern stehet.

§. 21.

Von den Graduirten.

Die hiesigen Graduirten hielten es vorzeiten nicht für nöthig sich in eine besondere Gesellschaft zu begeben, und erst da der Burgervertrag allen Bürgern anbefohlen, sich in gewisse Zünfte und Gesellschaften zu begeben, ward im Jahr 1613
ein

ein sogenanntes freyes Collegium von 16 Raths- und graduirten Personen errichtet.

s. Lersners Chronik Th. 2. B. 1. K. 19. S. 245.

Die hiesigen Doctores und Licentiati der juristischen und medicinischen Facultät haben aber nicht allein schon vermöge der allgemeinen Reichsgesetze, sondern auch nach den Frankfurtschen Gesetzen und Gewohnheiten verschiedener Vorzüge vor andern Bürgern zu genießen. Sie werden nemlich in den hiesigen Polizeyordnungen zu dem ersten Stand gerechnet, und sind gleich denen Limburgern und Frauensteinern frey von Quartiergeld, Zug und Wacht (*); auch sollen Doctores, Advocaten und andere privilegirte Personen in ihren Civil- und Frevelsachen, so keine peinliche Straf nach sich ziehen, mit gefänglicher Thurnshaftung verschonet (**), und bey Besetzung der ersten und zweyten Rathsbank auf die Doctores und Licentiatos der juristischen Facultät besonders mit reflectirt werden (***).

(*) s. Orth a. a. O. S. 950.
(**) s. Burgervertrag §. 69.
(***) wovon unten §. 52.

Diese Graduirte behaupten auch, daß sie bey denen Kaiserlichen Huldigungen vor denen Frauensteinern gesetzt werden müßten. Als daher dieß im Jahr 1705 nicht geschah, und sie hieraus nachtheilige Folgerungen vermutheten; so vereinigten sie sich zur Aufrechthaltung ihrer gemeinschaftlichen Gerechtsamen, beschwerten sich über

über deren Verletzung bey dem Reichshofrath, und baten zugleich um die Kaiserliche Bestättigung ihrer in legibus publicis und der Stadt Frankfurt Fundamentalgesetzen enthaltenen Privilegien. Der dem Magistrat darüber abgeforderte Bericht (*) gab aber den Frauensteinern den Vorzug, besonders aus der Ursache, weil diese bey denen Pflegämtern auch vorgesetzt würden, und in dem erst den 12ten May 1712 darauf erfolgten Reichshofrathsschluß wurden zwar denen Graduirten ihre Privilegien im allgemeinen bestättigt, der gedachte Rangstreit jedoch unentschieden gelassen. Es war daher bey der letzten im Jahr 1766 abgelegten Huldigung die sämmtliche Burgerschaft folgendermassen um die Bühne des Kaiserlichen Herrn Stellvertreters gestellt (**): Zur Rechten stand die Gesellschaft Limburg, zur Linken die Gesellschaft Frauenstein und die Geistlichen, in der Mitte die Graduirten und Gelehrten, hinter denselben die beyden burgerlichen Collegia, die Præceptores classici, Römerbedienten ꝛc. und hinter diesen die übrige Burgerschaft nach den vierzehn Quartieren.

(*) dieser ist anzutreffen in Orths Anmerk. Fortf. 3. S. 943. u. f.
(**) f. die oben No. 295. angeführte ausführliche Beschreibung davon.

Aus jeder Facultät sind beständig drey Mitglieder zu Deputirten des Collegii Graduatorum ernannt, welche dessen Zusammenkünfte veranstalten und darinnen vortragen, ob gleich seit verschiedenen Jahren keine gehalten worden.

§. 22.

§. 22.

Von dem Handelsstand.

Die Handelsleute machten vormals eine besondere Gesellschaft aus unter dem Namen der Kaufleuten- und Krämergesellschaft, welche wie die andern Gesellschaften ihre Vorsteher, Gesellschaftshaus, Gesellschaftsordnung und dergl. hatte, bey welcher die aufzunehmende Kandidaten nicht nur von ehrlicher Geburt seyn, sondern auch ihrer Frauen, ihrer Eltern und Großeltern ehrliche Geburt und Herkommen mit brieflichen Urkunden beweisen mußten (*). Viele der angesehensten Handelsleute hielten sich jedoch nicht zu ihr, sondern zur Frauensteiner Gesellschaft (**), und im Jahr 1616 ward sie völlig aufgehoben (***).

(*) s. Diarium historicum und Orth Fortf. 3. S. 705.

(**) s. Lersners Chronik Th. 2. B. 1. K. 11. S. 100. und Orth a. a. O. S. 923.

(***) s. oben §. 67.

Die hiesigen verburgerten Kaufleute unterließen aber demohnerachtet nicht, noch fernerhin für das Beste ihres Handels und Standes Sorge zu tragen. Auf diese Art brachten sie im Jahr 1706 zuwege, daß zu Untersuchung ihrer Beschwerden wegen der Beysassenhandlung eine Rathsdeputation niedergesetzt worden, ja endlich die Beysassenordnung selbst zu Stande kam (*). Ferner ward ihnen auch ihr schon altes Recht, Personen aus ihren Mitteln auf

der

der ersten und zweyten Rathsbank zu haben, durch verschiedene Reichshofräthliche Erkenntnisse wieder erneuert (**).

(*) s. oben Abschn. 2. §. 45.
(**) s. unten §. 52.

Uebrigens ist jetzo kein besonderes Handels-Collegium vorhanden, und wird ein jeder, welcher als ein Kaufmann zu handeln oder Krämerey zu treiben angefangen hat, von jedermann für einen Kaufmann oder Krämer gehalten (*).

(*) s. Orth in Anmerk. Th. 1. S. 56.

§. 23.
Von den Handwerkern.

Je nach dem die Handwerker das Recht haben eine gewisse Anzahl Personen aus ihren Mitteln auf der untersten Rathsbank zu haben, oder nicht, werden sie noch jetzt eingetheilt in die Rathsfähigen und in die nicht Rathsfähigen Handwerker. Rathsfähig sind nur die Metzger, Schmiede (überhaupt Feuerhandwerker), Becker, Schumacher, Gärtner, Kürschner, Löher und Fischer, und zwar von uralten Zeiten her.

Im übrigen haben sie durch das Commissionsdecret von 1616 eine ganz andere Einrichtung bekommen, vermöge dessen die Zünfte und alles Zunftrecht abgeschaft worden, und die Handwerker weiters keine Macht oder Gewalt haben sollen, weder vor sich selbsten Gesetz oder Ord-

Ordnung zu machen, noch jemand zu strafen, sondern Gesetz und Ordnung von dem Rath nehmen sollen, an welchen sie deßhalb schon im Jahr 1368. vom Kayser Carl IV. gewiesen worden.

Alle alte Ordnungen der Handwerker wurden also in gedachtem Jahre zernichtet, und statt derselben haben sie jetzt:

1) Eine allgemeine sämmtliche Handwerker betreffende Ordnung, welche in gedachtem Commissionsdecret enthalten, und in welcher ausser der Anordnung ihrer deputirten Herrn und Geschwornen auch das Verbot enthalten, ohne Erlaubniß des Raths keine Zusammenkünfte zu halten. Ueberdieß sind darinnen noch für die Meister, Gesellen und Lehrjungen verschiedene allgemeine Vorschriften gegeben, zugleich aber dem Rath vorbehalten worden, nach Gelegenheit der Zeit die nöthige Abänderungen darinnen zu machen.

2) Besondere Gesetze und Artikel, welche der Rath einem jeden Handwerk gegeben hat, und worinnen hauptsächlich enthalten, worinnen ihre Meisterstücke bestehn, wie lange sie lernen und arbeiten müssen, ehe sie dazu gelangen können, zu welcher Zeit die Wahl ihrer Geschwornen vorgenommen werden soll u. dergl.

Statt der ehemaligen Zunftherrn sind nunmehro einem jeden Handwerk einige Rathsglieder zugeordgeordnet, welche über dessen Gesetze und Ordnungen Acht geben, und vermöge Project-Vergleichs §. 4. allem demjenigen nachkommen sollen, was im Burgervertrag §. 4. der Zunftherrn halber verordnet worden, nemlich daß sie die Beschwerden ihres Handwerks anhören, und im Fall sie solche nicht vor sich selbst abschaffen können, an den Rath bringen, und sich um Verhelfung zur Billigkeit bemühen sollen. Bey denen Rathsfähigen Handwerkern sind die jedesmalige Rathsglieder derselben ihre Verordnete und Vorsteher (**); von den übrigen Handwerkern aber hat ein jedes zwey verordnete Handwerks-Deputatos von den obersten Rathsbänken, etliche ausgenommen, welche die jedesmalige im Amt stehende Burgermeister zu Deputirten haben.

Im Kaiserlichen Commissionsdecret von 1616. wurde auch verordnet, daß bey einem jeden Handwerk gewisse geschworne Meister, nach Gröse des Handwerks 3 oder 4 geordnet, und jährlich etliche von den alten mit neuen verwechselt werden sollten; diese Geschworne sollten über den Ordnungen und Gesetzen halten, und deren Uebertretter anzeigen, jedoch sich keiner Entscheidung der ihre Gesetze und Ordnungen betreffenden Sachen anmassen. Bey Erledigung einer Geschwornenstelle werden aber nach der Verordnung der 1sten Kaiserlichen Resolution vom 22sten Nov. 1725 §. 5. und der Kaiserl. Resol. vom 14ten Merz 1732 dem Magistrat 3 tüchtige, der Handwerksgewohnheit und Ordnung wohl kundige Meister vorgeschlagen, aus denen

denen der Magistrat einen, und zwar noch an dem Tag, da die Präsentation geschehn, zu wählen und zu verpflichten hat. Uebrigens sollen die Handwerker zufolge einer Rathsverordnung vom 4ten Jul. 1775 die Wahl der Geschwornen jederzeit zu der in ihren Artikeln festgesetzten Wahlzeit vornehmen, und den Vorschlag selbsten reinlich und deutlich auf den nächsten Rathstag einem der Herrn Burgermeister einhändigen.

(**) s. Orth a. a. O. Fortf. 3. S. 693.

§. 124.
Von sonstigen verbürgerten Adelichen.

Anhangsweis ist noch von verschiedenen Bürgern zu reden, welche meistens zu keiner der vorhergehenden Klassen gehören.

Es sind nemlich noch einige adeliche Familien vorhanden, welche das hiesige Burgerrecht besitzen, und weder zu der Limburger- noch Frauensteiner Gesellschaft gehören. Müller giebt in seiner Beschreibung von Frankfurt S. 114 u. f. ein Verzeichniß derselben vom Jahr 1747; es sind aber jetzo verschiedene davon in die letztere Gesellschaft aufgenommen worden, auch wieder andere neuere dazu gekommen. Diese Familien geniesen allerdings dererjenigen Vorzüge, welche denen Adelichen insgemein zukommen.

Es hat aber auch in den neuern Zeiten immer Bürger gegeben, welche sich Raths-Residenten-Agenten- und andere Titel von fremden Herrschaften zuwege gebracht. Solche erhalten
jedoch

jedoch dadurch keine besondere Vorrechte, indem ihnen durch ein Kaiserliches Rescript vom 26sten Jul. 1732. ernstlich anbefohlen worden, sich um deßwillen der hiesigen Gerichtsbarkeit und obliegenden bürgerlichen Onerum, nicht zu entziehen; sondern wie andere ohncharacterisirte Bürger und Beysassen, die schuldige Præstanda und Gehorsam zu leisten, oder da sie nicht in ihren schuldigen Pflichten continuiren wollten, den Schutz gebührend aufzukündigen, innerhalb Jahresfrist die liegende Güter in bürgerliche Hände zu verkaufen, und den 10ten Pfennig davon zu entrichten.

Was aber diejenige Bürger betrift, welche wirkliche Bedienungen fremder Herrschaften allhier führen; so pflegen dieselben ein und andere Freyheiten zu verlangen, ob ihnen gleich der Rath solche, wie Orth in der 3ten Fortsetzung seiner Anmerkungen S. 225. berichtet, nicht immer zugestehen will, und sie daher mit demselben manche Irrungen haben. Bey der im letzten 7jährigen Krieg hier gewesenen französischen Einquartierung stellte man zwar denen hiesigen verbürgerten characterisirten Personen in ihren Willen, die ihnen zugekommene Einquartierung entweder in ihre Häuser zu nehmen, oder anderwärts auf ihre Kosten verpflegen zu lassen; allein auch darüber beschwerte sich der damalige Obereinnehmer des Oberrheinischen Creises im Jahr 1762 (*). Auch ist noch vor kurzem zwischen dem Kaiserlichen Bücherkommissarius, der zugleich Burger zu Frankfurt ist, und dem Magiſtrat ein Jurisdiktionsſtreit entſtanden, von welchem des Zuſammenhangs wegen noch unten im 5ten Abſchnitt wird geredet werden.

(*) ſ. Moſers Abh. verſchiedener Rechtsmaterien Stück 10. S. 437. u. f.

§. 25.

Von den Pfahl- und Ausbürgern.

Eine beſondere Gattung von Bürgern waren auch die ehemalige Pfahlbürger, welche man vor dem 16ten Jahrhundert faſt in den meiſten Städten Deutſchlands antrift, und deren man hier nur noch als Antiquität gedenket. Es waren dieß nemlich ſolche auswärtige Bürger und Unterthanen, die ſich vom ſchuldigen Bande und Gehorſam gegen ihre alte Herrſchaften und Obrigkeiten losmachen, dennoch in derſelben Landen und Städten wohnen bleiben, zugleich aber anderer Städte Freyheiten theilhaftig werden wollten, und ſich daher in letztern das Burgerrecht verſchaft hatten. Die Stadt Frankfurt hatte in Anſehung ihrer Pfahlbürger im Jahr 1297. verordnet, daß ein jeder von ihnen alle Jahr von Martini bis Petri in der Stadt wohnen ſollte, hernach aber wieder hinziehen könnte, wohin er wollte. Viele allgemeine, wie auch verſchiedene, nur an die 4 Wetterauiſche Städte gerichtete Kaiſerliche Befehle, drangen zwar auf ihre Abſchaffung, es wollte jedoch dieß alles nichts helfen, als bis endlich der unter Kaiſer Maximilian I. errichtete Landsfriede nach und nach recht

in

II. Hauptst. Einwohner 2) Bürger.

in Gang kam, und damit in Deutſchland die innerliche Unruhen und Beſchädungen aufhörten, die Streitigkeiten zwiſchen Unterthanen und Herren durch den ordentlichen Weg Rechtens entſchieden werden konnten, und daher kein Unterthan durch ein doppeltes Bürgerrecht ſich in Sicherheit zu ſetzen nöthig hatte, wodurch denn das Pfahlbürgerrecht gänzlich abgekommen.

ſ. Orths Anmerk. Fortſ. 3. S. 173 — 176. 180 — 182.

Von den Pfahlbürgern waren aber jederzeit die Ausbütyer unterſchieden, und daher auch nie unter den Kaiſerlichen mit begriffen. Es ſind nemlich dieß ſolche Perſonen geweſen, die zwar auch ihre Wohnung an ihrem alten Orte behalten, und zugleich das Bürgerrecht in einer andern Stadt ſuchten, jedoch nicht in einer ſchädlichen Abſicht, ſondern nur um der Freyheiten theilhaftig zu werden, welche das erlangte Bürgerrecht verſchafte, wie auch bey denen im Reich unſichern Zeiten von den Städten Hülfe zu erlangen. Auf ſolche Art verbürgerten ſich ehedem ſogar geiſtliche und weltliche Fürſten, Grafen und Herren. Wie denn auch noch von dieſer Zeit die in der Stadt Frankfurt den Stiftern und Klöſtern und andern noch heutzutags zuſtehende Freyhäuſer herrühren, worüber nachher zwiſchen ihnen und dem Rath beſondere Verträge geſchloſſen worden, von denen jedoch noch unten vorkommen wird.

ſ. mit mehrerem Orth a. a. O. S. 177 — 180.

Es giebt auch noch jetzo auswärtige Personen, welche durch eine Henrath mit Bürgers Töchtern oder Wittwen das Burgerrecht erlangt, geniesen und versteuern, ob sie gleich nicht in Frankfurt, sondern unter einem andern Reichsstand wohnen.

III. Von den Beysassen.

§. 26.

1) Von den Beysassen überhaupt und deren Aufnahm.

Die Beysassen sind diejenigen christlichen Einwohner Frankfurts, welche sich zwar daselbst häuslich niedergelassen, aber das Bürgerrecht nicht erlangt haben, dem ohnerachtet, wiewohl auf eine eingeschränkte Weise, bürgerliche Nahrung treiben dürfen.

Dieses Recht erlangen sie nicht eher, als bis sie nach Vorschrift der Beysassenordn. von 1735. §. 2. 3. bey dem Magistrat darum angehalten, und nach erhaltener Vergünstigung sich auf dem Schatzungsamt haben einschreiben lassen, wofür sie nach Proportion ihres angegebenen Vermögens 1, 4, 6, oder acht Gulden entrichten (*). Für die Einschreibung in den Beysassenschutz zahlen sie überdieß noch 30 kr. Auch müssen sie einen gewissen Beyeid schwören, dessen Formel bey einem jeden Beysassen dahin geht: „denen „Burgermeistern, Schöffen, Rath und der Stadt

„Stadt Frankfurt treu und hold zu seyn, sie und
„die Bürger vor Schaden zu warnen, und Be-
„stes zu werben, auch in keine Weiß wider sie
„zu thun, sondern als ob er Bürger wäre, da
„sich etwa eine Feuersbrunst erzeigen, und die
„Sturmglocke geschlagen würde, alsbald an den
„ihm angewiesenen Posten zu erscheinen, daselbst
„das Beste rathen und thun zu helfen, wie es
„der Sachen Nothdurft erfordern wird. —
„Uebrigens der im Druck publicirten und hiebey
„fürzulesenden Beysassenordnung sich in allem
„gemäß zu verhalten; dafern er sich auch ins-
„künftig ausser hiesigem Schutz und anderwärts-
„hin begeben wollte, gleichwie ein Bürger von
„seinem ganzen Vermögen die gewöhnliche Ab-
„zugsgelder und Nachsteuer treu und willig zu
„bezahlen." Es werden aber dieser Formel noch
verschiedene Punkte beygefügt, je nachdem das
jährliche Schreibgeld ist, so ein Beysaß zu zahlen hat, oder es zu vermuthen, daß er Titel
oder Bedienungen von fremden Herrschaften annehmen könne, deren sich die Beysassen gänzlich
enthalten sollen.

  (*) Um Streitigkeiten mit Auswärtigen zu ver-
    meiden, von denen Orth in Samml. merkw.
    Rechtshändel Th. 7. S. 325 — 422. ein
    merkwürdiges Beyspiel erzählt, ist auch bey
    der Aufnahme fremder Beysassen vonnöthen,
    daß sie sich vorher erst von ihrem Herrn frey
    und losgemacht haben.

  Denen Ueberschriften derer besondern gedruckten Beyeidsformeln zufolge, giebt es aber
viererley Beysassen:

1) Beysassen, so allhier Handlung treiben und das völlige Schreibgeld von 100 fl. zahlen.

2) Beysassen, so Handlung treiben und das völlige Schreibgeld von 100 fl. zu entrichten verweigern, und von jedem 100 ihres Vermögens jährlich 40 kr. Schreibgeld zahlen.

3) Beysassen, so keine Handlung treiben, aber ebenfalls das völlige Schreibgeld zu entrichten verweigern.

4) Beysassen, so Taglöhner oder sonsten geringe Leute sind, und jährlich 3, 6, oder 8 fl. Schreibgeld geben.

§. 27.
2) Von den Einschränkungen, welchen sie unterworfen.

Der Antheil, den die Beysassen an den Rechten der Bürger haben, ist durch verschiedene Verordnungen ziemlich eingeschränkt worden, denn:

1) Dürfen sie keine offene Läden halten, nicht ins Kleine, auch nicht mit Speditionsgütern handeln, und ist die Commissions-Güter-Handlung nur denjenigen erlaubt, welche schon zehen Jahre als Beysassen unter hiesigem Schutz sind. Beysassenordn. §. 4. 5. 6.

3) Sol-

2) Sollen sie mit keinen Bürgern in Compagniehandlung stehn. Beysassenordn. §. 7. Commiss. Resol. vom 18. Jul. 1727. Kaiserl. Resol. 14. Merz 1732, auch keine Handlung unter bürgerlichem Namen führen. Beysassenordn. §. 9.

3) Dürfen sie keine liegende Güter allhier besitzen (*), und folglich können ihnen auch keine Zusätze darauf eingeschrieben werden (**). Nach einer Rathsverordnung vom 11ten Oct. 1763. soll aber auch denen Beysassen, so sich an Bürgers Töchter verheyrathen, nicht zugelassen seyn, Aecker und Güter auf ihre Weiber zu zinsen oder zu kaufen, noch die aus ihrer Weiber Gütern gezogene Weine zu verzapfen; diejenigen Bürgers Töchter und Wittwen aber, so sich an Beysassen verheyrathen, sollen entweder ihr Bürgerrecht fortsetzen, oder ihre Güter an bürgerliche Personen verkaufen.

(*) s. oben §. 15. und Orth in Anmerk. über K. Ref. Th. 1. S. 165—107. 349. 350. Fortf. 3. S. 137.

(**) s. Orth a. a. O. Fortf. 1. S. 425. Fortf. 3. S. 231.

4) Ist ihnen nicht erlaubt, Kühe oder anderes Vieh zu halten, auch ist denenjenigen Bürgern, welche um die Stadt liegende Höfe haben, verboten, Beysassen auf selbige zu setzen. s. Rathsschlüsse vom 9. Aug. 1714. und 11. Oct. 1763.

5) Sol-

5) Sollen sie keine Hockerey treiben. s. Hockenordn. von 1690. K. 1. §. 1. K. 2. §. 2. und Rathsschluß vom 11. Oct. 1763.

6) Sind die Gebühre, welche auf verschiedene Aemter z. E. der Stadtkanzley, Rente, Tuchschau, Safran- und Würzschau und dergleichen mehr abzugeben sind, denen Beysassen immer höher, als den Bürgern angesetzt, wie aus den Taxrollen gedachter Aemter zu ersehn.

§. 28.

3) Vom Recht der Beysassenkinder und Wittwen.

Das erlangte Beysassenrecht ist zwar jederzeit persönlich, was aber dessen Fortpflanzung durch die Geburt sowohl, als eine Verheyrathung betrift, so ist den 31sten Oct. 1758. vom Magistrat folgendes verordnet worden: 8) „daß die „Beysassenkinder, welche nach dem Vater, und nicht „nach den Großeltern oder der Mutter zu beur„theilen sind, innerhalb 3 Monat nach der El„tern Tod um die Verleyhung des Schutzes bey „Rath anzusuchen schuldig seyn sollen, welcher „ihnen ohne erhebliche Ursache nicht wird versagt „werden, es wäre denn, daß der ihren Eltern „ertheilte Beysassenschutz auf deren bloße Perso„nen und mit Ausschließung der allbereits vor„handenen oder künftigen Kinder gerichtet sey, „als welchen Falls die Kinder die Fortsetzuug des
„Bey-

„Beysassenschutzes zu suchen nicht befugt sind, „diejenige aber, welche solchen auf vorhergehende „gewöhnliche Untersuchung erlangt, haben sich „bey dem Schatzungsamt um die gewöhnliche „Einschreibung anzumelden, und die gewöhnliche „Præstanda zu präſtiren. Dahingegen 9) die „Beysassensöhne, wenn sie bey ihrer Eltern Leb„zeiten ausserhalb bürgerliche oder Unterthanen„pflicht geleiſtet, oder die Beysassentöchter sich „an Fremde verheyrathen, und von hier weg„ziehen, sich des Beysassenschutzes nicht zu er„freuen haben, sondern den 10ten Pfennig zu „entrichten schuldig sind. Wenn aber 10) eine „Beysassentochter bey ihrer Eltern Lebzeiten, oder „wann sie nach deren Tod den Beysassenschutz „vor sich erlanget, einen Fremden, welcher all„hier seßhaft werden will, zu heyrathen geden„ket; so hat vor allen Dingen und ehe er Hoch„zeit hält, derselbe bey dem Rath vermittelst ei„nes schriftlichen Memorials um den Beysassen„schutz anzusuchen, und zu gewärtigen, ob der„selbe ihm den Schutz angedeihen lassen will „oder nicht? Sollte aber 11) eine Beysassen„tochter oder Wittib solches unterlassen, und ei„nen Fremden heyrathen, und dieser den Bey„sassenschutz, wozu er durch die Heyrath nicht „die mindeſte Befugniß erhalten, nicht erlangen; „so ist dieselbe den 10ten Pfennig zu entrichten „schuldig."

Sämmtlichen Beysassen ist auch schon den 14ten Oct. 1732. und nochmals den 22sten Sept. 1761. vom Rath anbefohlen worden, nicht

ohne

ohne Vorwissen des Schätzungsamts ausländische Personen zu heyrathen, widrigenfalls sie des Beysassenschutzes verlustig erkläret, und der Stadt hinausgeschaft werden sollten.

IV. Von den Juden.

§. 29.

Ursprung der Frankfurter Juden.

Um welche Zeit die Juden nach Frankfurt gekommen, dieß ist ungewiß. Man findet aber, daß ehedem dreyerley Gattungen von Juden allhier gewesen, nemlich Kaiserliche, Maynzische und solche, die der Rath angenommen hatte. Der Kaiser überließ die Seinigen mit Leib und Gut schon in den Jahren 1349. und 1372. erst Pfandsweise, hernach auf Wiederkauf an die Stadt; und das Recht so dem Churfürsten von Maynz an denselben zustand, kam bald darauf auch an dieselbe, daß also seitdem die hiesige Juden sämmtlich unter dem Rath standen (*). Kaiser Leopold erklärte sie auch nochmals im Jahr 1685. mit allen Schatzungen, Diensten und Gefällen (die Kronsteuer und Opferpfennig ausgenommen) für der Stadt unablößlich angehörige Hintersassen; jedoch ohnbeschadet derer Rechte und Privilegien, welche die hiesige Juden von verschiedenen Kaisern erhalten (**); bey denen sie der Rath, laut Stättigkeit §. 14. schützen soll, und die noch in den neuern Zeiten, nemlich

den

den 18ten Jun. 1742. und 4ten Merz 1766. bestättiget worden (***).

(*) f. Lersners Chron. Th. 1. B. 2. K. 43., Schudt in jüdischen Merkw. B. 6. K. 1., Orth in Anmerk. Fortf. 1. S. 106—114. Fortf. 4. S. 1168. und die oben No. 112. angeführte Ettlingische Differt. C. 1. §. 1—4.

(**) Diese Privilegien betreffen besonders der Juden Schulden gegen die Christen, und daß sie allhier nicht sollen abgeschaft werden. f. Senkenbergs Select. jur. & hist. T. 1. p. 689. Orth a. a. O. Fortf. 1. S. 135. und Reußens deutsche Staatskanzley Th. 5. S. 137. u. f.

(***) f. Mosers alt und neue Reichshofr. Concl. Th. 2. S. 115. und ebendeff. Reichsstädt. Magazin S. 367.

§. 30.

Derselben Aufnahm.

Ordentlicher Weise sollen hier keine andere Juden gedultet werden, als nur solche, die von dem Rath ausdrücklich auf die oben S. 136. angeführte Stättigkeit angenommen worden (*). Diejenigen aber, welche die Stättigkeit erlangen wollen, müssen, ehe und bevor sie angenommen werden, aller anderer Herrschaften Eyd und Pflicht ledig seyn, ein Vermögen von 1000 Gulden und eine wohnbare Behausung besitzen, der Gemeinde nichts schuldig seyn, und ein Attestat ihres Wohlverhaltens von den ältesten Zehenern (oder nunmehro an deren Statt von den

Baumeistern) vor sich haben (**), worauf sie insgemein von den Baumeistern dem Rechenenamt vorgestellt werden, obgleich dieß nicht nothwendig, sondern gedachtes Amt auch ohne eine solche Vorstellung einem Juden die Stättigkeit ertheilen kann, wenn er nur die nöthige Requisita für sich hat (***). Es sollen aber nie über 500 Hausgesäß in die Stättigkeit eingeschrieben seyn, und daher jährlich nur 6 neue Personen aufgenommen, und nur 12 Paar sich zu verheyrathen erlaubt werden (****). Von denen 12 Paar, so jährlich in die Stättigkeit aufgenommen werden, zahlt das Ehepaar, darunter eines fremd ist, 25 Goldgulden oder jetzo 62 fl. 30 kr. und für Schreibgebühr 1 fl. 55 kr., ein Ehepaar Juden hingegen, von welchen beyde einheimisch, zahlet 2 Goldgulden oder jetzo 5 fl und für Schreibengebühr, 15 kr. und wenn solchergestalt ein Paar Judeneheleute zur Stättigkeit eingeschrieben ist; so muß es ferner noch wegen der Brunnenröhren, so ehemalen auf dem Bauamt erlegt worden, 10 fl. 30 kr. bezahlen (*). Der bey der Aufnahme zu leistende Huldigungseid ist in der Stättigkeit §. 1. vorgeschrieben und geht dahin: "den Burgermeistern, Schöffen "und Rath der Stadt Frankfurt getreu und ge- "horsam zu seyn, Ihren und gemeiner Stadt "Schaden zu warnen, Nutz und Frommen zu "fördern, und nicht wider sie zu thun, mit Wor- "ten oder Werken, in keine Weiß, auch um kei- "nen Spruch und Forderungen, die sie in sol- "cher Zeit gegen einem E. Rath, den Bürgern,
"den

„den ihren, und die ihnen zu versprechen stehen,
„es seyen Christen oder Juden, hätten oder ge-
„winnen, Recht zu geben und zu nehmen, vor
„des Reichs Gericht zu Frankfurt, oder bey dem
„Rath, und mindert anderstwo, dann dahin es
„der Rath, oder das Gericht weiset. Jedoch
„die Appellation, und was sonsten die Rechten
„in diesen und dergleichen Fällen nachgeben, und
„verstatten, vorbehalten, dazu sich sammt ihrem
„Haab und Gut nicht aus der Stadt anders
„wohin transferiren sollen, sie haben dann zuvor
„ihre Stättigkeit, wie sichs gebühret, aufgesa-
„get, und seyen mit den Rechenmeistern von
„Raths wegen allerdings ihrer Schuldigkeit
„halben endlich überkommen."

Uebrigens sollen die Juden keine Beysassen, auch nicht zu viel Gesinde haben (**), und was in Ansehung der fremden Juden verordnet ist, davon siehe unten.

(*) s. Orths Anmerk. Fortf. 1. S. 134.

(**) s. Stättigkeit §. 13. 106. 107.

(***) s. Orths Samml. merkw. Rechtshändel Th. 8. S. 643—660.

(****) s. Stättigkeit §. 103. 104. 105. 108. 109. und Reichshofr. Concl. vom 12ten May 1714. Auch in der Kaiserlichen Resolution vom 1sten Jun. 1728. §. 7. wird verordnet, daß es bey der Zahl von 500 wahrhaften Hausgesäß noch ferner verbleiben solle, jedoch sollten darunter keineswegs diejenigen armen Juden, die weder einige Handthierung und Handel treiben, noch Geschäften halber herumgehn, sondern bedürftige und

von

von der Juden Allmosen lebende, und in ihren Gassen beständig bleibende und zu denen obliegenden Judengaaben und Lasten etwas beyzutragen untüchtige Schutzjuden sind, gerechnet werden.

(*) f. Tarrolle des Recheneyamts.
(**) f. Stättigkeit §. 110. 111. und Kaiserl. Resol. vom 1sten Jun. 1728. §. 7.

§. 31.
Ihre Rechte und Verbindlichkeiten.

Die Juden, so die Stättigkeit einmal erlangt, sollen daben gelassen werden, und nicht weiter, wie sonsten, alle drey Jahr um die Erneuerung derselben anzuhalten schuldig seyn (*), dafür sie jetzo alle 3 Jahr 1 Goldgulden oder 2 fl. 30 kr. zahlen. Vermöge erlangter Stättigkeit geniesen sie aber nicht allein den hiesigen Schutz, sondern dürfen auch einen, wiewohl auf verschiedene Weise in der Stättigkeit §. 49. 50. 57. 68 — 80. 83. und 101. eingeschränkten Handel treiben. Sie sollen nemlich keine offene Kramläden halten, nicht mit Gewehr handeln, und mit Spezeren, Korn und Wein nur alsdenn, wenn ihnen dergleichen zur Zahlung oder Pfandweiß gegeben worden; ferner sollen sie kein Tuch oder Gewand mit der Ellen ausschneiden oder verkaufen, und keine Seide unter einem Pfund. Es haben sich zwar die bürgerlichen Handelsleute schon längst beschwert, daß die Juden der Stättigkeit zuwider Tuch und Gewand mit der Elle ver-

II. Hauptst. Einwohner 4) Juden.

verkauften; allein die Juden beruften sich jederzeit auf das Stadtkundige Herkommen, daß nemlich dasjenige, was die Stättigkeit davon melde, nur von gemeinen Wollentüchern, so mit der Schur gestrichen worden, zu verstehen, die schon vor Menschengedenken in Abgang gekommen. Man hat es daher auch in der deßhalb den 3ten May 1670, und abermals den 2ten Aug. 1698 ergangenen Rathsverordnung (**) dabey und bey dem bekannten Herkommen bewenden lassen, aus Ursache, weil sich beyde Theile auf die Stättigkeit hierinnen bezogen. Es wurde jedoch damals verordnet, daß die Juden ihre Waaren nicht in die Häuser herumtragen sollten, ausser wenn sie beschickt würden, und denen Fremden nicht nachlaufen und ihre Waaren anbieten sollten. Uebrigens sind noch wegen ihrem Thee= Coffee= und Zuckerhandel in den neuern Zeiten Streitigkeiten entstanden.

(*) s. Stättigkeit §. 15.

(**) Steht im 4ten Dutzend der zur Erläuterung der Frankf. Reform. dienender Verordnungen Num. 44. S. 105, und in Orths Anmerk. Fortf. I. S. 690.

In der Schatzung (*) und fast allen andern Abgaben und Auflagen (**) werden die Juden den Bürgern gleich gehalten, und sind nur in Ansehung des Unterkaufs von rohen Ochsenhäuten und Schaaffellen in der Accis von geschlachteten Ochsen (***) auch bey der Niederlag von ihren Weinen (****) etwas höher angesetzt.

Ausser=

Ausserdem hat jedoch ein jeder Jude noch jährlich für die Stättigkeit 35 kr. und den sogenannten Hauszins, auch die Judenschaft zusammen genommen noch gewisse Gebühren zu entrichten, wovon unten.

(*) s. Taxrolle des Schatzungsamts.

(**) s. Stättigkeit §. 48.

(***) s. Taxrollen des Unterkaufs vom Leder und des Fleischamts.

(****) s. Stättigk. §. 48. und Taxrolle des Rentheamts.

Es sind aber überdieß den Juden noch verschiedene Vorschriften gegeben, wie sie sich gegen den Magistrat und die Bürgerschaft und sonsten betragen und aufführen sollen:

1) Sollen sie sich Nachts und auf Sonn- und Christlichen Feyertägen, auch von Charfreytag bis nach den Ostertagen, den ganzen Tag über, ferner alle Freytag vor geendigtem vormittägigem Gottesdienst in ihrer Gasse halten, und sich, die Nothfälle ausgenommen, nicht in den Strassen der Stadt antreffen lassen, auch ihre Thore verschlossen halten (*). Die Freyheit auf Sonn- und Feyertägen zu verreisen, und, vor geendigter Betstunde, den Thoren hereingelassen zu werden, wie auch in Meßzeiten auszugehn, erhalten sie zwar gegen Entrichtung des Taxrollmäßigen Guldens (**), sie sollen jedoch auf diesen Tägen keinen Handel treiben (***).

(*) s.

(*) f. Stättigk. §. 23. 26. und Rathsschluß vom 24sten Febr. 1756. renov. 15ten Jan. 1765. und 2ten Sept. 1779.

(**) f. Taxrolle der Stadtkanzley.

(***) f. Stättigkeit §. 24.

2) Sollen sie nicht in der Stadt, ohne ein Geschäft zu haben hin und wieder spazieren, auch nie mehr als zwey mit einander gehn, in den Römer aber nicht anderst kommen, als wenn sie daselbst in ihren eigenen Sachen zu thun haben, oder dahin vorgeladen worden (*). Auch sollen sich die Juden des Spaziergangs in den Alleen schlechterdings enthalten (**).

(*) Stättigk. §. 27. 28. 29.

(**) Rathsverordn. vom 24sten Febr. 1756. renov. 1765. und 1779.

3) Auf dem Markt und allenthalben sollen sie sich gegen die Christen bescheidentlich halten, keinem Christen in den Kauf fallen, auch kein Brod, Obst ꝛc. betasten: Fisch, Eyer und lebendig Vieh sollen sie im Sommer vor 7 Uhr, und im Winter vor 8 Uhr nicht einkaufen.

f. Stättigk. §. 35. 37.

4) Ausserhalb der Samstagsweiber sollen sie kein Christengesind, besonders keine Christen-Säugamme, halten.

f. Stättigk. §. 33.

5) Um sie in der Kleidung von den Christen unterscheiden zu können, sollten sie zwar nach Verordnung der Stättigkeit §. 22. gelbe Ringe an den Kleidern tragen, es wurde jedoch solches durch die Kaiserl. Resolution vom 1sten Jun. 1728. §. 1. abgeschaft, und sind sie jetzt blos durch schwarze Mäntel unterschieden, welche sie vermöge Rathsverordnung vom 14ten Jun. 1757. und 5ten April 1781. zugleich Vorzugsweis vor den fremden Juden tragen sollen.

6) Ist ihnen auch in der Stättigkeit §. 32. verboten, sich weder in- noch ausserhalb der Stadt, Bürger zu Frankfurt zu nennen. Uebrigens sind noch

7) In Betreff ihres Wuchers und der bey Christen ausstehenden Schulden in der Stadt-Reformation P. II. tit. 12. in der Stättigkeit §. 51—68. 95. 96, in den Kaiserlichen Declarationen vom 8ten Nov. 1630. und 21sten Jun. 1661. (*), in der Rathsverordnung vom 15ten Jan. 1726 (**) und in der Kaiserl. Resolution vom 1sten Jun. 1728. §. 3. 5. auch in den Reichshofrathsschlüssen vom 30sten Jan. und 16ten Merz 1739. und 17ten Merz 1740, viele besondere und wichtige Verordnungen gemacht worden.

(*) s. oben Abschn. 2. §. 44.
(**) Steht in Orths Anmerk. Th. 1. S. 691.

§. 32.

II. Hauptst. Einwohner 4) Juden.

§. 32.
Von der Judengasse.

In den ältern Zeiten wohnten die hiesigen Juden unter den Christen, und erst im Jahr 1462. wurde ihnen diejenige besondere Strasse angewiesen, welche sie noch jetzo bewohnen, die mit Mauern versehn ist, und vermittelst dreyer Thoren verschlossen werden kann.

s. Lersners Chron. B. 1. K. 43. und Schudt in jüd. Merkw. B. 6. K. 3.

Der Grund und Boden der in dieser Strasse befindlichen Häuser gehört der Stadt, und die Juden haben nur das nutzbare Eigenthum daran, müssen auch einen jährlichen Grundzinß davon geben.

s. Orths Anmerk. Fortf. 1. S. 177. 178. und ebend. dess. Rechtshändel Th. 10. S. 1126. 1127. Von gedachtem Grund- oder Hauszinß siehe auch noch unten.

Schon im Jahr 1612. belief sich die Anzahl der Judenhäuser auf 195 (*), und die Stättigkeit verordnete §. 42—45, daß solche von den Juden in gutem Stand erhalten, ohne vorhergehende Erlaubniß und Besichtigung des Rechenenamts nicht abgebrochen, auch durch keine neue Gebäude vermehrt werden sollten. Die Juden kauften jedoch im Jahr 1694. von der von Völkerischen Familie und mit Erlaubniß des Raths, noch den sogenannten Bleichgarten dazu, um sich dessen zum Bleichen ihres Leinwands bedienen zu können (**).

(*) das

(*) Das Verzeichniß davon, ist der Stättigkeit beygedruckt.

(**) s. Schudt a. a. O. B. 6. K. 3. S. 52. K. 38. S. 362.

Es brannte aber im Jahr 1711. den 14ten Januar die ganze Judengasse ab, und man sah sich daher genöthigt, denen Juden zu erlauben, bis zu der Wiederherstellung ihrer abgebrannten Häuser, ihre Wohnung in Christenhäusern zu nehmen.

(*) s. Schudt a. a. O. B. 6. K. 6.

Die Juden hatten schon im Sommer des 1713ten Jahres beynahe ihre halbe Gasse wieder erbaut und bezogen; als sie aber anfiengen auch ihren Bleichgarten mit niedrigen Häusern zu bebauen, ihre Schirn oder Fleischmarkt dahin verlegten, auch noch verschiedene andere burgerliche, an die Judengasse stossende Grundstücke dazu gekauft hatten; so gab dieß zu einer grossen Beschwerde der burgerlichen Deputirten Anlaß. Der über den Völkrischen und andere burgerliche Gärten mit den Juden errichtete Kauf wurde jedoch durch die nachherige Kaiserliche Resolutionen vom 21sten und 27sten Jan. 1717. und 1sten Jun. 1728. §. 4. bestättigt, wiewohl mit der ausdrücklichen Erklärung, daß diese Kaiserliche Dispensation der Stättigkeit und sonstigen Privilegien der Stadt zu keinem Abbruch gereichen, auch ohne alle präjudicirliche Consequenz seyn solle.

s. Schudt

s. Schudt a. a. O. B. 6. K. 3. S. 52. K. 6. und die oben No. 104. u. f. angeführte Schriften.

Im Jahr 1774. den 29sten May wurden abermals durch eine Feuersbrunst an die 21 Vorder- und Hinterhäuser in die Asche gelegt, auch deßwegen denen bisherigen Bewohnern derselben wieder erlaubt, sich einsweilen in Christenhäuser einzumiethen. Weil man aber verspürte, daß dadurch die schon mehrmals ertheilte obrigkeitliche Verordnung, wegen Herstellung ihrer abgebrannten Gebäuden, wo nicht ganz ausser Achtung gesetzt, dennoch auf eine nicht zu dultende Art in die Ferne gezogen wurde; so ward ihnen den 13ten Febr. 1776. anbefohlen, sich längstens bis zu Ende des Mays wieder in die Judengasse zurück zu begeben.

Es ist also denen Juden nur in ihrer Gasse zu wohnen erlaubt, auch dürfen sie, ausser denen wenigen bisher angeführten Häusern und Grundstücken, sonst keine liegende Güter in der Stadt und deren Gebiet besitzen, noch Insätze darauf haben (*), sondern sollen solche, wenn sie ihnen durch Erbschaft oder sonst zufallen, unverzüglich in weltlicher Burger Hände verkaufen (**).

(*) Frankf. Reform. Th. II. T. 12. §. 8. Stättigk. §. 66.

(**) s. Stättigkeit §. 67.

§. 33.

§. 33.
Streit wegen der Kammern und Gewölber ausser ihrer Gasse.

In der Stättigkeit §. 75. wurde auch verordnet, daß die Juden auf dem Markt oder in der Stadt keine Läden oder Kramständ halten sollten.

Es beschwerten sich aber zu Ende des vorigen Jahrhunderts die sämmtliche, des Seiden-Hutstaffirer und Leinenhandels anverwandte Burger, daß die hiesige Juden, wie in vielen andern Wegen, also insonderheit auch dadurch sie um ihre bürgerliche Nahrung, ja in völligen Ruin und äusserstes Verderben brächten, daß die Juden, hin und wieder in der Stadt, an den gelegensten Orten, ihre mit allerhand Waaren angefüllte Gewölber und Kammern bestanden hätten. Der Rath lies daher solches durch ein den 27sten Jan. 1697. publicirtes Edict (*) verbieten, und denen Juden anbefehlen, binnen 14 Tagen gedachte Gewölber und Kammern zu räumen, in Entstehung dessen aber der Execution ohnfehlbar gewärtig u seyn.

(*) findet sich als Beyl. XVIII. bey No. 113.

Diese Verordnung ward wiederholt. Die Juden aber, appellirten endlich davon an den Reichshofrath.

f. Orths Zus. zu Anmerk. S. 47.

Nunmehro lies der Rath den 16ten Oct. 1738 denen Juden alle Handlung und Verkauf
ihrer

ihrer Waaren in denen in der Stadt bey Christen bestandenen Kammern und Gewölbern untersagen. Durch das Kaiserliche Rescript vom 18ten Merz 1740 wurde jedoch dem Magistrat anbefohlen, pendente Appellatione denen Juden den Handel und Verkauf in diesen Gewölbern nicht zu verwehren, hingegen sollte denen Juden auch nicht erlaubt seyn, vor solche Gewölber und Kammern Zeichen und Waarenmuster, wie in öffentlichen Kramläden, auszuhängen. Ebenfalls gieng die Kaiserliche Provisionalverordnung vom 5ten Aug. 1748 dahin, daß mit fernerm Verfahren gegen die Juden einsweilen und bis zum Ausgang der Sache eingehalten werden solle.

Nachdem nun diese Sache, besonders in den neuern Jahren, ferner betrieben worden; so wurden durch das Reichshofraths-Conclusum vom 14ten Nov. 1771 die Appellationsprocesse abgeschlagen, und solches dem Magistrat als Unterrichter zu weiterer Vollstreckung der Gerechtigkeit bekannt gemacht.

Die Judenschaft aber ergriff dagegen die Revision, und nachdem solche vom Reichshofrath zugelassen worden; so wurde dem Rath den 17ten Sept. 1772 abermals anbefohlen, sich bis zu weiterer Verordnung alles fernern Verfahrens in dieser Sache zu enthalten.

Bey so bewandten Umständen nahmen sich sämmtliche bürgerliche Collegia der Sache an, übergaben deßhalb im Jahr 1773 die oben

No. 113. angeführte Interventionsschrift, und baten um die Bestättigung des gegen die Juden ergangenen Conclusi.

Es erfolgte jedoch den 24sten Febr. 1778 ein Conclusum reformatorium, durch welches das Conclusum vom 14ten Nov. 1771 aufgehoben, die Intervention verworfen, und dem Magistrat anbefohlen worden, die Judenschaft so lange, uud bis ein anderes im älteren Appellatorio ausgemacht, und die Kaiserliche Entscheidung darinn ergangen seyn würde, bey dem Inhalt des Rescripts vom 5ten Aug. 1748 zu handhaben.

§. 34.
Von ihren Kellern ausserhalb der Gasse.

Wegen der Einkellerung der Juden Weine in Burgershäuser sind noch vor 20 Jahren Streitigkeiten vorgewesen. In einem Kaiserlichen Rescript vom 30sten Jul. 1763 wurde aber dem Magistrat anbefohlen, denen Juden die gedachte Einkellerung, in sofern ihnen die Niederlage der Weine in der Stättigkeit §. 48 und 78 nachgelassen, noch fernerhin zu verstatten, jedoch also und dergestalt, daß ein jeder Jude, welcher dergleichen Weine ausserhalb der Judengasse niederlegen wolle, solches vorhero der Renthey gebührend anzeige, damit zu Vermeidung alles Mißbrauchs und Unterschleifs das nöthige beobachtet werden könne. Der Rath lies auch solches den 3ten Jan. 1764 und abermals den 30sten

30sten Sept. 1777 öffentlich bekannt machen, damit alle an die Juden würklich vermiethete Keller angezeigt, auch künftig ohne Vorwissen des Renthenamts kein Keller an Juden verlehnt würde.

§. 35.
Von ihren Vorstehern.

Die Juden haben hier, wie an andern Orten, gewisse Vorsteher, welche aus ihren Mitteln erwählt werden, ihre Sachen dirigiren, nach ihrer Lebensart einrichten, und ihre Gemeine in Ordnung erhalten. Dergleichen sind vorzüglich in geistlichen Sachen die Rabbiner, und in weltlichen Sachen die Baumeister und die Kastenmeister. Derer Baumeister sind 12, welche alles unter den Juden in Ordnung halten, die gemeine Judenschaft vertretten, ihr Anliegen bey der Obrigkeit vorbringen, auch die Aufsicht über ihre Gasse, Häuser und Brunnen haben, von denen aber ein jeder nur drey Jahr im Amt bleibt. Die Kastenmeister haben die Verwaltung der gemeinen Gelder, oder des jüdischen Kastens.

s. Schudt a. a. O. Buch 6. K. 9.

Es war aber vor etlichen dreyßig Jahren unter der Judengemeinde und ihren Bau- und Kastenmeistern, besonders wegen der Verwaltung des Kastens und Ablegung der Kastenrechnungen, eine grosse Uneinigkeit und daraus ein weitläuftiger Rechtshandel entstanden, in welchem vom
Reichs-

Reichshofrath den 7ten Nov. 1752 dem Magistrat der Stadt anbefohlen worden, zuvörderst die bisherigen Baumeister, als die eigentlichen Häupter derer zwey gegen einander gemachten Verbindungen, ihr Amt niederlegen, und eine neue Baumeisterwahl, im Hauptwerk nach dem alten Herkommen durch freye Stimmen, jedoch für dießmal in Gegenwart zweyer Mitglieder des Schöffenraths, vornehmen zu lassen, sodann denen neu erwählten Baumeistern anzubefehlen, ein Reglement einzusenden, auf welche Art die klagende Gemeinde zu beruhigen, auch das jüdische Aerarium vors künftige sicher zu stellen sey.

Durch verschiedene Rescripte vom 28. May, 27sten Jul., 15ten Oct., 22sten Dec. 1753 wurde darauf besonders die Untersuchung der Kastenrechnungen anbefohlen, auch den 21sten May 1754 das von David Juda Meyer eingerichtete Reglements-Project (*) dem Magistrat zugeschickt, um sämmtliche Baumeister darüber zu vernehmen. Der Magistrat aber machte selbst in zweyen, unterm 3ten Febr. 1758 und 22sten Jun. 1761 an den Reichshofrath abgestatteten Berichten, wichtige Erinnerungen gegen dieses Project, weil sehr viele Punkte darinnen vorkamen, welche völlig gegen die Stätstigkeit liefen.

(*) Stücke von diesem Reglements-Projekt nebst einigen der Magistratischen Erinnerungen, und auch noch sonstige Nachrichten davon sind anzutreffen in Orths Samml. merkw. Rechts-

Rechtshändel, Band 2. S. 656. 669. 672. 699. 705. 1132. und in ebendeſſ. Zuſätzen zu den Anmerk. über die Frankf. Ref. S. 35.

Endlich wurde auch eine neue Kaſtenmeiſterwahl anbefohlen und zugleich in denen Kaiſerlichen Reſcripten vom 4ten Jun. und 6ten Oct. 1763 verordnet, daß vor der Hand die Wahl der Bau- und Kaſtenmeiſter nach dem projectirten ſogenannten Reglement geſchehn ſolle, in den übrigen Punkten insgeſammt hingegen ſolle dieſes projectirte Reglement zu weiterer Kaiſerlichen Reſolution annoch ausgeſtellt bleiben.

§. 36.

Von der Verordnung, daß ſie kein Geſetz machen, noch Gericht anſtellen ſollen.

Schon im Jahr 1366 hatte Kaiſer Karl IV. einen Befehl an den Schultheiſſen zu Frankfurt ergehn laſſen, daß er die Juden unter ſich kein Geſetz machen, noch Gericht anſtellen laſſen ſolle. Es iſt ihnen daher die Stättigkeit, auf welche ſie angenommen werden, als eine Ordnung vorgeſchrieben, nach welcher ſie ſich verhalten ſollen, auſſer der ſie noch, gleich den andern Einwohnern der Stadt, der Stadt-Reformation und gemeinen Rechten unterworfen ſind, ausgenommen in gewiſſen Fällen, als beſonders Ceremonien- Ehe- und Erbſchaftsſachen, in welchen ſie ſich lediglich nach Vorſchrift der moſaiſchen Geſetze und ihrer Ceremonien richten.

ſ. Orths Anmerk. Fortſ. I. S. 124. 212—215. und Ettling a. a. O. Kap. I. §. 11.

Ueberdieß sollen sie sich in ihren Streitigkeiten mit hiesigen Einwohnern, es seyen Christen oder Juden, nur an die Stadtgerichte allhier wenden, ob ihnen gleich auch erlaubt ist, geringe Sachen unter sich, durch ihre Rabbinen oder Baumeister vergleichen zu lassen, um die Obrigkeit nicht mit jeden Kleinigkeiten zu belästigen(*), wiewohl dennoch Fälle vorhanden, daß verschiedene, selbst von ihren Ceremoniensachen an die christliche Obrigkeit gekommen, und allda verhandelt worden (**).

(*) s. Stättigk. §. 98. 99. 100.
(**) s. Orth in Samml. merkw. Rechtshändel, Th. 8. S. 660—680.

Die Anlegung des Bannes, dessen sich die Juden zu Handhabung und zur Disciplin bey ihren jüdischen Ceremonien, imgleichen gegen boßhafte Schuldner bedienen, ist ihnen nur alsdann erlaubt, wenn es nicht der obrigkeitlichen Gerichtsbarkeit zuwider lauft (*), daher auch der Schöffenrath solches Verfahren öfters schon untersagt hat (**).

(*) s. das Kammergerichtliche Mandat vom 6ten Jun. 1660, und das Kaiserliche Rescript vom 6ten May 1719.
(**) s. Orths Samml. merkw. Rechtshändel. Th. 4. S. 953. Th. 8. S. 680—686. Th. 10. S. 1130.

Die Juden geben auch noch eine alte Gewohnheit für, Krafft welcher die unterpfändliche Verschreibungen eines jüdischen Schuldners, so vor ihren Baumeistern und Beglaubten geschehn, eben so gültig und kräftig seyn soll, als wenn sie in der Kanzley gehörig eingeschrieben worden, mithin da jene der Zeit nach älter als diese befunden würden, dieselbe auch den Vorgang haben müßten, welches sie denn Stores zu nennen pflegen. Allein von Seiten des hiesigen Schöfsenraths hat man deren Gültigkeit nie anerkannt, wie sie denn auch in der Kaiserl. Resolution vom 1sten Aug. 1728. §. 6. nur auf gewisse Art zugelassen, und solches durchs Kaiserl. Rescript vom 10ten Merz 1738 nochmals bestättiget worden.

s. Orths Anmerk. Fortf. 1. S. 179.

§. 37.
In wiefern sie abgeschafft werden, und ihre Stättigkeit verliehren können.

In den ältern Zeiten sind die Juden zu unterschiedenen malen aus der Stadt vertrieben worden, wozu sie freylich immer selbst die erste Gelegenheit gegeben.

So haben sie im Jahr 1240, als Einer von ihnen den christlichen Glauben annehmen wollen, einen Auflauf, Mord und Todschlag erreget, welcher sich, mit einem von ihnen angelegten entsetzlichen Brand, welcher beynahe die Helfte der Stadt wegnahm, geendiget hat. Sie wurden daher theils erschlagen, theils aus der Stadt gejagt, und diese Selbstrache, von König Konrad

rad, wo nicht gebilliget, dennoch entschuldiget und erlassen.

s. Lersners Chronik, B. 1. K. 43. und Schudt a. a. O. B. 6. K. 2.

Man findet nirgends aufgezeichnet, wenn und wie die Juden, nach jener Zeit, wieder nach Frankfurt gekommen seyen. Es wurde aber im Jahr 1349 abermals ein grosser Theil derselben aus der Stadt vertrieben, weil sie Feuer in das damalige Rathhaus geworfen hatten, wodurch dasselbe nebst der Bartholomäikirche und vielen Christenhäusern in die Asche gelegt worden.

s. Lersner und Schudt a. a. O.

Je nachdem sich nachher die Anzahl der hiesigen Juden aufs neue vermehrte, nahmen auch die Klagen der Burgerschaft über dieselben wieder zu (*), besonders beschwerte sich diese zu Anfang des 17ten Jahrhunderts über der Juden allzugrosse Anzahl und Wucher (**), daher auch im Burgervertrag §. 22. ausgemacht worden, daß der Rath, mit Zuziehung der burgerlichen Siebener und Neuner, wegen der Juden Anzahl, eine gewisse Ordnung machen solle.

(*) s. die oben No. 113. angeführte Schrift Beyl. D. S. 17—24.

(**) s. Diarium historicum, besonders S. 13. 15. u. f. S. 70. u. f.

Man fieng auch wirklich an, sich über die Abschaffung der Juden zu berathschlagen, fand aber, daß sich die gänzliche Abschaffung derselben
nicht

nicht auf einmal thun ließe, und beschloß daher, einsweilen nur eine Moderation oder Particularabschaffung derselben vorzunehmen, mit den überbleibenden hingegen, bis zu ihrer gänzlichen Abschaffung, eine gewisse Ordnung zu machen.

s. die oben No. 113. angeführte Schrift Beyl. D. S. 25. 26.

Es wollte aber der unruhige Pöbel die Ausführung dieser Entschließungen nicht abwarten, sondern stürmte den 22sten Aug. 1614 in die Judengasse, plünderte dieselbe zum Theil aus, und kündigte den folgenden Tag, unter Fettmilchs Anführung, denen sich auf ihren sogenannten Kirchhof geflüchteten Juden den Schutz förmlich auf. Der Rath und die eigentliche Burgerschaft, die an diesem unordentlichen Verfahren keinen Theil hatten, sahen sich daher genöthigt, die Juden, um grösserm Unheil zuvor zu kommen, zu Schiff aus der Stadt ganz wegbringen zu lassen.

s. Diarium historicum S. 133. 147. 261, die oben No. 38. angeführte Beschreib. der Execution S. 32. Lersners Chron. Th. I. B. I. Kap. 25. S. 394. Ludolfs Schaubühne der Weltgesch. Th. I. B. 14. S. 498. und Schudt a. a. O. B. 6. K. 4.

Die Juden erlangten jedoch im Februar 1615 ein Kaiserl. Mandatum pœnale restitutorium, und wurden nach Bestrafung der Tumultuanten den 28sten Febr. 1616 in ihre Gasse feyerlichst wieder eingeführt, und nunmehro ward in der neuen Stättigkeit §. 14. 99 und 100 verordnet, daß die im Schutz stehende Juden nicht sämmtlich aus der Stadt geschafft werden dürften, wohl aber dem Rath erlaubt seyn solle, einzelne unter ihnen wegen begangener Verbrechen ihrer Stättigkeit zu berauben und wegzujagen.

Ob nun gleich also diejenigen Juden, so die Stättigkeit haben, vermöge derselben gegenwärtig einen sichern und unvertriebenen Aufenthalt in der Stadt haben; so ist doch dem Rath unverwehrt, alle diejenigen, welche gedachte Stättigkeit nicht besitzen, fortzujagen. Es sind auch im Jahr 1711 nach dem oben §. 80. erwähnten Brand alle diejenigen, so keine Stättigkeit hatten, fortzuziehen angehalten worden (*).

(*) s. Schudt a. a. O. B. 6. Kap. 6. S. 90.

Wenn übrigens ein Jude selbst von hier weggehn, und wo anders hinziehen will; so soll er die Stättigkeit, wie sichs gebührt, aufsagen und auf der Rechenen seiner Schuldigkeit nachkommen (*). Die von hier abziehende Juden können jedoch ihre Stättigkeit nicht beybehalten (**), ausgenommen diejenigen Judenkinder, welche, so lang die Zahl der hiesigen Judenschaft voll ist, anderwärts wohnen, unterdessen aber ihre jährliche Gaben und Anlagen wie andere Juden fortgeben, auch wegen dieser jährlichen Abgaben und allenfalsigen zehnten Pfennigs Caution stellen (***).

(*) s. Stättigkeit §. 1. und 38.
(**) s. Orths Anmerk. üb. die Frankf. Ref. Th. 1. S. 283. Fortf. 3. S. 195.

(***) s.

II. Hauptſt. Einwohner 5) Landleute.

(***) ſ. die Kaiſerliche Reſcripte vom 27ſten Nov. 1737. und 4ten Aug. 1738. und die Rathsverordnung vom 4ten Oct. 1770.

V. Von der Stadt Frankfurt Angehörigen auf dem Lande.

§. 38.
Von denſelben überhaupt.

Das Gebiet der Reichsſtadt Frankfurt iſt zweyfach: 1) dasjenige, ſo ſich innerhalb der älteſten Landwehr befindet (*); 2) dasjenige, ſo ſich auſſerhalb derſelben befindet. Im erſtern ſind keine Dörfer, ſondern nur einzelne Gartenhäuſer und Meyerhöfe, welche nebſt denen dazu gehörigen Gärten, Aeckern und Wieſen nur hieſigen Bürgern, und keineswegs Beyſaſſen oder Bauern, zugehören können (**), dergeſtalt, daß es nach einer Rathsverordnung vom 9ten Aug. 1714 und 11ten Oct. 1763 nicht einmal denen Eigenthümern erlaubt iſt, andere Perſonen als Burger oder gebrödetes Geſinde darauf zu ſetzen. Von den Bewohnern dieſes Theils des Frankfurtiſchen Gebiets iſt alſo hier nicht die Rede.

(*) von dieſer Landwehr redet Lersner in Chron. Th. I. B. I. K. 6. S. 19.

(**) ſ. Orth in Anmerk. Fortſ. 3. S. 137.

Ganz anderſt aber verhält es ſich mit dem auſſerhalb der alten Landwehr befindlichen Stadt Frankfurtiſchen Gebiet, in welchem wir dreyerley Gattungen von Einwohnern antreffen, nemlich 1) Güterbesitzer, welche das Burgerrecht in der Stadt Frankfurt haben; 2) die Unterthanen in den Dörfern Bornheim, Hausen, Oberrad, Niederrad, Bonames, Dutkelweil, Niedererlenbach und Niederursel; und 3) die Nachbarn zu Sulzbach und Soden.

§. 39.
Von den Güterbesitzern, welche das Burgerrecht in der Stadt haben.

Fast auf allen Frankfurtischen Dörfern finden sich Güterbesitzer, welche in der Stadt das Burgerrecht haben. Diese sind in Ansehung ihrer Person wie andere Burger anzusehn; ob aber auch ihre Güter deßwegen frey von allen Beschwerden sind, weil sie solche schon als Bürger verschätzen, dieß ist noch nicht völlig entschieden.

Es sind zwar verschiedene bürgerliche Güter vorhanden, die von jeher frey gewesen sind, z. E. das von Baurische Gut zu Bonames (*); viele sind aber auch ehemals und ehe sie in burgerliche Hände gekommen, bloße Bauerngüter und dergl. gewesen, und diese letztern sind es, über deren Freyheit man noch nicht einig ist.

(*) obgleich auch bey diesem, wie verlautet, erst vor kurzem einige Hufen sollen streitig gemacht worden seyn.

Zu Anfang des gegenwärtigen Jahrhunderts behauptete der Schultheiß Ruland zu Niedererlenbach in Ansehung seiner Güter steuerfrey zu seyn,

seyn, weil er solche schon als Bürger zu Frankfurt verschätzte. Allein die Gemeinde setzte sich dagegen, und Ruland ward nicht allein durch einen Schöffenbescheid vom 28sten May 1710 diesem ohnerachtet zu Mittragung der Beschwerden verurtheilt, sondern ihm auch, da er hievon an den Reichshofrath appellirte, durch ein Conclusum vom 6ten Febr. 1716 die Appellation abgeschlagen (*). In neuern Zeiten sind jedoch abermals und aus ähnlichen Ursachen verschiedene Processe bey den höchsten Reichsgerichten anhängig geworden.

(*) s. Orths Samml. merkw. Rechtshändel, Th. 10, S. 1090. u. f.

In Ansehung der Frankfurter Bürger, welche zu Niederrad Güter besitzen, hat sich die Stadt den 29sten Aug. 1668 mit dem Deutschen Orden verglichen, daß solche die Beschwerden davon gleich andern Ingesessenen tragen, und wenn sie dieselben verkauften, den zehnten Pfennig zurücklassen sollten.

Bey Sulzbach und Soden ist aber im Vergleich zwischen Chur-Maynz und Frankfurt vom Jahr 1657 ausgemacht worden, daß mit denjenigen Gütern, welche die Frankfurter Bürger von langen Jahren her daselbst besessen, keine Neuerung vorgenommen, sondern diese in dem Stand gelassen werden sollen, wie sie hiebevor vom Magistrat zu Frankfurt gelassen worden, auch solle insbesondere David Malapart und seine Erben in dem Besitz der dasigen Salzode von beeden Herrschäften geschützt werden, hingegen die seit 1624 an Frankfurter Bürger gekommene Güter sollten mit zur jährlichen Beet und Reichssteuer contribuiren.

§. 40.

Von den Unterthanen auf den acht Stadt Frankfurtischen Dörfern.

Die Unterthanen auf denen Dörfern der Stadt zahlen zum Theil einen jährlichen Leibschilling, bekommen auch bey der Leibeserledigung einen Lösschein, welches alles noch wahre Kennzeichen und Ueberbleibsel einer Leibeigenschaft. Ihre Güter besitzen sie theils als eigen, theils als Lehen, wie denn besonders die Landsiedelleyhe (*) auf denselben, wie in der ganzen Wetterau, gebräuchlich ist. Wenn ein Unterthan seinen Nachbarend ablegt, so zahlt er für sich und seine Frau, wenn sie beyde Nachbarskinder sind, oder eins davon fremd ist, ad Aerarium 1 fl. 30 kr., wenn sie aber beyde fremd sind, 3 fl. Die Beysassen aber, so angekommen werden, zahlen bey Ablegung des Schutzendes nur pro Inscriptione 50 kr. (**). Sie sind gleich den Bürgern, Beysassen und Juden den allgemeinen Stadtgesetzen unterworfen, dabey ihnen jedoch auch versprochen ist, sie bey ihrem alten Herkommen zu lassen (***). Uebrigens haben sie auch unter andern in der Stadt den Vorzug vor den Fremden, daß von jedem Dorf drey oder vier Becker nicht allein auf den Markttägen, sondern

sondern auch andern Tagen in der Stadt Brod verkaufen dürfen (****).

(*) Von dieser ist ein mehreres zu lesen in Orths Sammlung merkw. Rechtshändel Th. 4. S. 964—1036.

(**) s. Taxrolle des Landamts bey Orth in Anmerk. Fortf. 3. S. 589. u. f. und in Müllers Samml. der Kaiserl. Resol. Abth. 2. S. 208. In derselben ist auch ihre jährliche Schatzung und dergleichen angegeben, wovon unten.

(***) s. erneuerte Reformation der Stadt Frankfurt im Vorbericht und Th. 2. tit. 5. §. 2.

(****) s. Burgervertrag §. 52. und die Rathsverordnungen vom 14ten Jan. 1721. und 15ten Aug. 1775.

Die hieher gehörigen Dörfer, deren jedem ein Schultheis vorgesetzt ist, sind folgende:

1) Die Dörfer Bornheim, Hausen und Oberrod, welche ehedessen unter das Centgericht des Bornheimerbergs gehörten, durch einen im Jahr 1481. mit Hanau getroffenen Vergleich aber an die Stadt Frankfurt gekommen sind, und wovon Hausen an dem Niddafluß, die andern beyden aber ganz nahe bey der Stadt liegen.

s. Lersners Chron. B. 1. Kap. 31. Orths Anmerk. Fortf. 3. S. 135. 236—245. 256. 448. Zus. S. 222—225. und ebendess. Samml. merkw. Rechtshändel Th. 2. S. 423—467. Siehe auch noch unten.

2) Bonamese an der Nidda, welchen Ort die Stadt im Jahr 1367. vom Ritter Johann Faut zu Bonemese gekauft hat, und zwar mit Einwilligung des Abts von Fulda, weil das Gericht und der Dinghof daselbst von demselben zu Lehen gieng, und die Stadt auch noch jetzo damit belehnt wird. s. Lersners Chron. Th. 2. B. 1. K. 31. S. 589 u. f.

3) Niedererlenbach jenseits der Nidda, allwo der Rath zu Frankfurt laut Kaiserlichen Privilegii schon 1376 Schultheiß und Schöffen setzte.

4) Dürkelweil, dessen Gemeinde der Kaiser Ruprecht schon im Jahr 1400. zum schuldigen Gehorsam gegen Burgermeister, Schöffen und Rath ernstlich ermahnte, indem sie „an sie gehört und in befohlen, „von des Reichs wegen, nach lautte Reichs= „briefe und Privilegien, als sie darüber „inne haben."

5) Niederursel, von welchem Ort der Stadt nur die Hälfte gehöret. Es gehörte nemlich sonst einem gewissen Herrn Veit von Ursel, welcher es zu Anfang des 15ten Jahrhunderts zum theil an Frankfurt, zum theil an Franken von Cronburg verkauft. Des letztern Antheil kam durch Heyrath an die Grafen von Solms, daher es nachher Solms=Rödelheim und Frankfurt gemeinschaftlich besessen. Weil aber diese Gemeinschaft

schaft, zwischen beyden Theilen zu verschiedenen Irrungen Anlaß gegeben hatte; so wurde durch einen Vergleich vom 7ten Jul. 1714. das Dorf samt seiner ganzen Terminey und mit aller landsherrlichen Hoheit in zwey gleiche Theile getheilt, ausgenommen die Kirche und der Kirchhof, welche gemeinschaftlich geblieben, und das Jus episcopale, welches an Solms überlassen worden, wobey jedoch die Frankfurter Unterthanen auch einen zweyten Proclamations- und Copulationsschein beym Landamt abholen sollen, auch denenselben ohne vorhergehende Anzeige keine Kirchenbuße soll auferlegt werden.

6) Niederrode, welcher Ort nicht weit von dem Ufer des Mayns weg liegt. Ehedem hatten der Deutsche Orden, die Grafen von Solms und Frankfurt zugleich Theil daran. In dem Jahr 1569. den 13ten Dec. tratt aber Solms seinen Antheil an Frankfurt, gegen die Anforderungen, welche die Stadt an das Schloß zu Rödelheim hatte, ab, und seitdem gehören drey Theile davon der Stadt Frankfurt und ein Theil dem Deutschen Orden. Wegen der Regierung desselben haben sich nachher beyde Theile den 29sten Aug. 1668. noch besonders verglichen, und vermöge dieses Vergleichs soll die Stadt 3 Jahr, und der Orden 1 Jahr abwechselnd die Regierung haben, dergestalt, daß eine jede Herrschaft während ih-

rer Regierungsjahren, Schatzung, Steuer, Schirmgeld, Acciß, Dienste, 10ten Pfennig ꝛc. ziehet, Bürgermeister, Vormünder und Weinschätzer (jedoch in beyder Herrschaften Namen) setzet und in Pflicht nimmt, auch die Vormundsrechnungen abhört, die Criminalia aber, und die Loslassung der Leibeigenen beyden gemein sind.

§. 41.
Von den Nachbarn zu Sulzbach und Soden.

Drey Stunde von Frankfurt und zwischen dem Hessen-Darmstädtischen Antheil an der Herrschaft Eppstein, und dem Churmaynzischen Oberamte Königstein, liegen die zwey Dörfer Sulzbach und Soden, beyde nicht weit von einander.

Die Bewohner dieser Dörfer behaupten Reichsfreye Leute zu seyn, und jederzeit unmittelbar unter Kaiser und Reich gestanden zu haben, und zum Beweis dieser Unmittelbarkeit werden in der oben No. 271. angeführten Schrift folgende Gründe angegeben:

1) Kaiser Conrad II. habe zwar im Jahr 1035, der in der Lersnerischen Chronik angeführten Urkunde zufolge, Sulzbach dem Kloster vom heil. Creutz zu Limburg an der Hard zu eigen übergeben, diese Urkunde seye aber nicht ächt, und überdieß erhelle auch aus dem Ganzen, daß der Abt zu Limburg
nur

nur die Vogtey über Sulzbach und die derselben anklebende Nutzungen und Rechte erhalten habe.

2) Die beyden Dörfer Sulzbach und Soden hätten sich im 13ten Jahrhundert nur freywillig mit Frankfurt, zu einem fœdere mutuæ defensionis verbunden, und ob sie sich gleich nachher auch zur Concurrenz bey den Reichsheerzügen anheischig gemacht, so seye doch dieser Nexus erst nach einiger Zeit vom Kaiser im Jahr 1444 bestättiget worden, daß die Stadt sie vorsprechen, verantworten und vertheidigen solle, aus welchem allem aber erhelle, daß der Frankfurtische Schutz kein landesherrlicher, sondern ein selbst erwählter und nur majoris firmamenti causa vom Kaiser bestättigter Schutz gewesen sey.

3) Erst zur Zeit des die Gegenden Frankens, Schwabens und am Rhein verwüstenden Marggräflichen Kriegs hätten sich die zwey Gemeinden im Jahr 1450 genöthigt gesehn, zu Bezahlung einer Brandschatzung eine Summe von 800 Gulden bey der Stadt Frankfurt aufzunehmen, und zu deren Sicherheit, nebst 40 Gulden Pension nicht nur all ihr Haab und Gut, sondern auch sich selbst während Pfandschaft als leibeigene Leute hinzugeben. Allein Kaiser Rudolff II. habe ihnen demohnerachtet noch im Jahr 1582 ihre Privilegien bestättiget,

ja

ja im Jahr 1613 seyen sie durch Vermittelung der, zu Beylegung der Frankfurtischen innerlichen Unruhen verordneten Kaiserlichen Commissarien, des Unterthanen-Eids und Diensts wieder entbunden, und aufs neue in Conformität der Kaiserlichen Privilegien verpflichtet worden, nachdem vorhero die Stadt ihre 800 Gulden wiederum abgelegt bekommen.

4) Als im Jahr 1561 die Limburgischen Stiftsgüter secularisirt und von Churpfalz eingezogen worden, so habe dieses Churhaus mehreres Recht auf Sulzbach nicht an sich gebracht, als das Stift selbsten gehabt, nemlich nur die vogteylichen Rechte, welche endlich im Jahr 1650 von Pfalz an das Erzstift Maynz abgetretten worden. Ob nun gleich die Limburgische und Pfälzische Vogteyherrschaften sich nie gegen die Leibeigenschaft der beyden Dörfer gesetzt, auch sich sonst nie in die Schutzherrliche Rechte der Stadt Frankfurt gemischt; so habe diß doch jetzt der Churfürst von Maynz gethan, worüber endlich der Vergleich zwischen Maynz und Frankfurt im Jahr 1657 zu Stande gekommen.

Man will aber diese von den Gemeinden vorgegebene Reichsfreyheit von Seiten Maynz und Frankfurts nicht eingestehn, und Orth in Anmerk. über die F. Ref. Fortß. 4. S. 136. und in seiner Samml. merkw. Rechtshändel. Th. 10. S. 1154

S. 1154—1165. behauptet, daß sie in ältern Zeiten der Stadt Frankfurt eigentlich und allein zugestanden, und diese Stadt nicht nur die blose Schutz- und Schirmgerechtigkeit über dieselben gehabt hätte, denn

1) hätten die beyden Gemeinden von Alters hergebracht gehabt, ihre Urtheile und Rechte bey der Stadt Frankfurt zu holen, wie solches unter andern aus dem Privilegio Kaiser Friedrichs vom Jahr 1434 erhelle, hierunter aber könne kein bloser willkührlicher Oberhof verstanden werden.

2) Stehe ausdrücklich in dem der Stadt im Jahr 1437 ertheilten Kaiserl. Privilegio über die warme Quelle zu Soden, wie das Dorfe zu Soden von langen Zeiten her zu derselben Stadt Frankfurt gehöret hat und mit ihnen herkommen ist, welcher Ausdrücke sich auch der Kaiser Friedrich III. in der Bestättigung dieses Privilegii vom Jahr 1483 bediene, woraus denn der sichere Schluß zu machen sey, daß gedachtes Dorf Soden der Stadt Frankfurt zugehört, und eben so auch Sulzbach, indem beyde Dörfer zu allen Zeiten beysammen waren.

Zu Anfang des 17ten Jahrhunderts waren zwischen dem Rath zu Frankfurt und den beyden Gemeinden heftige Streitigkeiten entstanden, wie unter andern aus dem Diario historico S. 147. und 192. erhellet. Es hatte sich aber auch Churmaynz

maynz in solche gemischt, denn der Rath beschwerte sich darüber im Jahr 1652 beym Reichshofrath, „was gestalten ihre Gemeinde zweyer „angehörigen Flecken Sulzbach und Soden, „darinnen sie vor etlich hundert Jahren in pos„sessione gewesen, sich gänzlich abzureissen und „Ihrer Churfürstl. Gnaden zu Maynz und Dero „Erzstift anzuhenken sich unterstünden " (*). Doch bald darauf wurden durch einen den 1sten Oct. 1656 zwischen Maynz und Frankfurt errichteten, und vom Kaiser den 30sten Jan. 1657 bestättigten Vergleich (**), der behden Herrschaften Gerechtsame auf eine feste und gewisse Art bestimmt, und darinnen ausgemacht:

1) Beyde Gemeinden Sulzbach und Soden sollten bey ihren Privilegien, Gerichten, Rechten und Gewohnheiten nicht beeinträchtiget, sondern von beeden Herrschaften dabey geschützt und gehandhabet werden. Ausser dem Beytrag zu der Stadt Frankfurtischen Reichssteuer und der jährlichen überhaupt angesetzten Beet und Schatzung sollten sie von aller Leibeigenschaft, Frohndiensten und sonstigen Abgaben, die Zehnden und auf den Gütern haftende Zinsen ausgenommen, völlig frey, ihnen auch das Fischen und Jagen in ihrer Terminey unbenommen seyn. Uebrigens sollten auch Schultheiß, Gericht und alle Nachbarn beeden Herrschaften wie von Alters und auf den Inhalt des Vergleichs die gebührende Huldigung leisten. Art. 1. 4. 11. 15. 23. 24.

2) Dem

2) Dem Churfürsten von Maynz solle der Frohnhof und das Höfische Gericht zu Sulzbach mit allen seinen Gerechtigkeiten, Zu- und Angehörungen, wie die von Alters herkommen, verbleiben. Art. 6.

3) Der Stadt Frankfurt hingegen sollen die ihr und ihren Bürgern gegenwärtig zustehende Güter und Zugehör verbleiben, und samt den Hofleuten frey und keiner Beschwerung unterworfen seyn. Art. 7. 8. 9. 25.

4) Die Jurisdictionalia betreffend, sollen Criminalsachen, welche pœnam capitalem & corporis afflictivam nach sich ziehen, Churmaynz allein (ausgenommen wenn Frankfurter Burger und Burgerskinder daselbst delinquirt hätten,) hingegen die übrigen Criminal- wie auch alle Civilsachen, nebst der hohen Obrigkeit, Churmaynz und Frankfurt gemeinschaftlich zustehn. Zur Expedition aller gemeinschaftlichen Handlungen aber solle jährlich den 16ten May und den 16ten Nov., oder so oft es beede Herrschaften sonst vor gut befinden, der Churmaynzische Amtmann zu Neuenhain und ein Deputirter des Frankfurter Landamts alldа zusammenkommen. Art. 10. 22.

5) Die Burgermeisterrechnungen sollten jederzeit zuerst der Gemeinde vorgelesen, alsdann beeden Herrschaften in Duplo übergeben, und nach deren Uebersehung, auch in vim probationis geschehenen Unterschreibung,

III. Abschn. Grundverfassung.

bung, die eine wieder zurückgegeben werden. Art. 20.

6) Was noch in Ansehung des Kirchenwesens, der beyden Gerichte (denen beyde Herrschaften wechselsweis einen gemeinschaftlichen Schultheiß vorsetzen) u. s. w. verglichen worden, davon siehe unten.

(*) s. Mosers Reichsstädtisches Magazin S. 365.

(**) Steht in der zwenten Ausgabe des Frankfurter Privilegienbuchs und in Mosers Reichsstädtischem Handbuch Th. I. S. 604. u. f.

VI. Von den Fremden.

§. 42.

Von den hier sich aufhaltenden Fremden überhaupt.

Alle diejenige Personen, welche sich zu Frankfurt aufhalten und zu denen im vorhergehenden erwähnten Klassen von Einwohnern nicht gehören, werden unter dem allgemeinen Namen der Fremden und Ausländischen begriffen, von denen überhaupt zu bemerken, daß sie keine liegende Güter in der Stadt und deren Gebiet besitzen, auch kein Gewerbe allhier treiben dürfen, ausgenommen was in den beyden Messen einem jeden zu handeln erlaubt ist.

Es

II. Hauptst. Einwohner 6) Fremde. 173

Es sind aber unter diesen Fremden folgende drey Gattungen zu unterscheiden:

1) Fremde, so sich bey hiesigen Bürgern u. s. w. oder bey der Stadtgarnison in Diensten befinden.

2) Fremde, so sich allhier aufhalten und ihre eigene Haushaltung führen, und zwar:

    a) solche, die, auf so lange sie hier bleiben, um den Obrigkeitlichen Schutz angesucht, und in der Frankfurter Reformation Vorrede und Th. 10. Tit. 1. §. 9. 10. durch den allgemeinen Namen der Einwohner angedeutet werden.

    b) solche, die nicht besonders in den hiesigen Schutz aufgenommen worden.

Von den erstern wird unten im vierten, und von den letztern im fünften Abschnitt, hier aber nur von denen im Schutz stehenden Fremden geredet werden.

§. 43.
Von den Schutzverwandten.

Es ist, wie wir noch unten sehn werden, nur wenigen Fremden erlaubt, ohne im hiesigen Schutz zu stehn, ihre besondere Wohnung in der Stadt zu haben, und ausser diesen, und denen Bürgern, Burgerssöhnen, Burgerstöchtern, Burgerswittwen, Beysassen, Beysassenkindern und Wittwen, Soldaten, Soldatenwittwen und Kindern, Schutzjuden und deren in der Stättigkeit stehenden Wittwen und Kindern, wie auch solchen Fremden, so bey Handwerkern in Arbeit stehn, sollen die Burger, Beysassen und Schutzjuden keine Herren- und Schutzlose Personen zwischen den beyden Messen beherbergen, welches nur denen deßhalb privilegirten Gastwirthen erlaubt ist.

> s. die Rathsverordnungen vom 16ten Oct. 1704, 26sten Sept. 1710, 29sten Oct. 1726, 6ten Nov. 1736, 21sten Jun. 1746, 28sten Jun. 1757, 8ten Merz und 10ten May 1763, 17ten May 1764 und 27sten Dec. 1770.

Alle diejenigen also, die nicht zu denen so oben genannten Personen gehören, und sich doch hier aufhalten, ihre ordentliche Haushaltung führen, auch eine besondere Wohnung miethen wollen, müssen zuvor um den Schutz ansuchen, und wenn ihnen solcher von dem Rath auf einige Zeit und gegen ein gewisses jährliches oder überhaupt bestimmtes Schutzgeld bewilligt worden; so werden sie auf dem Schatzungsamt eingeschrieben, und erhalten auf so viel Zeit, als vom Rath erlaubt worden, einen Permissionsschein, müssen aber auch eidlich versprechen „denen Herren „Burgermeistern, Schöffen, Rath und der „Stadt Frankfurt gehorsam, treu und hold zu „seyn, sie und die Bürger vor Schaden zu war„nen, und Bestes zu werben, auch in keine „Weis wider sie zu thun; dafern sie aber über „kurz oder lang einiges Gewerb, Handthierung „oder Nahrung allhier treiben würden, sich we„gen des Schreibgelds, eidlicher Anzeige des
„Ver-

„Vermögens, Beobachtung der gedruckten Bey=
„sassenordnung, Abstattung des zehnten Pfen=
„nigs bey ihrem Abzug, und sonsten in allen
„Stücken demjenigen gemäß zu verhalten, wozu
„andere hiesige Beysassen verbunden sind."
Wiewohl man es in Ansehung der Ablegung des
Eides bey vornehmen und adelichen Personen
nicht allezeit so genau beobachtet.

    s. Visitationsordn. Tit. 11. und Rathsverordnung
        vom 28sten Jun. 1757 und 17ten May 1764.
        Die Eidesformel aber, so auch besonders
        gedruckt ist, steht in Orths Anmerkungen
        Fortf. 3. S. 232.

    Wenn nun fremde Personen auf solche Art
in den hiesigen Schutz aufgenommen worden,
und sich hier, ausserhalb der Gasthäuser, auf=
halten dürfen, so sind sie zwar der hiesigen Ge=
richtsbarkeit, derjenigen Sachen halber, die
während ihres Schutzes sich begeben, unterwor=
fen, können aber keine bürgerliche Rechte und
Freyheiten genießen; daher sie auch, nach geen=
digter Zeit, von diesem ihnen gegebenen Schutze
frey sind, und ohne daß sie etwas weiter zurück=
lassen müssen, wieder abziehen können. Sollten
aber solche Schutzverwandte mit der Zeit einiges
Gewerb treiben; so müssen sie sich vermöge ihres
Eides zu all demjenigen bequemen, wozu die
hiesigen Beysassen verbunden sind, von denen sie
alsdann nur in Ansehung der Dauer ihres Schu=
tzes unterschieden sind.

    s. die Kaiserlichen Privilegien vom Jahr 1465.
        und Orths Anmerk. über die Frankf. Ref.
    Fortf. 3. S. 232. 233. Fortf. 4. S. 96.

§. 44.
Von den fremden Juden.

Kein Christ, selbst diejenigen nicht, so sonsten offene Gastherberge haben, sollen fremde Juden ausser der Messe beherbergen, aber auch die hiesige Schutzjuden sollen ihnen, ohne vorgängig beym Schatzungsamt dazu ausgewürkte Erlaubniß, keine Wohnung und Aufenthalt verstatten.

s. die Rathsverordnungen vom 26sten April 1694, 8ten Merz 1763 und 17ten May 1764.

Was sonst noch in Ansehung derer fremden Juden verordnet worden, davon wird unten geredet werden.

III. Hauptstück
von der
Regierungsform der Reichsstadt Frankfurt.

§. 45.

Schon aus dem vorigen Hauptstück erhellet, daß unter allen Klassen der Bewohner Frankfurts, die Bürger die meisten und vorzüglichsten Rechte daselbst besitzen. Es werden auch nur aus dieser Klasse, und auf eine durch die besondere Stadt-Grundgesetze und Verträge bestimmte Art, diejenigen Personen erwählt, welche

welche der Verwaltung des gemeinen Wesens vorstehn, und hiedurch die zwey Haupttheile des Frankfurtischen Staats, der Magistrat und die Burgerschaft, gebildet. Beyde Theile zusammengenommen, und keiner von ihnen allein (*), machen den eigentlichen unmittelbaren Reichsstand aus, jedoch so, daß die Ausübung derer Reichsständischen und Landeshoheitlichen Rechte nur allein dem Magistrat zukommt, und dieser nur in gewissen Fällen an die Einwilligung der Burgerschaft gebunden ist.

(*) s. die Kaiserliche Resolutionen vom 2ten Oct. und 17ten Nov. 1739. und 11ten Oct. 1746.

I. Vom Magistrat.

§. 46.

A) Veränderungen, so sich mit dem Magistrat zu verschiedenen Zeiten zugetragen.

1) Dessen älteste Verfassung.

In Frankfurt waren schon frühzeitig, und wenigstens schon zur Zeit Kaiser Friedrich des Zweyten, Burgermeister und Räthe. Diese hatten jedoch nur die gemeinen Stadt- und Polizeysachen zu besorgen, indem die Gerichtsbarkeit ein dem Schöffengericht vorgesetzter Kaiserlicher Schultheiß ausübte, dessen Schöffen übrigens aus dem Rath genommen wurden.

s. Orths Anmerk. über die Frankf. Ref. Fortf. 4. S. 132. 152. 186. 272. 285.

Aus wieviel und besonders aus was für Personen aber der Rath zu Frankfurt in den ältesten Zeiten bestanden, davon kann man nichts völlig gewisses sagen. Die Meynungen darüber sind sehr verschieden, und behaupten einige, daß anfänglich blos allein die adelichen Geschlechter die Stadtregierung verwaltet, andere aber schreiben auch den übrigen Bürgern schon in den ältesten Zeiten einen Antheil an derselben zu. Es sind dieß nichts als Muthmassungen, die jederzeit, nachdem einer etwas daraus zu seiner Meynung auszuführen gesucht, eingerichtet worden, und die wir daher um desto mehr Bedenken tragen hier anzugeben, oder gar mit neuen zu vermehren, je weniger ein Nutzen und Einfluß für die heutige Verfassung Frankfurts daraus zu erwarten ist. Liebhaber von dergleichen antiquarischen Untersuchungen verweisen wir auf die oben No. 23. 24. und 99. angezeigten Schriften.

§. 47.

2) Erste gewisse Nachrichten davon.

Erst in den Urkunden des 14ten Jahrhunderts trifft man gewisse Nachrichten von der vormaligen Einrichtung des Magistrats an.

Es herrschte nemlich um die Mitte gedachten Jahrhunderts allhier eine große innerliche Unruhe, besonders wegen der Besetzung des Raths, es sey nun, daß die Geschlechter die andern Bürger

ger aus dem Rath verdringen, oder daß sich die letztern erst in denselben eindringen wollten. Diese Zwistigkeiten wurden im Jahr 1358 durch Vermittelung des Kaiserlichen Landvogts in der Wetterau beygelegt und zugleich in dem deßhalb errichteten Vergleich (*) denen Schöffen und Rath das Wahlrecht ihrer Mitglieder und der jährlichen Burgermeister, als ein von Alters hergebrachtes Recht, bestättiget. Es war zwar auch in diesem Vertrag ausgemacht worden, daß künftig die Handwerker und die Gemeinde aus ihren Mitteln 12 Personen erkiesen, und sie dem Rath, um 6 daraus zu erwählen und zu sich zu nehmen, vorstellen, solche aber alle Jahr abgehn, und eben so viele neue erwählt werden sollten; allein diese Einrichtung ward einige Jahre darauf vom Kaiser Karl IV. wieder aufgehoben, wie aus denen oben angegebenen zweyen Privilegien dieses Kaisers vom 4ten Jan. und 4ten Dec. 1366 erhellet. Dem ohnerachtet werden in dem bey Lersner Th. 2. B. 1. S. 136. u. f. befindlichen Verzeichniß derer Rathsherrn noch immerfort Rathsglieder aus den Handwerkern und auch Kaufleute angegeben.

(*) s. oben Abschn. 1. §. 2.

§. 48.

3) Veränderungen zu Ende des 14ten Jahrhunderts.

Im Jahr 1372 kam das Reichsschultheissenamt durch Kauf an die Stadt (*), und in einer

Urkunde Kaiser Wenzels vom Jahr 1390 wird die bisherige Zahl der Magistratspersonen auf 43 angegeben; zugleich aber auch, auf Ansuchen des Magistrats, erlaubt, noch zwanzig „erbar „und unversprochene Leute, die dem Reich ehr- „lich und ihnen und der Stadt nützlich seyen," dazu zu nehmen. Kaiser Ruprecht bestättigte jedoch im Jahr 1408 wieder die alte Anordnung, und befahl, daß hinführo wie zuvor nur 43 „ehr- „bare" Personen den Rath besetzen sollten.

(*) wovon unten Abschn. 4. §. 1.

Um diese Zeit setzt auch Mogen (*) den Ur- sprung der sogenannten Handwerksbank, welches aber vielleicht nur von ihrer heutigen Einrichtung zu verstehn seyn mag, wie denn auch Kaiser Wen- zel im Jahr 1395 (**) festgesetzt hatte, daß hin- führo immer 14 Schöffen vorhanden seyn sollten, woraus nun gleichsam von selbsten die Abtheilung des Raths in die 3 Bänke entstand.

(*) in der oben No. 99. angeführten Abhandl. S. 28.

(**) siehe die unter den Privilegien angeführte Urkunde.

§. 49.

4) Verfassung desselben im 15ten und 16ten Jahrhundert.

In einer solchen Verfassung blieb alles bis zum Anfang des 17ten Jahrhunderts, wobey jedoch in Ansehung der zu den zwey obersten Rathsbänken gehörigen Personen nichts gewisses bestimmt

bestimmt war. Ob daher gedachte zwey Bänke anfänglich aus allen Gesellschaften ohne Unterschied besetzt worden, und die Gesellschaft Alt-Limburg erst nach und nach das Uebergewicht erhielt, oder ob dieß anderst war, dieß lassen wir dahin gestellt seyn. So viel weiß man gewiß, daß sich zu Anfang des 1612ten Jahres (*) auf denselben 22 Limburger und nur 6 aus den andern Gesellschaften befanden, und daß auch der damahlige Schultheiß ein Mitglied der Gesellschaft Alt-Limburg war.

(*) wie aus dem Lersnerischen Rathsherrnverzeichniß erhellet.

§. 50.

5). **Abänderung, so seit dem Burgervertrag gemacht worden.**

In gedachtem 1612ten Jahre gieng aber mit der Magistratsverfassung eine wichtige Veränderung vor. Es ward nemlich im Burgervertrag §. 2. verordnet: daß von der Burgerschaft 36 Personen dem Rath präsentirt werden, und derselbe aus diesen 18 erwählen, unter den übrigen Schöffen und Rathsherrn austheilen, auch die Rathsstellen nicht eher wieder ersetzen solle, als bis die Zahl wieder auf 43 gekommen, in welchem Fall alsdenn niemals über 14 Limburger im Rath seyn sollten, in Ansehung der übrigen auf den zwey obersten Rathsbänken aber besonders auf Frauensteiner und Graduirte zu reflectiren sey.

III. Abschn. Grundverfassung.

Seitdem sind bis zu Anfang des gegenwärtigen Jahrhunderts immer 7 von der Schöffen- und 7 von der 2ten Bank Limburger, und die 14 übrigen Frauensteiner und andere Bürger gewesen, und zwar auf solche Art, daß, wenn ein Limburger starb, allemal wieder ein Limburger, und wenn ein Frauensteiner oder anderer Bürger abgieng, allemal wieder einer von solchen an dessen Stelle gesetzt worden (*).

(*) s. Lersners Chron. Th. 1. B. 1. S. 255—257. Th. 2. S. 99.

§. 51.

6) Neuere Anordnungen.

Dieß alles erhielt jedoch durch die Kaiserliche Resolutionen vom 22sten Nov. 1725 und 14ten Merz 1732 eine noch bessere, bestimmtere und die heutige Einrichtung, von welcher nunmehro ein mehreres soll geredet werden.

Ueber die Vorrechte der Limburger und Frauensteiner bey den Rathswahlen sind zwar nachher abermals Streitigkeiten entstanden (*), solche aber durch verschiedene Reichshofräthliche Erkenntnisse entschieden worden.

(*) s. die oben No. 97. bis 92. angegebene Schriften.

§. 52.

B) Heutige Verfassung des Magistrats.

1) Der Rathspersonen Zahl und Abtheilung.

Seit uralten Zeiten besteht der Rath aus 43 Personen, wie solches aus dem Privilegio Kaiser

Kaiser Wenzels von 1390 erhellet, und von Kaiser Ruprecht in einem andern, im Jahr 1408 ertheilten Privilegio bestättiget worden.

Diese 43 Rathsglieder sind aber in drey Bänke abgetheilt:

1) Auf der ersten und obersten sitzen die Gerichtsschöffen, deren laut Privilegii Kaiser Wenzels von 1395 jederzeit vierzehn seyn sollen, und zu denen auch noch seit 1606 der Gerichtsschultheiß, als vorsitzender Schöff, gehöret, indem seit gedachtem Jahre keine Fremden mehr, sondern nur die ältesten Schöffen dazu genommen werden.

2) Zur zweyten gehören ebenfalls vierzehn Personen und

3) Auf der dritten sitzen wiederum vierzehn Rathsglieder, welche in der Polizeyordnung von 1568 p. 2. 9. die genannten des grössern Raths von den Handwerkern genannt werden.

§. 53.

2) Von der Rathsfähigkeit.

Diejenigen Personen, so in die Zahl dieser Rathsglieder aufgenommen werden sollen, müssen gewisse Eigenschaften besitzen, ohne welche sie nicht erwählt werden können. Es wird aber von einem zu Erwählenden erfordert:

1) Ueber-

1) Ueberhaupt bey sämmtlichen Rathsstellen:

   a) Daß er nicht allein selbst ein Burger, sondern auch von einem Frankfurter Burger gebohren ist, es sey nun inn- oder ausserhalb der Stadt, s. Burgervertr. §. 2., und Kaiserl. Resol. vom 14ten Merz 1732. Als daher im Jahr 1749 ein gewisser Dietz zum Rathsherrn der dritten Bank erwählt worden, sich aber nachher befunden, daß dessen Vater zwar Burger allhier gewesen, jedoch diesen Sohn noch vor Erlangung des Burgerrechts gezeugt hatte; so entstand darüber ein grosser Streit (*), der sich jedoch endlich durch einen, vor einer Kaiserlichen Hofcommission den 18ten Nov. 1751 geschlossenen Vergleich (**) endigte, in welchem gedachter Dietz auf die ihm zugefallene Rathsstelle und sonstige Schadloshaltung renunciirte, dafür aber 1000 Stück Ducaten erhielt, nebst der Versprechung, daß er die nächste vacant werdende Oberzöllners- Viesiers- oder Güterbestätters Stelle, ohne Kugelung erhalten sollte.

(*) s. die No. 91. angeführte Schrift.

(**) Dieser durch die Kaiserliche Resolution vom 25sten April 1752 bestättigte Vergleich steht in Müllers Sammlung der Kaiserl. Resolutionen Abth. 3. S. 145.

b) Daß

b) Daß nicht schon sein Vater, Sohn, Bruder, Geschwisterkind, Schwiegervater, Tochtermann, Gegenschweher, leiblicher Schwager oder Schwestermann sich im Rath (*) oder Syndicat (**) befindet. Die Verwandschaft mit denjenigen subalternen Stadtbedienten, so nicht mit dem ganzen oder Schöffenrath ihre Verrichtung unmittelbar haben, soll aber an der Rathsfähigkeit nicht hinderlich seyn (***), auch soll die Schwägerschaft durch Absterbung des Weibes, wenn gleich Kinder vorhanden, für erloschen gehalten werden (****). Uebrigens hat sich noch Ihro Kaiserl. Majestät, in Ermangelung tüchtiger Subjecten, die erforderliche Dispensation ausdrücklich vorbehalten (*), solche zu verschiedenen malen wirklich ertheilt (**), aber auch schon abgeschlagen (***).

(*) s. Burgervertr. §. 2. Kaiserl. Resol. I. 1725. §. 2.

(**) s. Kais. Resol. vom 14ten Merz 1732.

(***) s. Kais. Resol. vom 14ten Merz 1732.

(****) s. Kais. Resol. vom 11ten Merz 1735. und 14ten Merz 1732.

(*) s. die R.H.R. Erkenntn. vom 14ten Merz 1732, 15ten Sept. 1746, 2ten May 1757, 12. Merz und 17ten Jul. 1777.

(**) s.

(**) f. die Kaiserl. Resolutionen vom 13ten Aug. und 25sten Sept. 1742, 20sten Dec. 1752 und 21sten Jul. 1783.

(***) Im Concluso vom 15ten Merz 1773.

c) Daß er sein genugsames Auskommen, und nicht nöthig habe, blos allein vom Publico zu leben.

f. Kaiserl. Commissionsdekret vom 7ten Merz 1726.

d) Daß er die schon nach den gemeinen Reichsgesetzen, zu einem solchen öffentlichen Amt erforderliche Eigenschaften besitze, welche in denen Kaiserlichen, der Stadt Frankfurt ertheilten Resolutionen durch ehrlich, redlich, und nach den Reichsconstitutionen qualificirt ausgedruckt werden.

2) In Ansehung der besondern Rathsbänke und zwar:

a) Bey den zwey obersten Bänken, daß er entweder ein Mitglied der Gesellschaften Alt-Limburg und Frauenstein, oder sonst ein ansehnlicher Burger ist. Von den Limburgern sollen sich jedoch nicht mehr als vierzehn, und von den Frauensteinern nicht mehr als sechs zugleich im Rath befinden (*), aber wohl nach der Sachen Umständen weniger (**), und dabey soll unter denselben zwar immer auf das fähigste Subject gesehn werden,

hinge=

hingegen auch der Vorwand, daß einer noch nicht vollkommen volljährig, daß er in Kriegsdiensten gestanden und kein anderes Amt verwaltet, und keine Erfahrung in Frankfurter Staatssachen habe, niemand von ihnen ausschliessen (***). In Ansehung der andern ansehnlichen Burger, soll vorzüglich auf Graduirte reflectirt werden (****), und obgleich durch einige nachherige Kaiserliche Rescripte (*) anbefohlen worden, daß in Zukunft zwischen den Gelehrten und Handelsleuten burgerlicher Seits im Rath eine Gleichheit beobachtet werden solle; so hat doch Kaiser Karl VII., auf die Vorstellung derer Graduirten, dieß zuletzt dahin erklärt (**), daß zwar die Kauf- und Handelsleute, als auch ansehnliche Burger, hauptsächlich zur Beförderung des Commercii nicht ausgeschlossen, jedoch aber auch nach dem alten Herkommen, und vermöge älterer Kaiserlichen Resolutionen, sonderbar auf die Gelehrte jedesmal gesehn und reflectirt werden sollte.

(*) s. Kais. Resol. I. vom 22sten Nov. 1725. §. 4.
(**) s. Kais. Rescript vom 2ten May 1757.
(***) s. die RHR. Conclusa vom 13ten Merz, 17ten Jul. und 15ten Dec. 1777.
(****) s. Burgervertr. §. 2. Kaiserl. Resol. I. vom 22sten Nov. 1725. §. 4. und die Dreyer-Instruction vom 23sten Febr. 1727.

(*) vom

(*) vom 16ten Dec. 1737, 21sten Merz 1738 und 5ten Merz 1739.

(**) s. Kais. Rescript vom 12ten Merz 1743.

b) Bey der dritten Rathsbank, daß er aus einen von den Rathsfähigen Handwerkern, von welchen die Wollenweber, Metzger, Schmide, (oder überhaupt sämmtliche Feuerhandwerker) Becker, und Schuster jedes zwey, die Gärtner, Kürschner, Löher und Fischer aber jedes nur einen aus ihren Mitteln auf gedachter dritten Bank haben. Weil aber das Handwerk der Wollenweber schon lange abgegangen ist, so werden an deren Stelle zwey andere ehrbare Bürger aus allerley Gewerbschaft genommen.

s. Lersners Chron. Th. 1. B. 1. S. 257. und Orth in Anmerk. über die Frankf. Ref. Forts. 3. S. 693.

§. 54.

3) Von der Rathswahl und zwar a) vom Wahlrecht, b) von der Wahlzeit, c) von der Wahlfreyheit.

Das Wahlrecht oder das Recht die Rathsstellen zu besetzen übt der Rath selbst von uralten Zeiten her aus, wie aus dem Burgervergleich von 1358 und aus einem Privilegio Kaiser Karl IV. vom Jahr 1366 erhellet. Es hat aber Kaiser Matthias im Jahr 1616 durch die damals in Frankfurt gewesene Kaiserliche Commissarien

sarien dem Rath zwey Personen zu Rathsherrn präsentiren; jedoch auf die Vorstellungen und Bitten des Magistrats, der sämmtlichen Reichsstädte, wie auch des Churfürsten von Sachsen und des Landgrafen von Hessen-Darmstadt es wieder beym Alten bewenden lassen (*). Auch in neuern Zeiten wurden wiederum J. G. Schweitzer von Wiederhold und ein von Barkhausen, ersterer auf die Schöffen- und letzterer auf die zweyte Bank, wegen ihrer besonderen Verdienste, vom Kaiser vorgeschlagen, jedoch hieben ausdrücklich erklärt, daß solches zu keiner künftigen Präjudiz gereichen solle (**).

(*) s. J. C. ab Uffenbach tract. de Confilio Cæfareo Imperiali Aulico (Francof. 1700. fol.) cap. 12. Sect. 4. p. 167—177. und Lersners Chron. Th. 2. B. 1. S. 96.

(**) s. die Kaiserlichen Resolutionen vom 26sten Sept. 1735 und 3ten Sept. 1744.

Die Wahlzeit ward schon im Privilegio Kaiser Karl des IVten vom Jahr 1366 bestimmt, vermöge dessen eine jede erledigte Rathsstelle binnen zwey Monaten wieder besetzt werden sollte. Es war jedoch zu Anfang des gegenwärtigen Jahrhunderts mit eine von denen Beschwerden der Bürgerschaft, daß man gedachte Zeit nicht mehr beobachtete, und wurde daher im Project Vergleichs §. 2. dieser Punkt zur Kaiserlichen besondern Entscheidung ausgesetzt. Es erfolgte dieselbe auch in der ersten Kaiserlichen Resolution vom 22sten Nov. 1725. §. 4. worinnen die vorige Zeit von zwey Monaten wieder zu beobachten anbefohlen worden.

Damit nun auch die Rathswahl eine völlig freye Wahl sey, so sollen sich die Rathsglieder vor derselben wegen Ersetzung der erledigten Rathsstellen nicht mit einander bereden (*), wohl aber in der Stille nach der Tüchtigkeit einiger Subjecten erkundigen (**).

(*) s. Kais. Resol. I. vom 22sten Nov. 1725. §. 4. und Kaiserl. Commissionsdecret vom 7ten Merz 1726.

(**) s. Kais. Resol. vom 14ten Merz 1732.

§. 55.
d) Von der Wahlordnung.

Die Ordnung, wie die Rathswahl soll vorgenommen werden, ist in der ersten Kaiserlichen Resolution vom 22sten Nov. 1725. §. 4. vorgeschrieben, und nach derselben geschieht solche überhaupt anfänglich durch die Stimmen, hernach aber durch das Loos. Es soll aber bey einer jeden Wahl alles in einem ohnunterbrochenen Actu geschehen, und zwar folgendermassen:

1) Bey der Wahl eines Mitglieds der Schöffenbank, werden auf dieser so viel hölzerne Kugeln ausgetheilt, als Schöffen am Leben sind,

sind, und unter diesen sieben übersilberte. Diejenigen, so die ubersilberte bekommen, werden in besondere Eydespflichten genommen und bleiben darauf in einem besondern Gemach so lang verschlossen, bis sie wegen dreyer Subjecten von der 2ten Bank, nemlich einem Limburger, einem Frauensteiner und einem andern Burger übereingekommen. Die drey auf solche Art erwählte Candidaten aber werden nunmehr dem übrigen Schöffenrath angezeigt, einer von ihnen durch eine unter zwey gelben befindliche goldne Kugel bestimmt (*), und dieser als der neue Schöff sogleich (**) verpflichtet.

(*) Die drey jüngste Schöffen ziehen die Kugeln, nachdem vorher erst durch Zettelloose bestimmt worden, für welchen Kandidaten, und in welcher Ordnung ein jeder ziehen soll.

(**) Ausgenommen wenn ihn Krankheit oder Abwesenheit daran verhindert.

2) Bey der Wahl eines Rathsglieds zur zweyten Bank, werden auf jeder Rathsbank ebenfalls vierzehn, und bey der, wo der Schultheiß sitzet, funfzehn Kugeln ausgetheilt, worunter allemal drey übersilberte. Diejenige, welche die letztern erhalten, sind die Wahlherrn. Sämmtliche neun Wahlherrn bleiben aber nach geleistetem Eyd in einem besondern Zimmer so lang verschlossen, bis sie wegen dreyer Subjecten aus der Burgerschaft, nemlich einem Limburger,

ger, einem Frauensteiner (*) und einem andern ansehnlichen Burger mit einander einig geworden. Wenn dieß geschehn, so werden die drey erwählte Candidaten dem gesammten Rath angezeigt, aus denselben der neue Rathsherr durch die Kugel bestimmt, und solcher vor dem ganzen Rath verpflichtet.

(*) Wenn sich jedoch schon vierzehn Limburger oder sechs Frauensteiner im Rath befinden; so werden alsdenn zwey Burger und nur ein Geschlechter vorgeschlagen, s. Dreyers Instruction vom 23sten Febr. 1727.

3) Die Wahl eines Mitglieds zur dritten Bank geschieht eben so, wie bey der zweyten Bank, nur daß hier die von den neun Wahlherrn zu erwählende drey Candidaten aus denjenigen Handwerkern seyn müssen, aus welchen der abgegangene gewesen.

Zu dieser Wahlordnung ist im Kaiserlichen Commissionsdecret vom 8ten Merz 1727, und in der Kaiserl. Resolution vom 14ten Merz 1732 noch hinzugethan worden, daß die jedesmalige Wahl derer dreyen Candidaten nicht per Vota, heimlich und durch Zettel, oder per Scrutinium geschehn soll, sondern die Wahlherrn sollen über die Qualität derer von ihnen in Vorschlag gebrachten Subjecten, ihrem abgelegten Eyd gemäs, deliberiren, und daraus die drey qualificirtesten per unanimia oder majora erwählen.

Uebri=

Uebrigens müssen, um allen Verdacht zu benehmen, bey einer jeden Wahl die bürgerlichen Dreyer zugegen seyn, wovon unten §. 64.

§. 56.
4) Von den Pflichten und Rechten der einzelnen Rathsglieder.

Der Eyd, welchen ein jeder neu erwählter Rathsherr schwören muß (*), verpflichtet denselben, bey den Rathsversammlungen zu gemeiner Stadt und Burgerschaft Nutzen das Beste, nach höchstem Verstand und Vermögen, und mit Hintansetzung aller Nebenabsichten, zu rathen, auch besonders die Kaiserlichen 1716, 1725 und 1732 ergangenen Resolutionen, genau zu beobachten, übrigens des Raths Heimlichkeiten zu verhelen, sich vor andern mit Worten, Werken, Kleidungen und dergl. ehrbar und ehrlich zu halten u. s. w.

(*) Die Eydesformel ist anzutreffen in der Müllerschen Sammlung Abth. 1. S. 41.

Die Rechte einzelner Rathsglieder bestehn unter andern darinn, daß sie sämmtlich und von jeher frey von Quartiergeld sind, ferner daß nach der neuesten Polizey- und Kleiderordnung die von den zweyen obersten Bänken zum ersten, und die von der dritten Bank zum zweyten Stand gerechnet werden, überdieß führen der Schultheiß und die sieben ältesten Schöffen, vermöge Kaiserlichen Privilegii vom 8ten Aug. 1743 jederzeit den Titel als wirkliche Kaiserliche Räthe. Von ihren Salarien wird unten geredet werden.

§. 57.

5) Von den Rechten des ganzen Magistrats.

Schon Kaiser Ruprecht erklärte in einem der Stadt im Jahr 1408 gegebenen Privilegio, daß der Rath „die Statt Burgere und Inwohnere „versorgen, und den auch in allen Sachen fürsin „sollent, als daß von Alter gewest ist, und von „rechte seyn soll" Die Burger werden auch am Ende des Burgervertrags zu schuldiger Folg und Gehorsam und gebührenden Obrigkeitlichen Respect gegen den Rath angewiesen, diesem aber in der Kaiserlichen Resolution vom 11ten Oct. 1746 anbefohlen: als bestellter Administrator dem gemeinen Wesen vorzustehn, und die ihm aufgetragene Verwaltung, nach alten und neuen Kaiserlichen Privilegien, Verordnungen und Erkenntnissen, zu führen. Der Magistrat ist also der ihm anvertrauten Burgerschaft und übrigen Einwohnern als Obrigkeit vorgesetzt, und ihm die Verwaltung des gemeinen Stadtwesens übertragen, daher auch alle hiezu nöthige und sowohl zur Reichsständischen Oberherrlichkeit, als auch sonst zu gemeiner Stadt gehörige Gerechtsame von ihm ausgeübt worden, als:

1) Das Recht Fremde zu Bürgern, wie auch Beysassen, Juden in die Stättigkeit, und

Nach-

Nachbarn auf den Dörfern, anzunehmen (*) und sich von denselben huldigen zu lassen (**).

(*) s. Orths Anmerk. über Frankf. Ref. Th. 1. S. 271. u. f.

(**) s. oben §§. 14. 26. 30. 40.

2) Das Recht Gesetze zu geben, welches der Rath schon von alten Zeiten her ausübt, s. Orths Anmerk. Fortf. 4. S. 46.

3) Das Recht sowohl in geistlichen, als weltlichen Sachen zu dispensiren, welches in einem Kaiserlichen Rescript vom 17ten Sept. 1736 ein dem Magistrat als Obrigkeit unstrittig zustehendes Recht genannt wird. Ferner das Recht Moratorien (*), Privilegien und dergl. zu ertheilen.

(*) s. Orth a. a. O. Fortf. 4. S. 1141.

4) Die gerichtliche Gewalt (jurisdictio), in welche, da sie des Magistrats Obrigkeitlichem Amt allein zu verwalten oblieget, der burgerliche Ausschuß der Ein und Funfziger auf den Aemtern keinen Eingriff thun soll (*). Es hat auch der Rath vermöge Privilegii Kaiser Wenzels vom Jahr 1387 das Recht, „einen jeglichen Burger, er sey Schöff „oder Rathmann, oder sey in dem Rath „oder außwendig des Rathes, Arme oder „Reiche, oder die ihn zu versprechen stehen, „umb ein jegliche Unthate wohl zu strafen „an Leib und an Gute, als sie oder der „mehrer

"mehrer Theil unter ihn erkennen, und
"nachdem als sich die Sache verhandelt
"hat."

(*) s. die Kaiserl. Resolution vom 14ten Merz 1732, und die Rescripte vom 4ten Aug. 1738 und 7ten Dec. 1742.

5) Das Oberherrliche Recht in Polizey-sachen.

s. unter andern das Reichshofraths-Conclusum vom 28sten May 1742.

6) Die Landeshoheitliche und andere Kirchenrechte (jus circa sacra & episcopale). Daher auch in einem unterm 4ten Febr. 1749 an den Magistrat zu Frankfurt erlassenen Kaiserlichen Rescript ausdrücklich gesagt wird: daß die bürgerliche und andere Collegia bey einer, einem Magistrat im Westphälischen Frieden allein heimgegebenen Sache des juris circa Sacra nichts zu sagen hätten.

7) Das Recht nach Vorschrift der ersten Kaiserlichen Resolution vom 22sten Nov. 1725 die Stadtbedienten zu ernennen. Auch das Recht Titel und Würden zu ertheilen, besonders die Oberofficiers-Charaktere bey dem hiesigen Militair.

8) Das Recht der Besteurung (jus collectandi) und Verwaltung der Stadtgefälle, obgleich bey neuen Auflagen zuerst deren Nothwendigkeit mit den Bürgerlichen

Neu-

Neunern soll in Erwägung gezogen werden, auch über die Einnahm und Ausgab der Stadt von der burgerlichen Gegenschreiberen, unter der Aufsicht des bürgerlichen Ausschusses, ein Gegenregister geführt wird, wovon mit mehreren unten §. 61. 62.

9) Das Recht der Bündnisse des Krieges und Friedens, der Gesandschaften, der Verträge und was dahin einschlägt. Die burgerlichen Collegia haben daher keinen Antheil an Reichs- und Crahstäglichen Instructionen und dergl., es ist ihnen aber doch erlaubt bey vorhabenden Vergleichen, wie bey allen sonstigen wichtigen Vorfallenheiten, geziemende Erinnerung, zu der Stadt Besten, zu thun. s. Reichshofr. Concl. vom 2ten Oct. 1739.

Hieben hat der Kaiser Karl VII. noch dem Rath den 8ten Aug. 1743 das Privilegium gegeben, daß hinführo aus allen Kaiserlichen und Reichskanzleyen, wie auch von dem Reichskammergericht, dem Schöffenrath der Titel und Prädicat Edel, dem ganzen Rath aber Edel und Ehrsam beygelegt werden sollte. Der Titel aber, so man dem Rath in Schriften ertheilt, lautet also:

Hochwohl- Wohl- und Hoch-Edelgebohrne, Gestrenge, Hoch-Edle, Vest- und Hochgelahrte, Wohlfürsichtige, Hoch- und Wohlweise, insonders Großgünstig Hochgeehrteste und Hochgebiethende Herren Burgermeister, Schöffen und Rath.

Uebrigens ist auch im Burgervertrag §. 17. den Magistrat auferlegt worden, daß „wenn „künftig ein Burger um Avocation oder Hand„hab in Arrest= oder Privilegiensachen anhalten „wird, so soll der Rath auf solch Suchen sich „willfährig bezeigen, auch da es nöthig seyn „sollte, am Kaiserlichen Kammergericht sich pro „Interesse einlassen, und sonsten zu möglicher „Handhabung aller Privilegien, Freyheit= und „Gerechtigkeiten thun, was einer Obrigkeit ge„bühret, und ihres Amts ist."

§. 58.

6) Von den Rathstägen ꝛc.

Die gewöhnlichen Rathssitze werden Dienstags und Donnerstags gehalten, gehn zur einmal fürs ganze Jahr festgesetzten Stunde an, und werden nicht mehr eingeläutet; ausserordentliche aber noch besonders angesagt.

s. Orths Anmerk. über die Frankf. Ref. Fortf. 4. S. 171.

Der ältere Burgermeister (*), welcher jährlich aus den Schöffen erwählt wird, führt das Directorium sowohl bey gesammtem Rath, als bey der Deputation, und an ihn gelangen daher auch alle Sachen, welche im Rath schriftlich oder mündlich sollen vorgetragen werden, er eröfnet die an den Rath gerichtete Schriften, läßt solche öffentlich ablesen, thut jederzeit den Vortrag, und hat die Umfrage einzurichten (**).

(*) Von

III. H. Regierungsform 1) Magistrat.

(*) Von der Wahl und den übrigen Amtsgeschäften des ältern und jüngern Burgermeisters siehe unten Abschn. 4. §. 1.

(**) s. Orth a. a. O. S. 154. 171. 417. 436.

Mit der Umfrage wird es bey Rath zufolge der Burgermeister-Instruktion §. 46. 47. 48. also gehalten, daß der ältere Burgermeister den Schultheißen und die Schöffen (nach ihrem Sitz und Ordnung (**), der jüngere aber die Herren des Raths der zweyten Bank mit ihren Namen aufrufet, doch also, daß nach den Herren der zweyten Bank der unterste und letzte Rathsherr der dritten Bank zuerst und also zurück die übrigen (***), nach diesem allen aber der ältere Burgermeister von ihm gefragt wird, welcher dann endlich den jüngern Burgermeister, als letzten Votanten auch aufrufet. Wie viel Sachen und Materien in eine Umfrage zu bringen seyen, solches dependirt vom ältern Burgermeister, welcher auch den Ausschlag giebt, wenn die Stimmen gleich sind.

(*) Sind anzutreffen bey Orth a. a. O. S. 436.

(**) Auf jeder der zwey obersten Bänke nach der Ancienneté.

(***) Also zuerst der Rathsherr von den Fischern, und alsdenn die der Gerber, Kürschner, Gärtner, (welche zwey nach dem Alter als jeder in den Rath gekommen, abwechseln) Schuster, Becker, Schmide (oder Feuerhandwerker), Metzger und zuletzt die der Wollenweber.

In Sachen, so ihre Anverwandte betreffen, sollen die Rathsherrn immer abtretten.

f. Kaiserl. Resol. l. vom 14ten Merz 1732.

Vorläufig werden aber die gemeinen Stadt- und andere dahin einschlagende Sachen von dem ältern Burgermeister auf der Referier (*) vorgebracht (**), auch von der ordentlichen Raths-Deputation oder Rathschlagung (***) theils von selbst entstehende, theils vom ganzen Rath dahin verwiesene Vorfälle, gutächtlich resolvirt und vorbereitet, und nachher beym vollen Rath der endliche Schluß darüber gefaßt.

(*) Dieses Schöffengericht wird Montags, Mittwochs und Freytags, auch wohl Samstags gehalten. Um 11 Uhr, wenn die Burgermeister von ihren Aemtern dazukommen, werden gemeine Stadtsachen daselbst vorgenommen. Siehe davon mit mehrerm unten.

(**) f. Orth a. a. O. S. 310. 436.

(***) Diese besteht aus dem ganzen Schöffenrath, denen Syndicis, dem regierenden und nächst abgegangenen jüngern Burgermeister, und zweyen obern Rathsgliedern der andern und dritten Bank. f. Orth a. a. O. S. 310. und Müller in der oben Abschn. 2. §. 30. angeführten Sammlung Abth. 1. S. 67. not. a.

Von der geheimen Deputation und wie die Glieder des Raths nach Aemtern oder andern Abtheilungen zur Verwaltung gewisser Regierungsgeschäften angewiesen sind, als von dem Schöffengericht, Rath und Referier, wie auch von den Burgermeister- und übrigen Aemtern

derer

derer einzelnen Rathspersonen wird unten Abschnitt 4. H. 1. geredet werden.

§. 59.

7) Von der Dauer der Rathsstellen.

Die einmal erwählte Rathspersonen bleiben lebenslang im Amt, welches sich alsdenn ordentlicher Weise nur mit dem Tode endiget. Wenn daher auch einer, der sich schon im Rath befindet, durch Heyrath in eine oben §. 52. angeführte Verwandschaft geräth, so ist derselbe doch darum nicht verbunden den Rathstuhl zu verlassen (*). Es kann aber solches durch eine freywillige Abdankung, und durch Suspension oder Absetzung geschehn.

(*) s. Burgervertr. §. 2. Kaiserl. Resol. I. vom 22sten Nov. 1725. § 2.

Im Jahr 1769 ließ der Magistrat den bisherigen Rathsherrn der zweyten Bank Erasmum Senkenberg, wegen vieler gegen den Magistrat in verschiedenen, bey den höchsten Reichsgerichten eingereichten Druckschriften ausgestossenen harten Injurien und Beschuldigungen, zu gefänglichem Verhaft bringen, und wegen dieser sowohl, als auch anderer angeschuldigter Verbrechen (*), eine fiscalische feyerliche Anklage gegen denselben bey dem Magistrat selbst anstellen, worüber jedoch gedachter Senkenberg an Kaiserl. Majestät recurrirte und um ein Mandatum de relaxando arresto bat. Es wurde darauf in dieser Sache den 14ten Nov. g. J. eine Kaiserliche Commission

sion auf den Fürsten zu Nassau-Usingen erkannt, und derselben aufgetragen, die fiscalische Klage dem Magistrat abzunehmen und in derselben gegen den Senkenberg fortzufahren. Der Reichshofrath schlosse aber auch den 10ten May 1770, daß, da sich der Magistrat erklärt, dem Senkenberg auf seine Kosten in soweit dessen eigenes Vermögen hinreichend sey, die Standesmäßige Verpflegung zu reichen; so könne dagegen desselben Salarium untereinstens inne- und zurückgehalten werden.

(*) s. Mosers Reichs-Staats-Handbuch Th. III. S. 696.

Erst vor kurzem wurde auch in einer andern Dienst- und Gehalts-Entsetzungssache vom Reichshofrath durchs Conclusum vom 13ten Aug. 1784 die Appellation abgeschlagen, und solches dem Magistrat pro complemento justitiæ bekannt gemacht.

Uebrigens ist aus dem in der Lersnerischen Chronik befindlichen Verzeichniß der Rathsherrn zu ersehn, daß es sonst nicht wenig Fälle gegeben, wo einer seine Rathsstelle selbst aufgegeben, und noch in den neuesten Zeiten ist es geschehn, es wird jedoch ohne hinreichende Ursachen (*) nicht erlaubt.

(*) s. Orth a. a. O. S. 294.

II. Von der Burgerschaft in Corpore Gerechtsamen in Regimentssachen.

§. 60.

Daß der Magistrat in gewissen Regierungssachen an die Einwilligung der Burgerschaft gebunden ist, solches ist schon oben §. 44. überhaupt angeführt worden. Es ist daher hier noch zu betrachten, auf welche Art und Weise diese Einwilligung ertheilt wird, welches die Fälle sind, in welchen solches vonnöthen, kurz, wo und wie die Burgerschaft in Regimentssachen eigentlich etwas mit zu sprechen habe.

Vorläufig ist jedoch zu bemerken, daß in Frankfurt nie allgemeine Zusammenkünfte aller Bürger gehalten worden, sondern daß nur jederzeit gewisse Personen aus der Burgerschaft bestimmt oder sonst vorhanden gewesen, welche auf der gemeinen Burgerschaft Rechte und deren Erhaltung Acht hatten, auch in andern Sachen die gesammte Burgerschaft vorstellten.

§. 61.

Aeltere Repräsentanten der Burgerschaft.

Man findet, daß der Magistrat schon in den ältesten Zeiten bey wichtigen und gemeine Stadt betreffenden Vorfällen die Burgerschaft zu Rathe gezo-

gezogen, und alsdenn ohne dieselbe für sich nichts beschlossen hat.

s. Müller in der oben No. 98. angeführten Diss. de collegiis civicis und Orth in Anmerk. über die Ref. Fortf. 3. S. 164.

Damals aber haben die Zunftmeister die in den Zünften begriffene Bürgerschaft vertretten. Die unzünftige Bürgerschaft hingegen ernannte einen Ausschuß, der alsdenn mit den Zunftmeistern gemeinschaftliche Sache machte, wie unter andern aus dem Diario historico S. 28—32. erhellet.

Ausserdem wurde im Burgervertrag §. 28. verordnet, daß die Burgerschaft dem Rath achtzehn ehrbare, verständige und in Rechnungen geübt und erfahrene Bürger vorstellen, der Rath aus denenselben neun erwehlen, diese aber denen jährlichen Rechnungen über der Stadt Einnahm und Ausgab beywohnen sollten. Auch wurden damals noch sieben andere Personen aus der Burgerschaft, besonders zu Ersehung der Stadt Privilegien und Documenten, ernannt (*).

(*) siehe oben Abschn. 2. §. 1. und Burgervertrag §. 1. 33. 71.

Die Siebener aber, deren Verrichtung ohnehin nicht für beständig war, hörten bald auf, und da die Zünfte und Gesellschaften durchs Kaiserliche Commissionsdecret von 1616 aufgehoben worden, so nahm auch das Amt der Zunftmeister und

und des Ausschusses ein Ende. Man findet auch seitdem weiter keine Spur mehr von den Neunern. Die Burgerschaft hatte also nunmehro ihre sämmtliche bisherigen Repräsentanten verlohren.

Es war jedoch beynahe um die nemliche Zeit die noch jetzo existirende Anordnung der Quartiere zu Stande gekommen (*); der Magistrat bediente sich daher in der Folge der bürgerlichen Oberofficiers in denenjenigen Sachen, welche mit der Burgerschaft zu überlegen waren (**). Diese waren es auch, welche (***) im Jahr 1705 um Bestättigung und Aufrechthaltung der Privilegien, des Burgervertrags und der Judenstättigkeit anhielten, worüber es endlich zu einer doppelten Kaiserlichen Localcommission gekommen, und zuletzt durch verschiedene Kaiserliche Resolutionen sowohl die Gerechtsame der Burgerschaft in Regimentssachen genauer bestimmt, als auch in Ansehung ihrer Repräsentanten eine ganz andere Einrichtung gemacht worden.

(*) s. oben §. 18. S. 212.

(**) s. die oben No. 53. angeführte Schrift. Müller a. a. O. §. 19. 20. und Orth a. a. O.

(***) s. oben Abschn. 2. §. 35. S. 123. 124.

Zuerst wurde von der Burgerschaft beym Anfang der Commissions-Conferenzen im Jahr 1713 ein Ausschuß dazu ernannt (*), darauf aber durch die Kaiserliche Resolution vom 15ten Oct. 1716,

1716, die bürgerlichen Neuner wieder hergestellt, in der vom 22sten Nov. 1725 I. §. 4. die bürgerlichen Dreyer zu den Rathswahlen verordnet, und zuletzt durch die Kaiserl Resolution vom 14ten Merz 1732 ein beständiger bürgerlicher Ausschuß von 51 und 28 Personen errichtet, auch durch ein Kaiserliches Rescript vom 28sten Sept. 1739 die ehemalige Eigenschaft der bürgerlichen Oberofficiers als bürgerlicher Deputirter ausdrücklich für abgestellt erklärt. Uebrigens hat Ihro Kaiserliche Majestät noch nachher den 14ten Jun. 1742, 7ten Oct. 1745, 14ten Jan. 1746, 30sten Oct. 1765 und 27sten Jan. 1766 versprochen, diese bürgerliche Collegia bey denen damals ertheilten Kaiserlichen Resolutionen, Verordnungen, wohlhergebrachten Gerechtsamen, Freyheiten und Verfassungen noch fernerhin zu erhalten und zu schützen.

§. 62.

Bürgerlicher Ausschuß der Ein und Funfziger.

Der nunmehro beständige Ausschuß aus der Burgerschaft hat zwar erst nach den Neunern seine eigentliche jetzige Einrichtung, demohnerachtet aber durch das Kaiserliche Rescript vom 23sten Dec. 1737 den Rang vor demselben erhalten.

Er soll aus 45—51 Personen bestehn, welche anfänglich von den Oberofficiers der vierzehn Quartiere ernannt worden, jetzo aber (im Fall

Fall welche abgegangen) von dem Ausschuß selbst erwählt, und in dessen Beysenn von dem Senior des Ausschusses über die ihnen vorgeschriebene Instruction verpflichtet werden sollen (*). Es wird zwar nicht erfordert, daß ein zu wählender ein gebohrner Burger ist, er muß jedoch, ehe und bevor er zugelassen wird, Burger geworden seyn (**), auch soll bey der Wahl, soviel möglich, auf die nahe Verwandschaft sowohl mit den Rathsgliedern als Bedienten reflectirt werden (***). Ein Erwählter darf die ihn getroffene Wahl ohne rechtmäßige Ursache nicht ausschlagen (****), und bleibt Zeitlebens, es seye denn, daß er zu einem andern Amte, als z. E. zu einem Neuner oder in den Rath genommen wird. Uebrigens wurde auch im Jahr 1734 vom Reichshofrath anbefohlen, statt eines gewissen von Uffenbachs einen andern zu wählen (*****).

(*) s. Kaiserl. Resolution vom 14ten Merz 1732. und die derselben einverleibte Einrichtung der Gegenschreiberey, und die Resolution vom 26sten Jun. 1732.

(**) s. Kais. Rescript vom 22sten Dec. 1732.

(***) s. Kaiserl. Resolution vom 14ten Merz 1732. Einrichtung §. 5.

(****) s. Kaiserl. Resolution vom 26sten Jun. 1732. §. 5. und Kais. Rescript vom 6. Merz 1738.

(*****) s. Reichshofraths-Conclusum vom 13ten Sept. 1734.

308   III. Abschn. Grundverfassung.

Vermöge Kaiserlicher Resolution vom 14ten
Merz 1732 sollte jederzeit der Ersterwählte der
Senior und Direktor des Ausschusses seyn, auch
sollte derselbe Zeitlebens bleiben (*); allein es
wurde nachher eine andere Einrichtung beliebt,
nach welcher jetzo alle drey Jahr ein neuer gewählt, und der Erwählte, es sey nun der vorige
oder ein anderer, Kaiserl. Majestät zur Bestättigung angezeigt werden soll (**).

(*) s. Reichshofraths-Conclusum vom 19. Jun.
1733.

(**) s. die Reichshofräthliche Erkenntnisse vom
4ten Sept. 27sten Nov. 7ten Dec. 1742.
22sten Merz 1746, 26sten Oct. 1758, und
14ten April 1777.

Einen gelehrten Burger als einen Consulenten zu haben, wurde Anfangs nicht für beständig, sondern nur, wenn es für nöthig befunden
würde, verwilligt (*). Es wurde jedoch nachhero solches für beständig erlaubt, der ange-
nommene Consulent muß sich aber reversiren, niemals in des Magistrats Dienste zu tretten (**).

(*) s. Kaiserl. Resolution vom 14ten Merz 1732
und 26sten Jun. 1732. §. 9.

(**) s. die Kaiserl. Resolutionen vom 30sten Jan.
1739 und 24sten Merz 1763.

In der Kaiserl. Resolution vom 14ten Merz
Einricht §. 6. 7. wurde zwar auch verordnet,
daß jederzeit nur ein Drittel des ganzen Ausschusses in wirklicher Activität stehn, alle Jahr
fünf davon abgehn, und also ein jeder wieder

fünf

fünf Jahr frey haben möge, um vermittelst eines solchen engern Ausschusses das Amt einem jeden minder beschwerlich zu machen; diese Abwechselung wird jedoch nicht so genau in Acht genommen.

ſ. Müllers Samml. der Kaiſerl. in S. Frankfurt contra Frankfurt ergangenen Reſol. Abth. 3. S. 23. Not. a.

Es ſoll aber der Ausſchuß monatlich wenigſtens eine Zuſammenkunft halten, wobey der Senior das Directorium führt, ſolche auch anſagen läſſet. Wenn jedoch eine oder andere Begebenheit eine auſſerordentliche Zuſammenkunft des Ausſchuſſes erfordern, ſo hat der Senior, auf beſchehene Anzeige, ſolche ohne Aufſchub zu veranlaſſen.

ſ. die in der Kaiſerl. Reſol. vom 14ten Merz befindliche Inſtruction für den bürgerl. Ausſchuß §. 7.

Die Geſchäfte und Obliegenheiten des Ausſchuſſes beſtehn in folgendem:

1) Auf die Veſthaltung der Kaiſerl. Reſolutionen überhaupt zu ſehen.

ſ. K. Reſcr. vom 28ſten Sept. 1739.

2) Beſonders aber gute Obacht zu tragen, daß die bürgerliche Gegenſchreiberey auf den Aemtern aufrecht und in gutem Stand erhalten werde.

ſ. Kaiſerl. Reſol. v. 14ten Merz 1732. II. von der Einrichtung der Gegenſchreiberey ſ. unten Abſchn. 4.

3) Zu den erledigten Stellen der bürgerlichen Consistorialräthe, Neuner und Dreyer dem Magistrat andere Personen zu präsentiren.

f. Kaiserl. Rescr. vom 28sten Sept. 1739.

4) Bey wichtigen und neuen Ausgaben dem Magistrat seine Meynung zu eröffnen, auch mit den Neunern darüber zum gemeinen Besten zu communiciren (*). Wie denn der Magistrat, laut Kaiserlicher Verordnung, jedesmal sich vorläufig mit denen bürgerlichen Collegiis der 51ger und Neuner benehmen soll, so oft er etwas anzuordnen gedenket, wodurch das Aerarium mit neuen beständig- oder unbeständigen Ausgaben beschwert oder vom gemeinen Stadt-Fundo etwas veräussert werden soll (**), welches auch noch in verschiedenen einzelnen Fällen anbefohlen worden (***).

(*) f. Kaiserl. Resol. vom 14ten Merz 1732. und die dabey befindliche Instruction §. 10. 11.

(**) f. Kaiserl. Rescript vom 23sten Jun. 1774.

(***) f. die Kaiserliche Rescripte vom 27sten Jan. 7ten Merz 1777. 6ten Jan. 1778. 24sten Jul. 1781.

5) Bey sonstigen wichtigen Vorfallenheiten zum Besten des Publici bey dem Magistrat nöthige Erinnerung zu thun (*), besonders auch in Münzsachen (**), und im Fall der Magistrat darauf nicht remedirte, sich an Kaiserliche Majestät zu wenden.

(*) f.

(*) s. R. H. Raths-Concl. vom 2ten Oct. 1739.

(**) s. Kaiserl. Rescr. vom 14ten Merz 1766.

6) Alles von der Stadt Einkünften, Gerechtsamen ꝛc. erfahrene, zu verschweigen und geheim zu halten, auch sich gegen den Rath und dessen Deputirte ehrerbietsam zu verhalten.

s. K. Resol. vom 14ten Merz 1732. Instruct §. 12.

§. 63.
Von den bürgerlichen Neunern.

Als zu Anfang des gegenwärtigen Jahrhunderts das Collegium der Neuner wieder hergestellt worden; so wurde denen Oberofficiers der Quartieren anbefohlen, dem Magistrat 18 ehrbare, verständige Burger, die in Rechnungen geübt und wohl erfahren, zu präsentiren, um 9 daraus zu erwählen, auch sollten gedachte Oberofficiers, im Fall einer von diesen in der Folge abgienge, jedesmal 2 andere dem Rath zur Wahl vorstellen (*). Jetzo aber werden sie vom bürgerlichen Ausschuß vorgeschlagen (**).

(*) s. Kaiserl. Resol. vom 15ten Oct. 1716. §. 1. 2. und 22sten Nov. 1725. I. §. 7.

(**) s. Kaiserl. Rescr. vom 28sten Sept. 1739.

Ein jeder Neuner muß vor dem Antritt seines Amts dem ältern Burgermeister, von wegen des ganzen Raths und gemeiner Stadt, angeloben, dasjenige, so er bey künftiger Abhörung der Stadt- und Stiftungsrechnungen erfahren werde,

werde, so viel ohne gemeiner Stadt Schaden und Nachtheil geschehn kann, der Burgerschaft aufrichtig, redlich und gebührlich anzuzeigen, sonsten aber alles zu verschweigen und geheim zu halten.

(*) s. Kaiserl. Resol. vom 15ten Oct. 1716. §. 2. die Eydesformel selbst steht bey Müller a. a. O. Abth. 1. S. 99.

Eigentlich sollten alle 6 Jahre 3 von den Neunern mit andern aus der Burgerschaft abgewechselt werden (*); es ist jedoch bereits im Jahr 1742 Kaiserlicher Majestät anheimgestellt worden, ob diese Abwechselung ohne Ausnahme verbleiben solle, aber noch nichts deßhalb resolvirt, dieselbe auch bisher nicht vorgenommen worden, sondern jeder Neuner bleibt so lange im Amt, bis er entweder 18 Jahre daran gewesen, oder selbst abdankt, oder stirbt (**), oder allenfalls in den Rath genommen wird (***).

(*) s. Kaiserl. Resol. vom 22sten Nov. 1725. I. §. 7. und 14ten Merz 1732. I. 4.

(**) s. Müller a. a. O. Abth. 3. S. 11. Not. o.

(***) Denn in der Kaiserl. Resol. vom 14ten Merz 1732. I. 4. werden die Neuner ausdrücklich für Rathsfähig erklärt.

Ihre Verrichtung und Amt aber besteht in folgendem:

1) Haben sie die von dem Rath und bürgerlichen Gegenschreibern vorzulegende Haupt Rechenen, und andere Aemter und milde Stif-

Stiftungsrechnungen zu durchsehn, und zu beobachten, ob alles richtig aufgezeichnet und nützlich angewandt worden (*). Alle bemerkte Unrichtigkeiten sollen sie dem Rath bey Zeiten anzeigen, und bey nicht erfolgter unverweilter Remedur an Kaiserl. Majestät berichten (**). Uebrigens haben sie auch von der Revision der Rechnungen und dem jetzigen Zustand der Stadt denen 51gern und 28gern jährlich eine zwar generale, jedoch pflichtmäßige Anzeige zu thun (***).

(*) s. Burgervertr. §. 28. 68. Kaif. Resol. 22. Nov. 1725. VI. §. 8. 13. 14. K. Comm. Decr. vom 9ten Jun. 1731. Neuner-Instruction von 1732. §. 2. 3. 5.

(**) s. K. Resol. vom 22sten Nov. 1725. VI. §. 4. Neuner-Instruction §. 3.

(***) s. Neuner-Instruction von 1732. §. 5.

2) Ohne vorherige Unterredung mit den Neunern und 51gern soll der Magistrat keine neue Ausgabe vornehmen (*). Besonders aber soll bey vorhabenden Gebäuden zeitlich und re adhuc integra durchs Bauamt mit den Neunern Communication gepflogen, und deren Erinnerungen gehört werden (**).

(*) s. Kaif. Resol. II. und IV. vom 22sten Nov. 1725. wie auch die K. H. Raths-Conclusa vom 18ten Jun. 1733. und 23sten Jun. 1774.

(**) s. Kaiserl. Resol. vom 22sten Nov. 1725. VI. §. 9. Kaiserl. Comm. Dec. vom 9ten Jan. 1731. Neuner-Instruction von 1732. §. 4.

§. 4. und Kaiserl. Rescript vom 12ten Jul. 1768.

3) Bey neuen Auflagen kommt es hauptsächlich darauf an, ob solche die Neuner für nöthig finden (*), ob es gleich auch geschehn ist, daß, als sie im Jahr 1744 eine vom Magistrat vorgeschlagene neue ausserordentliche Steuer nach einer besondern Classification genehmiget hatten, sich an die 56 Renteniers, Banquiers und Handelsleute dagegen setzten, und darüber beym Reichshofrath beschwerten (**), auch von Kaiserlicher Majestät der gedachte Classificationsplan cassirt, und denen Neunern anbefohlen worden, hinführo, und bey Strafe der Absetzung, ihrem Amte besser vorzustehn (***).

(*) s. Kaiserl. Resol. vom 15ten Oct. 1716. §. 1. und Neuner=Instruction von 1732. §. 5. 6.

(**) s. die oben No. 87—90. angeführte Schriften; es wird auch noch unten im 4ten Abschnitt ein mehreres davon vorkommen.

(***) s. die Kaiserliche Resolution vom 11ten Oct. 1746.

4) Und gleichwie auch der bürgerliche Ausschuß bey vorfallenden wichtigen Ueberschreitungen der Kaiserlichen Verordnungen, mit den bürgerlichen Neunern zu communiciren angewiesen ist; also haben auch die Neuner denselben nicht allein zu assistiren, und gesamter Hand die Remedur zu suchen, sondern auch, bey selbst vermerkenden Gebre=

Gebrechen, mit dem Ausschuß Communication zu pflegen.

f. Neuner-Instruction von 1732. §. 3. und 7.

§. 64.
Von denen Acht und Zwanzigern.

Durch die bürgerlichen Oberofficiers wird überdieß noch jetzo aus jedem Quartier ein Ausschuß von 2 Personen erwählt, die insgemein die 28ger genannt werden, und welchen nebst den 51gern, die Neuner alljährlich, oder wenn es sonst nöthig, von ihrer Revision der Jahresrechnungen und übrigem Zustand des Stadtwesens, insbesondere auch, ob die erhöheten Imposten und Schatzung noch ferner nöthig oder wieder auf den alten Fuß könnten gesetzt werden, eine zwar generale, jedoch pflichtmäßige Anzeige zu thun haben.

f. Neuner-Instruction von 1732. §. 5. und die oben No. 98. angeführte Müllersche Dissertation §. 20. not. u, No. 9.

§. 65.
Von denen bürgerlichen Dreyern.

Alle Jahr werden auch vom bürgerlichen Ausschuß der 51ger die sogenannten Dreyer dem Magistrat vorgeschlagen. Es sind solches drey Personen, nemlich 1 Graduirter und noch zwey andere Burger, welche nur 1 Jahr lang bleiben, und

und denen oblieget dahin zu sehn, daß alle und jede Schöffen- Raths- und Aemterwahlen nach Vorschrift der Kaiserlichen Resolutionen vollzogen werden mögen. Insbesondere sind sie daher bey Schöffen- und Rathswahlen, bey der Erwählung und Beendigung der Wahlherrn gegenwärtig, folgen denenselben auf dem Fuße nach, bleiben in einiger Entfernung vor dem verschlossenen Wahlzimmer stehn, und begleiten die Wahlherrn wieder in das Rathszimmer zurück, allwo auch in ihrer Gegenwart die Kugelung der drey erwählten Candidaten vorgenommen wird. Finden sie etwas Gesetzwidriges entweder in Ansehung der erwählten Personen oder in Betreff des Wahlacts; so müssen sie dagegen mit Bescheidenheit protestiren, jederzeit aber den ganzen Act dem bürgerlichen Ausschuß der 51ger anzeigen.

s. Kaiserl. Resol. vom 22sten Nov. 1725. I. §.4. Dreyer-Instruction vom 23sten Febr. 1727. und Kaiserl. Rescript vom 28sten Sept. 1739.

§. 66.
Conferenz mit sämtlichen Gesellschaften und Corporibus.

Nach denen Zeiten der neuesten Kaiserlichen Commission hat es endlich noch Fälle gegeben, in welchen der Magistrat ausser denen bisher erwähnten bürgerlichen Collegiis der 51ger und Neuner auch noch andere Gesellschaften und Collegia zu Rathe gezogen.

Denn

Denn als in Sachen der Reformirten Gemeinden zu Frankfurt gegen den Rath allda wegen des Reformirten Gottesdienstes binnen der Ringmauern der Stadt, der Reichshofrath den 23sten Dec. 1733 dem Rath auferleget, über das Gesuch der Reformirten die Interessirte zu vernehmen; so hat der Rath deßwegen die Gesellschaft Alt-Limburg, die Gesellschaft Frauenstein, das Collegium Graduatorum, das Evangelisch-Lutherische Ministerium, den bürgerlichen Ausschuß der 51ger, die bürgerlichen Neuner, und die Evangelisch-Lutherische Börsevorsteher befraget, auch von denselben die abgeforderte schriftliche Erklärungen erhalten.

s. die oben No. 138. d. angezeigte Schrift Beyl. B-H.

Nachdem nun gedachte Reformirte Gemeinden im Jahr 1747 nicht nur um die gütliche Beylegung der bishero, wegen des von ihnen begehrten öffentlichen Gottesdienstes, obschwebenden Streitigkeiten angesuchet, sondern auch ihrer Seits einige Vorschläge übergeben hatten; so ließ der Rath zwar eine Gegenerklärung aufsetzen, jedoch auch, damit nichts einseitig geschehe, bey der Gesellschaft Alt-Limburg, bey der Gesellschaft Frauenstein, bey dem Evangelisch-Lutherischen Ministerio und denen Collegiis derer Graduirten, derer 51ger und der Neuner wiederum anfragen: ob sie bey sothaner Gegenerklärung nichts zu erinnern hätten? Der Rath forderte ihnen aber damals nicht nur ihre schriftliche

liche Erklärungen darüber ab, sondern ließ auch deßwegen einen Ausschuß aus diesen Gesellschaften und Corporibus zusammenkommen.

s. die oben No. 150. 156. und 157. angeführte Schriften besonders in den Beylagen.

III) Von der Frage, ob die Frankfurtische Regierungsform eine Aristocratie oder Democratie.

§. 67.

Mit welchem von denen im allgemeinen Staatsrecht gebräuchlichen Namen man die Regierungsform der Reichsstadt Frankfurt belegen soll, hierüber sind in den neueren Zeiten verschiedene besondere Meynungen zum Vorschein gekommen.

1) Hertius in seiner 1698 herausgegebenen Diss. de specialibus R. G. Imperii rebus publicis Sect. 2. §. 23. hält sie für eine Aristocratie, weil die Regimentspersonen nur auf eine eingeschränkte Weise aus der Bürgerschaft erwählt würden.

2) Ludewig in seiner Erläuterung der goldenen Bulle Tit. 1. §. 24. S. 233. und 239. erklärt sie für eine Democratie, weil der Kaiser in der goldenen Bulle die Beschützung der Churfürsten während des Wahltags nicht Burgermeister und Rath, sondern

dern gemeiner Bürgerschaft aufgetragen habe, auch die sonstige Kaiserliche Privilegien nicht an den Rath, sondern nur an die gemeine Bürgerschaft gerichtet seyen. Daß übrigens auch die vornehmste Gewalt nicht wie in andern Städten bey dem Stadt-Adel bestehe, erhelle daraus, daß die Stadt hauptsächlich der Handlung ihr Aufnehmen zu verdanken habe, und daher Handelsleute im Rath wären.

3) von Günderode in seiner Abhandlung des deutschen Staatsrechts (Giessen 1743. 8.) S. 900., behauptet, sie seye ehedem jederzeit pur aristocratisch gewesen, aber nachher zuerst durch den Burgertrag und noch mehr durch die neuere Kaiserliche Resolutionen abgeändert worden, womit auch

4) Mogen in der oben No. 99. angeführten Schrift übereinstimmt und der Meynung ist, daß ehedem und auch meistens bis auf die Zeiten des Burgervertrags blos allein die adelichen Geschlechter die Stadtregierung geführt hätten, aus Ursache, weil die Stadt hauptsächlich von dem Adel, als den ersten und eigentlichen Burgern, seye erbaut worden.

5) Orth in seinen Anmerkungen über die Frankfurter Reformation Forts. 3. S. 156—169. 716. hält sie für eine gemischte oder gemäßigte

mäßigte Aristocratie; denn es seye just nicht nothwendig, daß eine aristocratische Regierungsform aus lauter Adelichen bestehn müsse. Uebrigens sey zwar dem Rath das Regiment und die Verwaltung des gemeinen Stadtwesens von den Römischen Kaisern und Königen in derselben und des Reichs Namen allein zu führen auf allezeit und stetswährend aufgetragen worden, wie aus vielen Stellen der Kaiserlichen Privilegien deutlich erhelle, unter welchen Privilegien zugleich viele befindlich, die blos an Burgermeister und Rath gerichtet; es seye aber auch der Magistrat in verschiedenen Angelegenheiten angewiesen, mit der Burgerschaft sich gemeinschaftlich zu berathschlagen.

6) Müller in der oben No. 98. angeführten Diss. de collegiis civicis §. 1 — 10. hält dafür, sie seye von jeher weder pur aristocratisch, noch pur democratisch, sondern jederzeit aus Aristocratie und Democratie zusammengesetzt gewesen, und dieß bekräftige nicht allein der Umstand, daß die meisten Privilegien im mittlern Zeitalter an die gemeine Burgerschaft gerichtet, als worunter auch der Rath mit verstanden werde, oder daß von Rath und Burgerschaft zugleich mit verschiedenen Auswärtigen Contracte eingegangen worden, sondern auch das Lersnerische Rathsherrnverzeichniß, in welchem

chem sowohl Geschlechter als auch andere Bürger angegeben würden, ja es zeige noch die gegenwärtige Verfassung, daß ausser den Vornehmsten auch die übrige Bürgerschaft einen gewissen Antheil am Stadtregiment habe.

7) v. Albini in der oben No. 204. angeführten Dissertation nimmt es S. 79. gar als bekannt an, daß sie eine Democratie sey, bey welcher die Bürger, vermöge der Kaiserlichen Resolution vom 11ten Oct. 1746 einen Theil des Reichsstandes ausmachten, der Magistrat aber nur einen Verwalter vorstelle. Dagegen aber führt

8) Gazert in der oben No. 207. angezeigten Schrift an, daß, obgleich gedachte Kaiserliche Verordnung dem Magistrat anbefehle, die Bürger nicht als seine Unterthanen anzusehn, dieselbe im Gegentheil auch die Verwaltung des gemeinen Wesens ihm allein übertragen oder vielmehr bestättiget habe, und ohnerachtet der vielen Rechte, welche die bürgerlichen Collegia zu Frankfurt besäßen, sey denenselben doch auch nachdrücklich verboten, den Magistrat in seinem obrigkeitlichen Amte zu beeinträchtigen.

So sehr verschieden nun diese Meynungen scheinen mögen; so kommen sie doch alle mit einander darinnen überein, daß nur dem Magistrat die Verwaltung des gemeinen Wesens zukomme. Der Magistrat besteht aber hauptsächlich

www.ingramcontent.com/pod-product-compliance
Lightning Source LLC
Chambersburg PA
CBHW032049220426
43664CB00008B/927